RAFAEL SOARES DE ALMEIDA

CRIANDO APLICATIVOS MÓVEIS MULTIPLATAFORMA (CROSS-PLATFORM) COM XAMARIN.FORMS E VISUAL STUDIO 2022 COMMUNITY

PARA INICIANTES

VOLUME 02

EDITORA CIÊNCIA MODERNA

Criando Aplicativos Móveis Multiplataforma (Cross-Platform) com Xamarin.Forms e Visual Studio 2022 Community para Iniciantes – Volume 2

Editor: Paulo André P. Marques
Produção Editorial: Dilene Sandes Pessanha
Capa: Daniel Jara
Diagramação: Carlos Arthur Candal
Copidesque: Equipe Ciência Moderna

FICHA CATALOGRÁFICA

ALMEIDA, Rafael Soares de.

Criando Aplicativos Móveis Multiplataforma (Cross-Platform) com Xamarin.Forms e Visual Studio 2022 Community para Iniciantes - Volume 2

Rio de Janeiro: Editora Ciência Moderna Ltda., 2025.

1. Informática
I — Título

ISBN: 978-65-5842-439-0 CDD 001.642

Editora Ciência Moderna Ltda.
R. Alice Figueiredo, 46 – Riachuelo
Rio de Janeiro, RJ – Brasil CEP: 20.950-150
Tel: (21) 2201-6662/ Fax: (21) 2201-6896
E-MAIL: LCM@LCM.COM.BR
WWW.LCM.COM.BR **01/25**

AGRADECIMENTOS

À minha amada Mãe, dona Zezé, sem a qual nada disso teria sentido.

À minha amada esposa Gorete e à minha amada filha Ana Paula, que me ensinam todos os dias o verdadeiro sentido da vida.

Aos meus irmãos, pelo positivismo empregado.

Aos amigos Cláudio Alcântara, Jose Orlando, Profª Msc Maria Beatriz Sena Brignol, Profº Doutor Ailton Feitosa.

Aos amigos que tanto me deram força para continuar nesta caminhada, meu muito obrigado e desculpas por minha ausência.

A editora Dilene Sandes Pessanha pelo profissionalismo, competência, paciência e carinho no trato desta obra.

Em especial, à Editora Ciência Moderna, por ter acreditado no meu trabalho.

“O covarde nunca começa, O fracassado nunca termina, O vencedor nunca desiste.”

Norman Vincent Peale

SUMÁRIO

CAPÍTULO 4

INTERFACE DO USUÁRIO DO XAMARIN. FORMS – VISUALIZAÇÕES (VIEWS)

Breves Considerações

Veremos neste capítulo, que é a continuação do livro **Criando Aplicativos Móveis Multiplataforma (Cross-Platform) com Xamarin. Forms e Visual Studio 2022 Community para Iniciantes – Volume 01**, os principais controles visuais ou **Views** do **Xamarin.Forms**. Devo salientar que as imagens de **01** a **318**, estão no **Volume 01**. As visualizações, nada mais são do que os elementos de interação com os usuários de dispositivos móveis da plataforma **cross-platform**. As **Views** ou visualizações são objetos da interface do usuário, como **labels (rótulos)**, **buttons (botões)** e **sliders (controles deslizantes)**, geralmente conhecidos como **controles** ou **widgets** em outros ambientes de programação gráfica.

Todas as visualizações suportadas pelo **Xamarin.Forms** derivam da classe **View**. Elas podem ser divididas nas seguintes categorias:

- **Views** (Visualizações) para apresentação;
- **Views** (Visualizações) que iniciam comandos;
- **Views** (Visualizações) para definir valores;
- **Views** (Visualizações) para editar texto;
- **Views** (Visualizações) para indicar **activity (atividade)**; e
- **Views** (Visualizações) que exibem coleções.

Veremos cada uma delas nos próximos tópicos.

Visualizações para Apresentação – (Views for Presentation)

BoxView

Este elemento exibe um retângulo sólido, que pode ser colorido, para isto temos que usar a propriedade **Color**. O **BoxView** tem um tamanho padrão **(default)** de 40x40, se quisermos outros tamanhos, basta alterarmos os valores das propriedades **WidthRequest** e **HeightRequest**. O **Xamarin.Forms** não tem elementos gráficos de vetor internos, por isso usamos o elemento **BoxView** para compensar a ausência deste elemento. Este elemento pode ser dimensionado para se parecer com uma linha de uma largura específica e a espessura e, em seguida, pode ser girado usando qualquer ângulo através da propriedade **Rotation**. Geralmente, podemos definir as seguintes propriedades:

- **Color:** é do tipo **Color**, a propriedade pode ser definida para qualquer valor Color, incluindo os 141 campos estáticos de somente leitura chamados **colors** que estão em ordem alfabética de **AliceBlue** até **YellowGreen**, podemos usar também as cores com seu número hexadecimal, por exemplo: **#CDAD00**, que é a cor dourada;
- **CornerRadius:** é do tipo **CornerRadius**, define a espessura do raio de canto. A propriedade pode ser definida como um único valor do tipo **double** uniforme para o raio de canto, ou uma estrutura **CornerRadius** definida por quatro valores do tipo **double** que serão aplicados a parte superior esquerda, superior direita, parte inferior esquerda e inferior direita do **BoxView**;
- **WidthRequest:** Para definir a largura em unidades independentes de dispositivo; e
- **HeightRequest:** Para definir a altura.

As propriedades **WidthRequest** e **HeightRequest** desempenham alguma função somente se o **BoxView** for irrestrito no layout. Esse é o caso quando o contêiner de layout filho precisa saber o seu tamanho, por exemplo, quando o **BoxView** é um filho de uma célula de dimensionamento automático em um **Grid** layout. Um **BoxView** também é irrestrito quando suas propriedades **HorizontalOptions** e **VerticalOptions** são definidas com valores diferentes de **LayoutOptions.Fill**. Se o **BoxView** for irrestrito, mas as propriedades **WidthRequest** e **HeightRequest** não foram definidas, a largura ou altura serão definidas como valores padrão de 40 unidades ou cerca de 1/4 de polegadas em dispositivos móveis. As propriedades **WidthRequest** e **HeightRequest** serão ignoradas se o **BoxView** for restrito no layout, nesse caso, o contêiner de layout impõe seu próprio tamanho no **BoxView**. Um **BoxView** pode ser restrito em uma dimensão e irrestrito em outra. Por exemplo, se o **BoxView** é um filho de um elemento **StackLayout** vertical, a dimensão vertical do **BoxView** é irrestrita e sua dimensão horizontal geralmente é restrita.

Mas há exceções para essa dimensão horizontal: Se o **BoxView** tiver sua propriedade **HorizontalOptions** definida como algo diferente de **LayoutOptions.Fill**, a dimensão horizontal também será irrestrita. Também é possível que o **StackLayout** em si possa ter uma dimensão horizontal irrestrita, caso em que o **BoxView** também será horizontalmente irrestrito. Podemos usar o **BoxView** para adicionar alguns itens de decorações simples em suas páginas na forma de linhas horizontais e verticais. Também podemos utilizar o elemento **BoxView** para a exibição de uma **ListView** para listagem. Criamos alguns projetos usando o **BoxView** em aplicações bem simples, vamos criar um novo projeto, que será uma pouco mais complexo, ou seja, um relógio analógico, para entendermos estes conceitos, conforme vimos no tópico **O Ambiente de Desenvolvimento do Microsoft Visual Studio Community 2022** no **capítulo 2** do **volume 01**, no item **Project name:**, digite **AppUsandoBoxView**, aguarde e vejam que vai aparecer a nossa **IDE** ou área de desenvolvimento, conforme vimos na **figura 28**. Observem que todo projeto **Xamarin.Forms** que criamos, automaticamente já vem com uma página de visualização ou **View**, vinculada, que é o arquivo **MainPage.xaml**, vamos abri-lo, para isto abra a janela **Solution Explorer**, pressione ao mesmo tempo as teclas **Ctrl+Alt+L**, e deve abrir a janela **Solution Explorer** conforme vimos na **figura 29**. Em seguida, abra o projeto **AppUsandoBoxView**, para isto clique na setinha que tem ao lado do projeto **AppUsandoBoxView**, em seguida, clique duas vezes com o botão esquerdo do mouse sobre o arquivo **MainPage.xaml**, e vai abrir o mesmo, agora pressione ao mesmo tempo as teclas **Ctrl+A** e vai selecionar todo o código, conforme vimos na **figura 160**. Pressione a tecla **Delete** do teclado, no local onde o cursor do mouse está piscando, na **linha 1**, digite o código abaixo:

```
<?xml version="1.0" encoding="utf-8" ?>
<ContentPage xmlns="http://xamarin.com/schemas/2014/forms"
             xmlns:x="http://schemas.microsoft.com/winfx/2009/
xaml"
             BackgroundColor="Beige"
             Padding="{OnPlatform iOS='20, 20, 20, 20',
UWP='20, 20, 20, 20'}"
             x:Class="AppUsandoBoxView.MainPage">

    <AbsoluteLayout x:Name="absoluteLayout"
SizeChanged="OnAbsoluteLayoutSizeChanged">
        <BoxView x:Name="ponteiroHoras" Color="Black" />
        <BoxView x:Name="ponteiroMinutos" Color="Blue" />
        <BoxView x:Name="ponteiroSegundos" Color="Gold" />
    </AbsoluteLayout>
</ContentPage>
```

Salve seu projeto, conforme vimos nas **figuras 50** e **51**. Vamos entender este código, na **linha 9**, temos o elemento **BoxView** que vai representar os ponteiros da hora, na cor preta. Na **linha 10**, temos o elemento **BoxView** que vai representar os ponteiros dos minutos, na cor azul. Na **linha 11**, temos o elemento **BoxView** que vai representar os ponteiros dos segundos, na cor dourada. Aqui não definimos nem o posicionamento nem os tamanhos destes ponteiros, para isto precisaremos abrir o arquivo **code-behind**, ou seja, o arquivo **MainPage.xaml.cs**, para isto abra a janela **Solution Explorer**, pressione ao mesmo tempo as teclas **Ctrl+Alt+L**, e deve abrir a janela **Solution Explorer** conforme vimos na **figura 29**. Em seguida, abra o projeto **AppUsandoBoxView**, para isto clique na setinha que tem ao lado do projeto **AppUsandoBoxView**, em seguida clique na setinha que tem ao lado do arquivo **MainPage.xaml**, em seguida, clique com o botão do mouse sobre o arquivo **MainPage.xaml.cs**, selecione o item **View Code** ou pressione a tecla **F7,** conforme vimos na **figura 46**. Clicar duas vezes com o botão do mouse sobre o arquivo **MainPage.xaml.cs** tem o mesmo efeito. Vai abrir a janela de código do arquivo **MainPage.xaml.cs**, conforme vimos na **figura 48**. Agora pressione ao mesmo tempo as teclas **Ctrl+A** e vai selecionar todo o código, conforme vimos na **figura 160**. Pressione a tecla **Delete** do teclado, no local onde o cursor do mouse está piscando, na **linha 1**, digite o código abaixo:

```
using System;
using Xamarin.Forms;
```

```
namespace AppUsandoBoxView
{
    public partial class MainPage : ContentPage
    {
        // Estrutura para armazenar informações sobre os três
ponteiros.
        struct ParametrosPonteiros
        {
            public ParametrosPonteiros(double largura, double
altura, double deslocamento) : this()
            {
                Largura = largura;
                Altura = altura;
                Deslocamento = deslocamento;
            }

            public double Largura { private set; get; }   //
fração do raio
            public double Altura { private set; get; }  //
fração do raio
            public double Deslocamento { private set; get; }
// em relação ao pivô central
        }

        static readonly ParametrosPonteiros parametrosSegundos
= new ParametrosPonteiros(0.02, 1.1, 0.85);
        static readonly ParametrosPonteiros parametrosMinutos =
new ParametrosPonteiros(0.05, 0.8, 0.9);
        static readonly ParametrosPonteiros parametrosHoras =
new ParametrosPonteiros(0.125, 0.65, 0.9);
        BoxView[] marcasEscalas = new BoxView[60];

        public MainPage()
        {
            InitializeComponent();

            // Cria as marcas de escala (para serem
dimensionadas e posicionadas posteriormente).
            for (int i = 0; i < marcasEscalas.Length; i++)
            {
                marcasEscalas[i] = new BoxView { Color = Color.
Black };
                absoluteLayout.Children.Add(marcasEscalas[i]);
            }

            Device.StartTimer(TimeSpan.FromSeconds(1.0 / 60),
OnTimerTick);
        }
```

```
        void OnAbsoluteLayoutSizeChanged(object sender,
EventArgs args)
        {
            // Obter o centro e o raio do AbsoluteLayout.
            Point center = new Point(absoluteLayout.Width / 2,
absoluteLayout.Height / 2);
            double radius = 0.45 * Math.Min(absoluteLayout.
Width, absoluteLayout.Height);

            // Posiciona, dimensiona e gira as 60 marcas de
escala.
            for (int index = 0; index < marcasEscalas.Length;
index++)
            {
                double size = radius / (index % 5 == 0 ? 15 :
30);
                double radians = index * 2 * Math.PI /
marcasEscalas.Length;
                double x = center.X + radius * Math.
Sin(radians) - size / 2;
                double y = center.Y - radius * Math.
Cos(radians) - size / 2;
                AbsoluteLayout.
SetLayoutBounds(marcasEscalas[index], new Rectangle(x, y, size,
size));
                marcasEscalas[index].Rotation = 180 * radians
/ Math.PI;
            }

            // Posiciona e dimensiona os três ponteiros.
            LayoutHand(ponteiroSegundos, parametrosSegundos,
center, radius);
            LayoutHand(ponteiroMinutos, parametrosMinutos,
center, radius);
            LayoutHand(ponteiroHoras, parametrosHoras, center,
radius);
        }

        void LayoutHand(BoxView boxView, ParametrosPonteiros
parametrosPonteiros, Point center, double radius)
        {
            double largura = parametrosPonteiros.Largura *
radius;
            double altura = parametrosPonteiros.Altura *
radius;
            double deslocamento = parametrosPonteiros.
Deslocamento;
```

```
            AbsoluteLayout.SetLayoutBounds(boxView,
                new Rectangle(center.X - 0.5 * largura,
                              center.Y - deslocamento * altura,
                              largura, altura));

            // Define a propriedade AnchorY para rotações.
            boxView.AnchorY = parametrosPonteiros.Deslocamento;
        }

        bool OnTimerTick()
        {
            // Define os ângulos de rotação para os ponteiros de
horas e minutos.
            DateTime dateTime = DateTime.Now;
            ponteiroHoras.Rotation = 30 * (dateTime.Hour % 12)
+ 0.5 * dateTime.Minute;
            ponteiroMinutos.Rotation = 6 * dateTime.Minute +
0.1 * dateTime.Second;

            //Fazendo a animação para o ponteiro de segundos.
            double t = dateTime.Millisecond / 1000.0;

            if (t < 0.5)
            {
                t = 0.5 * Easing.SpringIn.Ease(t / 0.5);
            }
            else
            {
                t = 0.5 * (1 + Easing.SpringOut.Ease((t - 0.5)
/ 0.5));
            }

            ponteiroSegundos.Rotation = 6 * (dateTime.Second +
t);

            return true;
        }
    }
}
```

Salve seu projeto, conforme vimos nas **figuras 50** e **51**. Observem os comentários em cada um dos trechos de códigos, para entender o que está acontecendo. Vamos entender este código, nas **linhas 9** a **21**, temos o dimensionamento e posicionamento de todos os elementos **BoxView** no manipulador **SizeChanged** para o **AbsoluteLayout**. Uma pequena estrutura interna para a classe chamada **ParametrosPonteiros** descreve o tamanho de cada um dos três ponteiros em relação ao tamanho total do relógio. Nas **linhas 42** a **63**, estamos instanciando os 60 elementos **BoxView** que vão compor as marcas de escala em torno da circunferência do relógio. Nas **linhas 65** a **78**, estamos dizendo que o manipulador **SizeChanged** vai determinar o centro e um raio em relação ao **AbsoluteLayoute**, em seguida, as posições e os tamanhos dos 60 elementos **BoxView** usados como marcadores de escala. O loop **for** é concluído, definindo a propriedade **Rotation** de cada um dos elementos **BoxView**. No final do manipulador **SizeChanged**, o método **LayoutHand** é chamado para dimensionar e posicionar os três ponteiros do relógio. O método **LayoutHand** define as posições e os tamanhos de cada ponteiro, para que os mesmos possam apontar diretamente até a posição de 12:00. No final, o método **AnchorY** vai definir como uma posição deve corresponder ao centro do relógio. Isso indica Centro de rotação. Nas **linhas 80** a **101**, estamos definindo que os ponteiros serão girados na função de retorno de chamada do temporizador, o item **ponteiroSegundos** é tratado de maneira um pouco diferente: Uma função de atenuação de animação é aplicada para fazer com que a movimentação pareça mecânica em vez de suave. Em todas as marcas, o **ponteiroSegundos** efetua uma puxada (**pull – puxar)** para voltar um pouco e, em seguida, um **overshoots**, ou seja, uma pequena ultrapassada no seu destino. Esse pequeno trecho de código adiciona muito o realismo do movimento. Agora podemos compilar nosso **App** no **Android**, para isto repita o procedimento que vimos no **Capítulo 3 – Interface do Usuário do Xamarin.Forms – Páginas e Layouts** do **volume 01**, os seguintes tópicos: **Criando a Interface do Usuário com C# (C Sharp) – Code-behind**, **Compilando (Debugging) o Aplicativo Android** e **Instalando o Emulador do Android**. Para usar um smartphone **Android**, vejam no **Capítulo 3 – Interface do Usuário do Xamarin.Forms – Páginas e Layouts** do **volume 01**, o seguinte tópico: **Configurando o Smartphone para Modo Desenvolvedor**, agora o ícone do aplicativo vai aparecer no smartphone, conforme **figura 319**:

Figura 319

Vamos retornar a **IDE** do **Visual Studio**, vamos parar nossa compilação, conforme vimos nas **figuras 76** e **77**. Agora podemos compilar nosso **App** no **iOS**, para usar um simulador da **Apple**, repita o procedimento que vimos no **Capítulo 3 – Interface do Usuário do Xamarin.Forms – Páginas e Layouts** do **volume 01**, os seguintes tópicos: **Criando a Interface do Usuário com C# (C Sharp) – Code-behind**, **Compilando (Debugging) o Aplicativo iOS**. Antes de prosseguir, devemos desinstalar o aplicativo do **iPhone**, conforme vimos no **Anexo I**, do **volume 01 – Instalando o Ambiente de Desenvolvimento do Microsoft Visual Studio Community 2022 no MAC**, nos tópicos: **Clonando Repositórios do GitHub** e **Desinstalar um Aplicativo do iPhone**. Para usar um smartphone **iPhone**, repita o procedimento que vimos no **Capítulo 3 – Interface do Usuário do Xamarin.Forms – Páginas e Layouts do volume 01**, os seguintes tópicos: **Criando a Interface do Usuário com XAML – Zammel**, **Páginas do Xamarin.Forms – (Xamarin.Forms Pages)**, **Páginas do Xamarin.**

Forms – (Xamarin.Forms Pages) e **MasterDetailPage**. E no **Anexo I**, do **volume 01 – Instalando o Ambiente de Desenvolvimento do Microsoft Visual Studio Community 2022 no MAC**, os seguintes tópicos: **Provisionamento Gratuito para Aplicativos Xamarin.iOS**, **Testes em Dispositivos com Provisionamento Gratuito** e **Criando Uma Identidade de Assinatura e um Perfil de Provisionamento Usando o Xcode**, em seguida vejam o **App** instalado na tela do seu **iPhone**, conforme **figura 320**:

Figura 320

Agora vamos compilar o nosso projeto no **UWP**, conforme vimos no **Capítulo 3 – Interface do Usuário do Xamarin.Forms – Páginas e Layouts do volume 01**, nos tópicos **Criando a Interface do Usuário com C# (C Sharp) – Code-behind** e **Compilando (Debugging) o Aplicativo UWP**. Este processo é muito rápido, pois estamos instalando o aplicativo direto no computador. Quando o aplicativo for instalado no computador, aparecerá a seguinte mensagem **Ready** com uma tarja laranja, no canto inferior esquerdo, conforme **figura 321**:

Figura 321

Vamos retornar a **IDE** do **Visual Studio**, vamos parar nossa compilação, conforme vimos nas **figuras 76** e **77**. Observem que a compilação é muita rápida, pois estamos instalando o aplicativo no **Windows**, no computador. Agora vamos fazer um **commit**, que nada mais é do que mandar nosso projeto para o **GitHub**, conforme vimos, nas **figuras 232** a **236**. Em um primeiro momento, o elemento **BoxView** pode parecer simples, mas como vimos, ele pode ser bastante versátil e pode quase reproduzir visuais que são normalmente possíveis somente com gráficos vetoriais.

Label (Rótulo)

É usado para exibir elementos de texto de linha única, bem como blocos de texto de várias linhas, pode ter decorações de texto, texto colorido e usar fontes personalizadas (famílias, tamanhos e opções). As decorações de texto sublinhado e tachado podem ser aplicadas às instâncias do elemento **Label** definindo a propriedade

Label.TextDecorations como um ou mais membros da enumeração **TextDecorations**, conforme abaixo:

- **None;**
- **Underline;**
- **Strikethrough.**

Decorações de texto também podem ser aplicadas a instâncias da classe **Span**. O espaçamento de caracteres pode ser aplicado às instâncias do elemento **Label** definindo a propriedade **Label. CharacterSpacing** com um valor do tipo **double**. O resultado é que os caracteres no texto exibido pelo elemento **Label** estarão separados por uma propriedade **CharacterSpacing** independentes do dispositivo. Existem duas técnicas principais para forçar o texto em um elemento **Label**, ir para uma nova linha, são elas:

- Usando o caractere unicode de avanço de linha o **\n**, no **XAML** que será representado pelo código "**
**";
- Especifique seu texto usando a propriedade sintaxe do elemento.

O elemento **Label** pode ser configurado para usar uma cor de texto personalizada por meio da propriedade vinculável **TextColor**. É necessário um cuidado especial para garantir que as cores sejam utilizáveis em cada plataforma. Como cada plataforma possui padrões diferentes para cores de texto e plano de fundo, precisaremos ter cuidado para escolher um padrão que funcione em cada uma das plataformas. Para trabalhar com fontes, devemos levar em consideração as fontes instaladas em cada plataforma, desta forma, temos três propriedades relacionadas à fonte de todos os controles que exibem texto, são elas:

- **FontFamily:** uma string com o nome da fonte;
- **FontSize:** o tamanho da fonte como um valor do tipo double;
- **Fontattributes:** uma cadeia de caracteres especificando informações de estilo como **itálico** e **negrito**.

Os rótulos podem ser definidos para manipular textos que não caibam em uma linha de várias maneiras, expostos pela propriedade **LineBreakMode**, que é uma enumeração com os seguintes valores:

- **HeadTruncation:** trunca o cabeçalho do texto, mostrando o final;
- **CharacterWrap:** quebra o texto em uma nova linha com um limite de caracteres;

- **MiddleTruncation:** exibe o início e o fim do texto, com o meio substituído por uma elipse;
- **Nowrap:** não quebra o texto, exibindo apenas o número de texto que pode caber em uma linha;
- **TailTruncation:** mostra o início do texto, truncando o final;
- **WordWrap:** quebra o texto no limite da palavra.

O número de linhas exibidas por um elemento **Label** pode ser especificado definindo a propriedade **Label.MaxLines** como um valor do tipo **int**, conforme abaixo:

- Quando o valor de **MaxLines** for **-1**, que é o valor padrão, o **Label** respeita o valor da propriedade **LineBreakMode** para mostrar apenas uma linha, possivelmente truncada ou todas as linhas com todo o texto.
- Quando o valor de **MaxLines** for **0**, o **Label** não é exibido.
- Quando o valor de **MaxLines** for 1, o resultado é idêntico à definição da propriedade **LineBreakMode** como **NoWrap**, **HeadTruncation**, **MiddleTruncation** ou **TailTruncation**. No entanto o elemento **Label**, respeitará o valor propriedade **LineBreakMode** com relação ao posicionamento de uma elipse, se aplicável.
- Quando o valor de **MaxLines** for maior que **1**, o elemento **Label** será exibido até o número especificado de linhas, respeitando o valor da propriedade **LineBreakMode** com relação ao posicionamento de uma elipse, se aplicável. No entanto, não terá nenhum efeito se a propriedade **LineBreakMode** for definida como **NoWrap**.

A classe **Label** tem uma propriedade **TextType**, que determina se o elemento **Label** instanciado deve exibir texto sem formatação ou com formatação **HTML**. Essa propriedade deve ser definida como um dos membros da enumeração **TextType**, conforme abaixo:

- **Text:** indica que o elemento **Label** exibirá texto sem formatação e é o valor padrão da propriedade **Label.TextType**;
- **Html:** indica que o elemento **Label** exibirá o texto na formatação **HTML**.

As cadeias de caracteres **HTML** podem se tornar ilegíveis no **XAML**, porque, adicionalmente, os caracteres de **escape** e os símbolos **<** e **>**

devem ser representados por códigos **Unicode**. Como alternativa, para maior legibilidade, o **HTML** pode ser embutido em uma seção **CDATA**. Os elementos **Label** possuem uma propriedade **FormattedText** que permite a apresentação do texto com várias fontes e cores na mesma exibição. Esta propriedade é do tipo **FormattedString**, que consiste em uma ou mais instâncias de **Span**, definidas por meio da propriedade **Spans**, que podem ser usadas para definir a aparência visual, conforme abaixo:

- **BackgroundColor:** a cor do plano de fundo de **Span**;
- **CharacterSpacing**: é do tipo **double**, é o espaçamento entre os caracteres do texto no **Span**;
- **Font;** a fonte do texto na extensão;
- **FontAttributes:** os atributos de fonte para o texto no **Span**;
- **FontFamily:** a família de fontes a qual a fonte do texto no trecho pertence;
- **FontSize:** o tamanho da fonte para o texto no intervalo;
- **LineHeight:** o multiplicador a ser aplicado à altura de linha padrão da extensão;
- **Style:** o estilo a ser aplicado ao **Span**;
- **Text:** o texto da extensão;
- **TextColor:** a cor do texto no intervalo;
- **TextDecorations:** as decorações a serem aplicadas ao texto na extensão.

As propriedades **BackgroundColor**, **Text**, e **Text vinculáveis** têm um modo de associação padrão de mão única. Além disso, temos a propriedade a **GestureRecognizers**, que pode ser usada para definir uma coleção de reconhecedores de gestos que responderão a gestos no **Span**, veremos esta propriedade em outro momento. Uma observação importante que deve ser feita, não é possível exibir **HTML** em um **Span**. A altura vertical de um **Label** em relação à propriedade **Span** pode ser personalizada definindo a propriedade **Label.LineHeight**ou**Span.LineHeight**comoumvalordotipo**double**.No**iOS**eno **Android**, esses valores são multiplicadores da altura da linha original e, na **Plataforma Universal do Windows (UWP)**, o valor da propriedade é um multiplicador do tamanho da fonte do rótulo. No **iOS**, as propriedades **Label.LineHeight** e **Span.LineHeight**, alteram a altura da linha do texto que cabe em uma única linha e o texto que é quebrado em várias linhas. No **Android**, as propriedades **Label.LineHeight** e **Span.LineHeight**, só alteram a altura da linha do texto que é quebrado em várias linhas. No **UWP**, a propriedade **Label.LineHeight**, altera a altura da linha do texto que é quebrado em várias linhas e a propriedade **Span.LineHeight** não tem efeito. O preenchimento representa o espaço entre um elemento e seus elementos filhos e é usado para separar o elemento de seu próprio conteúdo. O preenchimento pode ser aplicado a instâncias de elemento **Label** definindo a propriedade **Label.Padding** como um valor **Thickness**.

O texto exibido por **Label** e as instâncias do elemento **Span** podem ser transformados em hiperlinks, conforme as seguintes condições:

- Defina as propriedades **TextColor** com o valor **Blue**, e **TextDecoration** com o valor **Underline**, do **Label** ou **Span**;
- Adicione uma propriedade **TapGestureRecognizer** e **GestureRecognizers** à coleção do **Label** ou **Span**, cuja propriedade **Command** seja vinculada a uma propriedade **ICommande** cuja propriedade **CommandParameter** tenha uma URL a ser aberta.
- Defina a propriedade **ICommand** que será executada pelo **TapGestureRecognizer**.
- Escreva o código que será executado pelo **ICommand**, no **code-behind**.

Vamos criar um novo projeto, onde abordaremos todos os itens que comentamos, para entendermos estes conceitos, conforme vimos no tópico **O Ambiente de Desenvolvimento do Microsoft Visual Studio Community 2022** no **capítulo 2** do **volume 01**, no item **Project name:**, digite **AppUsandoLabel**, aguarde e vejam que vai aparecer a nossa **IDE** ou área de desenvolvimento, conforme vimos na **figura 28**. Observem que todo projeto **Xamarin.Forms** que criamos, automaticamente já vem com uma página de visualização ou **View**, vinculada, que é o arquivo **MainPage.xaml**, vamos abri-lo, para isto abra a janela **Solution Explorer**, pressione ao mesmo tempo as teclas **Ctrl+Alt+L**, e deve abrir a janela **Solution Explorer** conforme vimos na **figura 29**. Em seguida, abra o projeto **AppUsandoLabel**, para isto clique na setinha que tem ao lado do projeto **AppUsandoLabel**, em seguida clique duas vezes com o botão esquerdo do mouse sobre o arquivo **MainPage.xaml**, e vai abrir o mesmo, agora pressione ao mesmo tempo as teclas **Ctrl+A** e vai selecionar todo o código, conforme vimos na **figura 160**. Pressione a tecla **Delete** do teclado, no local onde o cursor do mouse está piscando, na **linha 1**, digite o código abaixo:

```
<?xml version="1.0" encoding="utf-8" ?>
<ContentPage xmlns="http://xamarin.com/schemas/2014/forms"
             xmlns:x="http://schemas.microsoft.com/winfx/2009/
xaml"
             x:Class="AppUsandoLabel.MainPage">

    <ScrollView>
        <StackLayout Padding="{OnPlatform iOS=25, UWP=25}">
            <Label Text="Decorações de text - Text
decorations"/>
            <Label Text="Este texto está sublinhado."
TextDecorations="Underline"  />
            <Label Text="Este é um texto rasurado ou tachado."
TextDecorations="Strikethrough" />
            <Label Text="Este é um texto sublinhado e tachado."
TextDecorations="Underline, Strikethrough" />
            <StackLayout>
                <Label Text="Espaçamento entre caracteres -
Character spacin"/>
                <Label Text="Texto com espaçamento entre
caracteres." CharacterSpacing="10" />
            </StackLayout>
            <StackLayout>
                <Label Text="Novas linhas - New lines"/>
                <!-- Caractere de avanço de linha Unicode  -->
                <Label Text="Primeira linha &#10; Segunda
linha" />
                <!-- Sintaxe do elemento -->
                <Label>
                    <Label.Text>
                        Primeira linha
 Segunda linha
                    </Label.Text>
                </Label>
            </StackLayout>
            <StackLayout>
                <Label Text="Cor de texto - Color"/>
                <Label TextColor="#FFDAB9" FontSize = "20"
Text="Este é um rótulo na cor pêssego." />
            </StackLayout>
            <StackLayout>
                <Label Text="Fontes - Fonts"
FontAttributes="Italic" />
```

```
                <Label FontSize = "{OnPlatform iOS=35,
Android=20, UWP=25}" FontFamily="{OnPlatform iOS=EuphemiaUCAS-
Bold, Android=lobster_italic, UWP=Forte}" FontAttributes="Bold"
Text="Este é um texto usando todas as formatações para fontes."
/>
            </StackLayout>
            <StackLayout>
                <Label Text="Truncamento e encapsulamento -
Truncation and wrapping" />
                <Label FontSize = "{OnPlatform iOS=35,
Android=20, UWP=25}" LineBreakMode="HeadTruncation"  Text="Este
é um texto usando truncamento e encapsulamento." />
                <Label FontSize = "{OnPlatform iOS=35,
Android=20, UWP=25}" LineBreakMode="CharacterWrap"  Text="Este
é um texto usando truncamento e encapsulamento." />
                <Label FontSize = "{OnPlatform iOS=35,
Android=20, UWP=25}" LineBreakMode="MiddleTruncation"
Text="Este é um texto usando truncamento e encapsulamento." />
                <Label FontSize = "{OnPlatform iOS=35,
Android=20, UWP=25}" LineBreakMode="NoWrap"  Text="Este é um
texto usando truncamento e encapsulamento." />
                <Label FontSize = "{OnPlatform iOS=35,
Android=20, UWP=25}" LineBreakMode="TailTruncation"  Text="Este
é um texto usando truncamento e encapsulamento." />
                <Label FontSize = "{OnPlatform iOS=35,
Android=20, UWP=25}" LineBreakMode="WordWrap"  Text="Este é um
texto usando truncamento e encapsulamento." />
                <Label FontSize = "{OnPlatform iOS=35,
Android=20, UWP=25}" Text="Lorem ipsum dolor sit amet,
consectetur adipiscing elit. In facilisis nulla eu felis
fringilla vulputate. Nullam porta eleifend lacinia. Donec at
iaculis tellus." LineBreakMode="WordWrap" MaxLines="2" />
            </StackLayout>
            <StackLayout>
                <Label Text="HTML" FontAttributes="Italic" />
                <Label FontSize = "{OnPlatform iOS=35,
Android=20, UWP=25}" Text="Este é um texto em &lt;strong
style=&quot;color:red&quot;&gt;HTML&lt;/strong&gt;."
TextType="Html"  />
                <Label FontSize = "{OnPlatform iOS=35,
Android=20, UWP=25}" TextType="Html">
                    <![CDATA[
                    Este é um texto em <strong
style="color:red">HTML</strong>.
                    ]]>
                </Label>
            </StackLayout>
```

```
            <StackLayout>
                <Label Text="Texto formatado - Formatted text"
FontAttributes="Italic" />
                <Label LineBreakMode="WordWrap">
                    <Label.FormattedText>
                        <FormattedString>
                            <Span Text="Vermelho Negrito, "
TextColor="Red" FontAttributes="Bold" CharacterSpacing="8"
TextDecorations="Underline" />
                            <Span Text="padrão, "
Style="{DynamicResource BodyStyle}" LineHeight="5">
                                <Span.GestureRecognizers>
                                    <TapGestureRecognizer
Command="{Binding TapCommand}" />
                                </Span.GestureRecognizers>
                            </Span>
                            <Span Text="italico
pequeno." FontAttributes="Italic" FontSize="Small"
BackgroundColor="Beige" />
                        </FormattedString>
                    </Label.FormattedText>
                </Label>
            </StackLayout>
            <StackLayout>
                <Label Text="Altura da linha - Line height"
FontAttributes="Italic" />
                <Label FontSize = "{OnPlatform iOS=35,
Android=20, UWP=25}" LineBreakMode="WordWrap">
                    <Label.FormattedText>
                        <FormattedString>
                            <Span Text="Lorem ipsum dolor
sit amet, consectetur adipiscing elit. In a tincidunt sem.
Phasellus mollis sit amet turpis in rutrum. Sed aliquam ac urna
id scelerisque." LineHeight="1.8"/>
                            <Span Text="Nullam feugiat sodales
elit, et maximus nibh vulputate id." LineHeight="1.8" />
                        </FormattedString>
                    </Label.FormattedText>
                </Label>
            </StackLayout>
            <StackLayout>
                <Label Text="Preenchimento - Padding"
FontAttributes="Italic" />
                <Label FontSize = "{OnPlatform iOS=35,
Android=20, UWP=25}" Padding="20">
                    <Label.FormattedText>
                        <FormattedString>
```

```
                              <Span Text="Lorem ipsum dolor
sit amet, consectetur adipiscing elit. In a tincidunt sem.
Phasellus mollis sit amet turpis in rutrum. Sed aliquam ac urna
id scelerisque." LineHeight="1.8"/>
                              <Span Text="Nullam feugiat sodales
elit, et maximus nibh vulputate id." LineHeight="1.8" />
                          </FormattedString>
                      </Label.FormattedText>
                  </Label>
              </StackLayout>
              <StackLayout>
                  <Label Text="Hyperlinks"
FontAttributes="Italic" />
                  <Label FontSize = "{OnPlatform iOS=35,
Android=20, UWP=25}">
                      <Label.FormattedText>
                          <FormattedString>
                              <Span Text="Para ser direcionado a
página da Editora Ciência Moderna, clique " />
                              <Span Text="aqui" TextColor="Blue"
TextDecorations="Underline">
                                  <Span.GestureRecognizers>
                                      <TapGestureRecognizer
Command="{Binding TapCommand}" CommandParameter="https://www.
lcm.com.br/site/" />
                                  </Span.GestureRecognizers>
                              </Span>
                              <Span Text=" e aguarde abrir a
página." />
                          </FormattedString>
                      </Label.FormattedText>
                  </Label>
              </StackLayout>
          </StackLayout>
      </ScrollView>
</ContentPage>
```

Salve seu projeto, conforme vimos nas **figuras 50** e **51**. Vamos entender este código, observe que em cada elemento **StackLayout**, coloquei o tópico que estudamos anteriormente. Na **linha 63**, temos um comando **TapCommand**, que vai definir o que será feito quando for efetuado o toque no link, para isto precisaremos abrir o arquivo **code-behind**, ou seja o arquivo **MainPage.xaml.cs**, abra a janela **Solution Explorer**, pressione ao mesmo tempo as teclas **Ctrl+Alt+L**, e deve abrir a janela **Solution Explorer** conforme vimos na **figura 29**.

Em seguida, abra o projeto **AppUsandoLabel**, para isto clique na setinha que tem ao lado do projeto **AppUsandoLabel**, em seguida, clique na setinha que tem ao lado do arquivo **MainPage.xaml**, em seguida clique com o botão do mouse sobre o arquivo **MainPage.xaml.cs**, selecione o item **View Code** ou pressione a tecla **F7,** conforme vimos na **figura 46**. Clicar duas vezes com o botão do mouse sobre o arquivo **MainPage.xaml.cs**, tem o mesmo efeito. Vai abrir a janela de código do arquivo **MainPage.xaml.cs**, conforme vimos na **figura 48**. Agora pressione ao mesmo tempo as teclas **Ctrl+A** e vai selecionar todo o código, conforme vimos na **figura 160**. Pressione a tecla **Delete** do teclado, no local onde o cursor do mouse está piscando, na **linha 1**, digite o código abaixo:

```
using System.ComponentModel;
using System.Windows.Input;
using Xamarin.Essentials;
using Xamarin.Forms;

namespace AppUsandoLabel
{
    // Learn more about making custom code visible in the Xamarin.Forms previewer
    // by visiting https://aka.ms/xamarinforms-previewer
    [DesignTimeVisible(false)]
    public partial class MainPage : ContentPage
    {
        // Launcher.OpenAsync é fornecido por Xamarin.Essentials.
        public ICommand TapCommand => new Command<string>(async (url) => await Launcher.OpenAsync(url));
        public MainPage()
        {
            InitializeComponent();
            BindingContext = this;
        }
    }
}
```

Salve seu projeto, conforme vimos nas **figuras 50** e **51**. Vamos entender este código, na **linha 10**, temos o comando **TapCommand** que executa o método **Launcher.OpenAsync**, passando o valor da propriedade **TapGestureRecognizer.CommandParameter** como um parâmetro, e vai abrir a **url** ou endereço da página em um navegador da **Web**. Portanto, o efeito geral é que, quando o hiperlink é tocado na tela, um navegador da Web é exibido e a **URL** associada ao hiperlink é aberta para navegação. Agora podemos compilar nosso **App** no **Android**, para isto repita o procedimento que vimos no **Capítulo 3 – Interface do Usuário do Xamarin.Forms – Páginas e Layouts do volume 01**, os seguintes tópicos: **Criando a Interface do Usuário com C# (C Sharp) – Code-behind**, **Compilando (Debugging) o Aplicativo Android** e **Instalando o Emulador do Android**. Para usar um smartphone **Android**, vejam no **Capítulo 3 – Interface do Usuário do Xamarin.Forms – Páginas e Layouts do volume 01**, o seguinte tópico: **Configurando o Smartphone para Modo Desenvolvedor**, agora o ícone do aplicativo vai aparecer no smartphone, conforme **figura 322**:

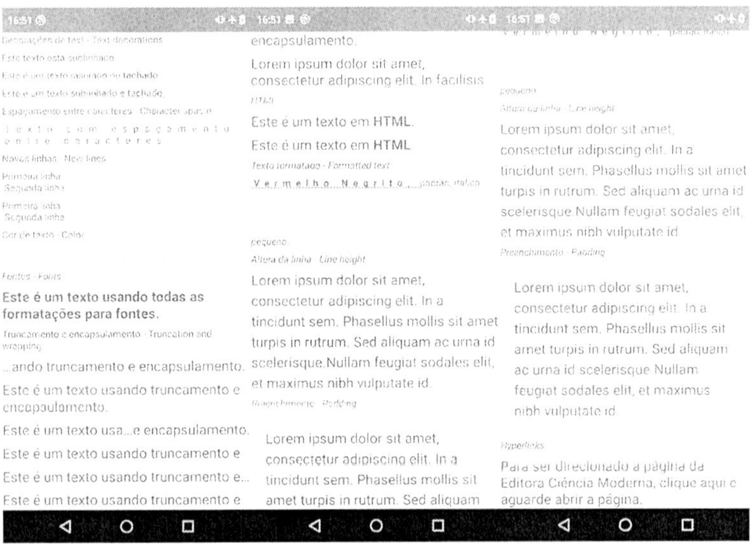

Figura 322

Role a tela com o dedo, para baixo, vejam todas as opções e clique no link, aguarde até abrir a página solicitada. Vamos retornar a **IDE** do **Visual Studio**, vamos parar nossa compilação, conforme vimos nas **figuras 76** e **77**. Agora podemos compilar nosso **App** no **iOS**, para usar um simulador da **Apple**, repita o procedimento que vimos no **Capítulo 3 – Interface do Usuário do Xamarin.Forms – Páginas e Layouts do volume 01**, os seguintes tópicos: **Criando a Interface do Usuário com C# (C Sharp) – Code-behind**, **Compilando (Debugging) o Aplicativo**

iOS. Antes de prosseguir, devemos desinstalar o aplicativo do **iPhone**, conforme vimos no **Anexo I**, do **volume 01 – Instalando o Ambiente de Desenvolvimento do Microsoft Visual Studio Community 2022 no MAC**, nos tópicos: **Clonando Repositórios do GitHub** e **Desinstalar um Aplicativo do iPhone**. Para usar um smartphone **iPhone**, repita o procedimento que vimos no **Capítulo 3 – Interface do Usuário do Xamarin.Forms – Páginas e Layouts do volume 01**, os seguintes tópicos: **Criando a Interface do Usuário com XAML – Zammel**, **Páginas do Xamarin.Forms – (Xamarin.Forms Pages)**, **Páginas do Xamarin. Forms – (Xamarin.Forms Pages)** e **MasterDetailPage**. E no **Anexo I**, do **volume 01 – Instalando o Ambiente de Desenvolvimento do Microsoft Visual Studio Community 2022 no MAC**, os seguintes tópicos: **Provisionamento Gratuito para Aplicativos Xamarin.iOS**, **Testes em Dispositivos com Provisionamento Gratuito** e **Criando Uma Identidade de Assinatura e Um Perfil de Provisionamento Usando o Xcode**, em seguida vejam o **App** instalado na tela do seu **iPhone**, conforme **figura 323**:

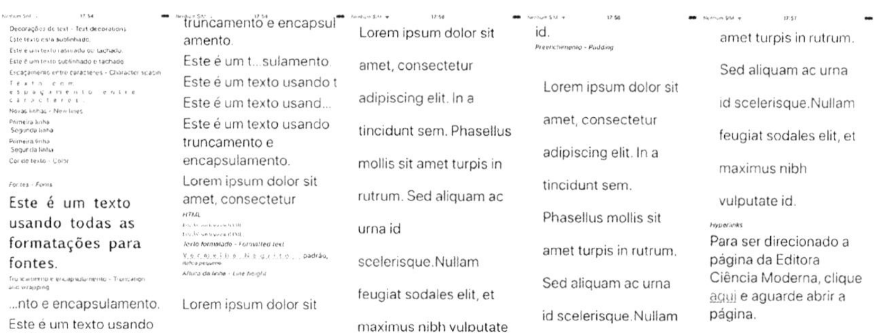

Figura 323

Role a tela com o dedo, para baixo, vejam todas as opções e clique no link, aguarde até abrir a página solicitada. Agora vamos compilar o nosso projeto no **UWP**, conforme vimos no **Capítulo 3 – Interface do Usuário do Xamarin.Forms – Páginas e Layouts do volume 01**, nos tópicos **Criando a Interface do Usuário com C# (C Sharp) – Code-behind** e **Compilando (Debugging) o Aplicativo UWP**. Este processo é muito rápido, pois estamos instalando o aplicativo direto no computador. Quando o aplicativo for instalado no computador, aparecerá a seguinte mensagem **Ready** com uma tarja laranja, no canto inferior esquerdo, conforme **figura 324**:

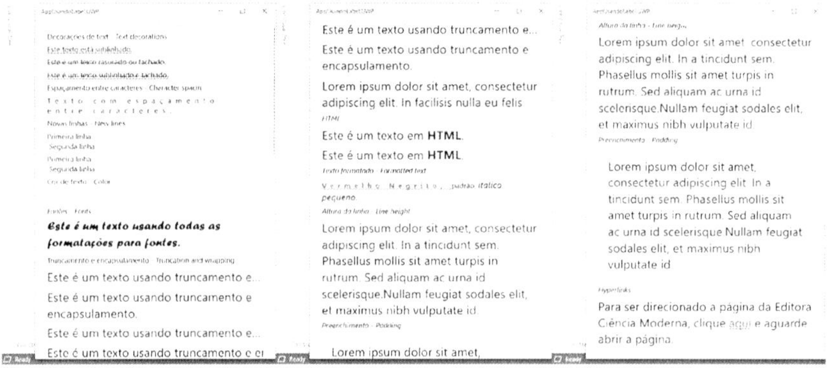

Figura 324

Role a tela com o dedo, para baixo, vejam todas as opções e clique no link, aguarde até abrir a página solicitada. Vamos retornar a **IDE** do **Visual Studio**, vamos parar nossa compilação, conforme vimos nas **figuras 76** e **77**. Observem que a compilação é muita rápida, pois estamos instalando o aplicativo no **Windows**, no computador. Agora vamos fazer um **commit**, que nada mais é do que mandar nosso projeto para o **GitHub**, conforme vimos nas **figuras 232** a **236**.

Image (Imagem)

Os elementos visuais de uma interface gráfica do usuário podem ser divididos entre elementos usados para apresentação, como texto, e aqueles capazes de interagir com o usuário, como botões **(buttons)**, controles deslizantes **(sliders)** e caixas de listagem **(list boxes)**. Podem ser compartilhadas entre plataformas com o **Xamarin.Forms**, elas podem ser carregadas especificamente para cada plataforma ou podem ser baixadas para exibição, são uma parte crucial da navegação, da usabilidade e da identidade visual do aplicativo. Aplicativos **Xamarin.Forms** precisam ser capazes de compartilhar imagens em todas as plataformas, mas também podem exibir imagens diferentes em cada plataforma. As imagens específicas da plataforma também são necessárias para ícones e telas de abertura, e elas precisam ser configuradas por plataforma. O texto é essencial para a apresentação, mas as imagens geralmente são tão importantes quanto uma maneira de complementar o texto e transmitir informações cruciais. A web, por exemplo, seria inconcebível sem fotos. Essas imagens geralmente têm a forma de matrizes retangulares de elementos de imagem, ou **pixels**, conhecidos como mapas de bits ou **bitmaps**. Assim como uma exibição chamada **Label (Rótulo)** exibe texto, uma exibição chamada **Image (Imagem)** exibe bitmaps. Os formatos de bitmap suportados pelo **iOS**, **Android** e **UWP** são um pouco diferentes, mas se você se ater aos arquivos do tipo **JPEG**, **PNG**, **GIF** e **BMP**, preferencialmente do tipo **PNG**, nos aplicativos **Xamarin.Forms**, provavelmente não terá problemas.

Pixel

É o elemento mais básico na formação da imagem em qualquer tela digital. É uma unidade de medida encontrada em monitores, tv, telas de smartphone, entre outros, que são conhecidas popularmente como **HD**, **Full HD**, **4K**, **8K**, etc. É a junção de três lâmpadas de cores diferentes, que chamamos de cores primárias em relação à luz, **vermelho (Red)**, **verde (Green)** e **azul (Blue)**, conhecida como **RGB**, e através da mistura destas cores, podemos gerar as outras, através de um ponto na tela, conforme **figura 325**:

Figura 325

O entrelaçamento destes pontos, vão gerar várias outras cores, conforme conhecemos. A formação da imagem é composta por vários pixels em formato de linhas e colunas, e a qualidade da imagem está relacionada com a quantidade de pixels, quanto maior a quantidade, maior será a qualidade de imagem na horizontal e na vertical.

Densidade

Voltando um pouco no tempo, nos anos 2000, não tínhamos celulares e tvs digitais, eram as famosas tvs de tubo. Tínhamos somente os monitores de computador que vinham normalmente com a resolução de 1024 x 768 pixels, ou seja, 1024 pixels, um ao lado do outro formando as colunas e 768 pixels, um abaixo do outro formando as linhas, perfazendo um total de

- **HD:** Hight Definition, alta definição, com a resolução de 1366 x 768 pixels, perfazendo um total de
- **FHD:** Full Hight Definition, alta definição completa, com a resolução de 1920 x 1080 pixels, perfazendo um total de
- **4K:** 4 vezes mais o FHD, com a resolução de 3840 x 2160 pixels, perfazendo um total de
- **8K:** 8 vezes mais o FHD, com a resolução de 7680 x 4320 pixels, perfazendo um total de

Para nosso entendimento o primeiro número são as colunas ou largura e o segundo são as linhas ou altura. Desta forma, teremos uma quantidade de pixel por centímetro maior em resoluções maiores. Para os celulares é importante entendermos esta relação, pois estas resoluções vão impactar na qualidade das imagens que vamos utilizar. No ano de 2012, foi lançado o smartphone **Galaxy S3**, com uma tela de 4.8 polegadas e uma resolução de 720 x 1280 pixels, ou seja, primeiro a largura e depois a altura, por ser uma tela mais vertical temos a altura maior que a largura, o cálculo da densidade é feito por meio de pixels por polegada, ou **ppi – pixel per inch**, sendo que uma polegada tem o valor de 2,54 centímetros, nestes **2,54 centímetros** teremos **306 ppi**. Já no **Galaxy S8**, lançado em 2017, com uma tela de 5.8 polegadas e uma resolução de 1440 x 2960, nestes **2,54 centímetros** teremos **570 ppi**. Para termos uma ideia prática de como isto afeta o uso de imagens, vamos supor que uma imagem com 600 pixels de resolução vai ser apresentada no **Galaxy S3**, ocupando toda a largura, enquanto no **Galaxy S8**, vai ser apresentada menor, pois a tela tem uma quantidade de pixels muito maior que o anterior.

Para as densidades no **Android**, vejam os tópicos **Trabalhando com Imagens no Android**, conforme vimos na **Tabela 1** do **volume**. Para as densidades no **iOS**, vejam os tópicos **Trabalhando com Imagens no iOS**. Para as densidades no **UWP**, vejam os tópicos **Trabalhando com Imagens no UWP** no **Capítulo 3** do **volume 01**. O **Xamarin. Forms** usa o elemento **Image** para exibir imagens em uma página. Ele tem duas propriedades importantes, quais sejam:

- **Source:** Uma instância de **ImageSource**, pode ser **Resource**, ou recursos, **Local**, ou uma imagem que foi copiada para o projeto, e imagens da **Internet**, que define a imagem a ser exibida;
- **Aspect:** Como dimensionar a imagem dentro dos limites que ela está sendo exibida. Seja para alongar, cortar ou preencher uma determinada área de exibição.

A propriedade **Aspect** determina como a imagem será dimensionada para se ajustar à área de exibição, conforme abaixo:

- **Fill:** Alonga a imagem para preencher completamente e exatamente a área de exibição. Isso pode resultar na distorção da imagem;
- **AspectFill:** Corta a imagem para que ela preencha a área de exibição enquanto preserva o aspecto (isto é, sem distorção);
- **AspectFit:** define, se necessário, que a imagem ocupe toda a área de exibição, com espaço em branco adicionado à parte superior/inferior ou aos lados, dependendo se a imagem for larga ou comprida.

As imagens podem ser carregadas de um arquivo local, de um recurso inserido, baixadas ou carregadas a partir de um site. As instâncias de **ImageSource**, podem ser obtidas usando métodos estáticos, geralmente no **code-behind (C#)**, para cada tipo de origem de imagem, conforme abaixo:

- **FromFile:** requer um **filename** ou caminho de arquivo que possa ser exibido em cada plataforma;
- **FromUri:** requer um objeto **Uri**, por exemplo, **new Uri("http://server.com/image.jpg"**);
- **FromResource:** requer um identificador de recurso para um arquivo de imagem inserido no aplicativo ou na biblioteca de um projeto **.NET Standard**, com uma ação de compilação: **EmbeddedResource**;

- **FromStream:** requer um caminho que forneça dados de imagem.

Alguns controles têm propriedades que exibem uma imagem, tais como:

- **Button:** tem uma propriedade **ImageSource** que pode ser definida como uma imagem de **bitmap** a ser exibida no elemento **Button**;
- **ImageButton:** tem uma propriedade **Source** que pode ser definida como a imagem a ser exibida no elemento **ImageButton**;
- **ToolbarItem:** tem uma propriedade **IconImageSource** que pode ser definida como uma imagem que é carregada de um arquivo, recurso inserido, URI, entre outros;
- **ImageCell:** tem uma propriedade **ImageSource** que pode ser definida como uma imagem recuperada de um arquivo, recurso inserido, URI, entre outros;
- **Page:** qualquer tipo de página que deriva de **Page** tem as propriedades **IconImageSource** e **BackgroundImageSource**, que pode ser atribuído a um arquivo, recurso inserido, URI, entre outros. Em determinadas circunstâncias, como quando um **NavigationPage** for exibindo em um **ContentPage**, o ícone será exibido se houver suporte da plataforma.

As propriedades **HeightRequest** e **WidthRequest**, definem a altura e largura de uma imagem, independentemente do tamanho da mesma. Outro detalhe, para imagens de fundo no **iOS**, utilize o tipo **jpg**, e não **png**. Vamos criar um novo projeto, onde abordaremos todos os itens que comentamos, para entendermos estes conceitos, conforme vimos no tópico **O Ambiente de Desenvolvimento do Microsoft Visual Studio Community 2022** no **capítulo 2** do **volume 01**, no item **Project name:**, digite **AppUsandoImagem**, aguarde e vejam que vai aparecer a nossa **IDE** ou área de desenvolvimento, conforme vimos na **figura 28**. Observem que todo projeto **Xamarin.Forms** que criamos, automaticamente já vem com uma página de visualização ou **View**, vinculada, que é o arquivo **MainPage.xaml**, vamos abri-lo e digitar o código para imagens locais, para isto abra a janela **Solution Explorer**, pressione ao mesmo tempo as teclas **Ctrl+Alt+L**, e deve abrir a janela **Solution Explorer** conforme vimos na **figura 29**. Em seguida, abra o projeto **AppUsandoImagem**, para isto clique na setinha que tem ao lado do projeto **AppUsandoImagem**, em seguida clique duas vezes com o botão esquerdo do mouse sobre o arquivo **MainPage.xaml**, e vai abrir o mesmo, agora pressione ao mesmo tempo as teclas **Ctrl+A** e vai selecionar todo o código, conforme vimos na **figura 160**. Pressione a tecla **Delete** do teclado, no local onde o cursor do mouse está piscando, na **linha 1**, digite o código abaixo:

```
<?xml version="1.0" encoding="utf-8" ?>
<ContentPage xmlns="http://xamarin.com/schemas/2014/forms"
             xmlns:x="http://schemas.microsoft.com/winfx/2009/
xaml"
             x:Class="AppUsandoImagem.MainPage"
             BackgroundImageSource="{OnPlatform
iOS=sedeMicrosoft.png, Android=sedeMicrosoft.png,
UWP=sedeMicrosoft.png}"
             Title="Usando Imagem">

    <ScrollView>
        <StackLayout VerticalOptions="Center"
HorizontalOptions="Center">
            <Label Text="Exibindo Imagens Locais"
TextColor="Red" FontSize="Large" FontAttributes="Bold" />
            <Image Source="livro1.png" Aspect="AspectFill" />
            <Image Source="livro2.png" Aspect="AspectFit" />
            <Image Source="dilbert.png" Aspect="Fill" />
            <Image Source="livro1.png" HeightRequest="100"
WidthRequest="144" />
        </StackLayout>
    </ScrollView>
</ContentPage>
```

Salve seu projeto, conforme vimos nas **figuras 50** e **51**. Vamos entender este código, na **linha 5**, nas **linhas 11** a **15**, temos chamadas para várias imagens do tipo **png**, baixe estas imagens no seu computador. Para baixar, copiar, colar e editar as imagens, trabalhar com ícones vejam os tópicos **Trabalhando com Imagens no Android**, **Trabalhando com Imagens no iOS**, e **Trabalhando com Imagens no UWP** no **capítulo 3** do **volume 01**. Na **linha 8**, temos uma imagem de fundo definida para cada plataforma, na **linha 10**, temos uma imagem usando a propriedade `Aspect="AspectFill"`, na **linha 12**, temos uma imagem usando a propriedade `Aspect="AspectFit"`, na **linha 13**, temos uma imagem usando a propriedade `Aspect="Fill"`, na **linha 14**, temos uma imagem usando as propriedades `HeightRequest` e `WidthRequest`, que deixam a altura e largura da imagem personalizada. Agora podemos compilar nosso **App** no **Android**, para isto repita o procedimento que vimos no **Capítulo 3 – Interface do Usuário do Xamarin.Forms – Páginas e Layouts do volume 01**, os seguintes tópicos: **Criando a Interface do Usuário com C# (C Sharp) – Code-behind**, **Compilando (Debugging) o Aplicativo ndroid** e **Instalando o Emulador do Android**. Para usar um smartphone **A ndroid**, vejam no **Capítulo 3 – Interface do Usuário do Xamarin. Forms – Páginas e Layouts do volume 01**, o seguinte tópico: **Configurando o Smartphone para Modo Desenvolvedor**, agora o ícone do aplicativo vai aparecer no smartphone, conforme **figura 326**:

Figura 326

Role a tela com o dedo, para baixo, vejam todas as opções de imagens. Vamos retornar a **IDE** do **Visual Studio**, vamos parar nossa compilação, conforme vimos nas **figuras 76** e **77**. Agora podemos compilar nosso **App** no **iOS**, para usar um simulador da **Apple**, repita o procedimento que vimos no **Capítulo 3 – Interface do Usuário do Xamarin.Forms – Páginas e Layouts do volume 01**, os seguintes tópicos: **Criando a Interface do Usuário com C# (C Sharp) – Code-behind**, **Compilando (Debugging) o Aplicativo iOS**. Antes de prosseguir, devemos desinstalar o aplicativo do **iPhone**, conforme vimos no **Anexo I**, do **volume 01 – Instalando o Ambiente de Desenvolvimento do Microsoft Visual Studio Community 2022 no MAC**, nos tópicos: **Clonando Repositórios do GitHub** e **Desinstalar um Aplicativo do iPhone**. Para usar um smartphone **iPhone**, repita o procedimento que vimos no **Capítulo 3 – Interface do Usuário do Xamarin.Forms – Páginas e Layouts do volume 01**, os seguintes tópicos: **Criando a Interface do Usuário com XAML – Zammel**, **Páginas do Xamarin.Forms – (Xamarin.Forms Pages)**, **Páginas do Xamarin.Forms – (Xamarin.Forms Pages)** e **MasterDetailPage**. E no **Anexo I**, do **volume 01 – Instalando o Ambiente de Desenvolvimento do Microsoft Visual Studio Community 2022 no MAC**, os seguintes tópicos: **Provisionamento Gratuito para Aplicativos Xamarin.iOS**, **Testes em Dispositivos com Provisionamento Gratuito** e **Criando Uma Identidade de Assinatura e Um Perfil de Provisionamento Usando o Xcode**, em seguida vejam o **App** instalado na tela do seu **iPhone**, conforme **figura 327**:

Figura 327

Role a tela com o dedo, para baixo, vejam todas as opções e clique no link, aguarde até abrir a página solicitada. Agora vamos compilar o nosso projeto no **UWP**, conforme vimos no **Capítulo 3 – Interface do Usuário do Xamarin.Forms – Páginas e Layouts do volume 01**, nos tópicos **Criando a Interface do Usuário com C# (C Sharp) – Code-behind** e **Compilando (Debugging) o Aplicativo UWP**. Este processo é muito rápido, pois estamos instalando o aplicativo direto no computador. Quando o aplicativo for instalado no computador, aparecerá a seguinte mensagem **Ready** com uma tarja laranja, no canto inferior esquerdo, conforme **figura 328**:

Figura 328

Role a tela com o dedo, para baixo, vejam todas as opções de imagens. Vamos retornar a **IDE** do **Visual Studio**, vamos parar nossa compilação, conforme vimos nas **figuras 76** e **77**. Observem que a compilação é muita rápida, pois estamos instalando o aplicativo no **Windows**, no computador. Agora veremos como trabalhar com imagens baixadas da internet, para isto repita o procedimento para abrir o arquivo **MainPage.xaml**, do projeto **AppUsandoImagem**, vamos abri-lo e digitar o código para imagens da web, e vai abrir o mesmo, agora pressione ao mesmo tempo as teclas **Ctrl+A** e vai selecionar todo o código, conforme vimos na **figura 160**. Pressione a tecla **Delete** do teclado, no local onde o cursor do mouse está piscando, na **linha 1**, digite o código abaixo:

```
<?xml version="1.0" encoding="utf-8" ?>
<ContentPage xmlns="http://xamarin.com/schemas/2014/forms"
             xmlns:x="http://schemas.microsoft.com/winfx/2009/
xaml"
             x:Class="AppUsandoImagem.MainPage"
             BackgroundImageSource="{OnPlatform
iOS=sedeMicrosoft.png, Android=sedeMicrosoft.png,
UWP=sedeMicrosoft.png}"
             Title="Usando Imagem">
```

```
    <ScrollView>
        <StackLayout VerticalOptions="Center"
HorizontalOptions="Center">
            <Label Text="Imagem da Web" TextColor="red"
FontSize="Large" FontAttributes="Bold" />
            <Image Source="https://66.media.tumblr.
com/3dcdba5ef03998bae0a512544fc8b7b7/tumblr_
opmmesh0ti1v5sw5qo2_r1_540.jpg" />
            <Label Text="Logotipos da Microsoft."
TextColor="Red" FontSize="Large" FontAttributes="Bold" />
        </StackLayout>
    </ScrollView>
</ContentPage>
```

Salve seu projeto, conforme vimos nas **figuras 50** e **51**. Vamos entender este código, Na **linha 5**, temos uma imagem de fundo do tipo **png**, baixe esta imagem no seu computador. Para baixar, copiar, colar e editar as imagens, trabalhar com ícones vejam os tópicos **Trabalhando com Imagens no Android**, **Trabalhando com Imagens no iOS**, e **Trabalhando com Imagens no UWP** no **capítulo 3** do **volume01**. Na **linha 11**, temos uma imagem usando a propriedade `Source="https://66.media.tumblr.com/3dcdba5ef03998bae0a512544fc8b7b7/tumblr_opmmesh0ti1v5sw5qo2_r1_540.jpg"`, que vai ser baixada da internet. Antes de compilar, vamos limpar nossa aplicação e em seguida, vamos fazer uma recompilação do nosso projeto, pois alteramos os códigos do mesmo. Para isto vamos até o menu **Build**, e selecione o item de menu **Clean Solution**, conforme **figura 329:**

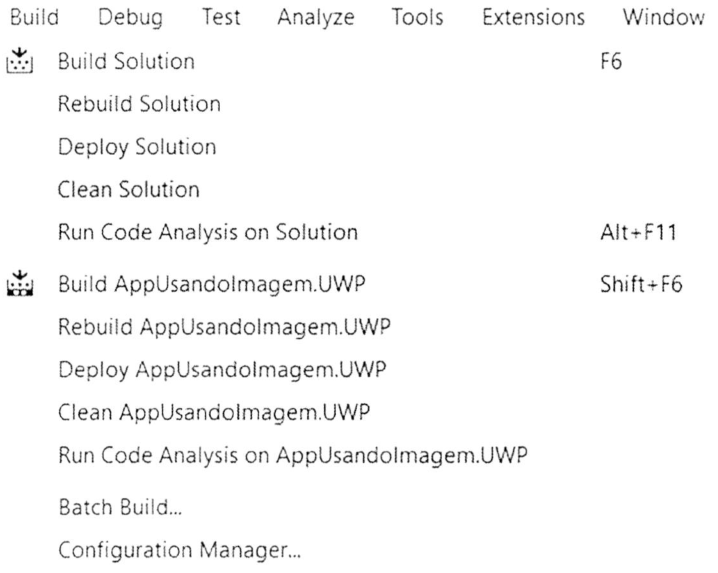

Figura 329

Aguarde até aparecer a seguinte mensagem na janela **Output**, conforme **figura 330**:

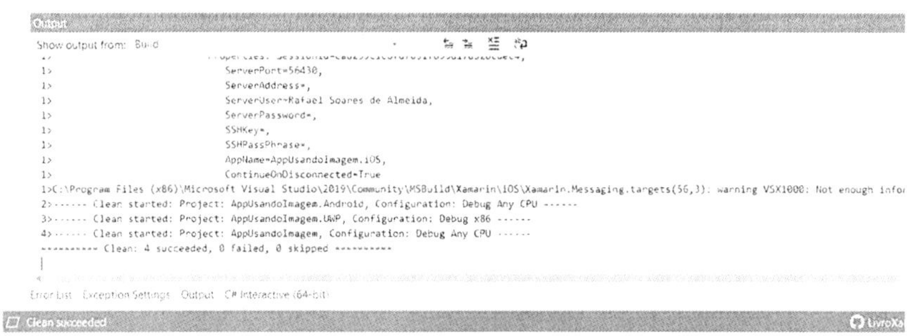

Figura 330

Repita o procedimento anterior e volte ao menu **Build**, e selecione o item de menu **Rebuild Solution**, conforme vimos na **figura 338**. Aguarde até aparecer a seguinte mensagem na janela **Output**, conforme **figura 331**:

Figura 331

Agora podemos compilar nosso **App** no **Android**, para isto repita o procedimento que vimos no **Capítulo 3 – Interface do Usuário do Xamarin.Forms – Páginas e Layouts do volume 01**, os seguintes tópicos: **Criando a Interface do Usuário com C# (C Sharp) – Code--behind**, **Compilando (Debugging) o Aplicativo Android** e **Instalando o Emulador do Android**. Para usar um smartphone **Android**, vejam no **Capítulo 3 – Interface do Usuário do Xamarin.Forms – Páginas e Layouts do volume 01**, o seguinte tópico: **Configurando o Smartphone para Modo Desenvolvedor**, agora o ícone do aplicativo vai aparecer no smartphone, conforme **figura 332**:

Figura 332

Aguarde até abrir a imagem solicitada. Vamos retornar a **IDE** do **Visual Studio**, vamos parar nossa compilação, conforme vimos nas **figuras 76** e **77**. Antes de prosseguir, devemos desinstalar o aplicativo do **iPhone**, conforme vimos no tópico **Desinstalar um Aplicativo do iPhone**, no **Anexo I**. Agora podemos compilar nosso **App** no **iOS**, para usar um simulador da **Apple**, repita o procedimento que vimos no **Capítulo 3 – Interface do Usuário do Xamarin.Forms – Páginas e Layouts do volume 01**, os seguintes tópicos: **Criando a Interface do Usuário com C# (C Sharp) – Code-behind**, **Compilando (Debugging) o Aplicativo iOS**. Antes de prosseguir, devemos desinstalar o aplicativo do **iPhone**, conforme vimos no **Anexo I**, do **volume 01 – Instalando o Ambiente de Desenvolvimento do Microsoft Visual Studio Community 2022 no MAC**, nos tópicos: **Clonando Repositórios do GitHub** e **Desinstalar um Aplicativo do iPhone**. Para usar um smartphone **iPhone**, repita o procedimento que vimos no **Capítulo 3 – Interface do Usuário do Xamarin.Forms – Páginas e Layouts do volume 01**, os seguintes tópicos: **Criando a Interface do Usuário com XAML – Zammel**, **Páginas do Xamarin.Forms – (Xamarin.Forms Pages)**, **Páginas do Xamarin. Forms – (Xamarin.Forms Pages)** e **MasterDetailPage**. E no **Anexo I**, do **volume 01 – Instalando o Ambiente de Desenvolvimento do Microsoft Visual Studio Community 2022 no MAC**, os seguintes tópicos: **Provisionamento Gratuito para Aplicativos Xamarin.iOS**, **Testes em Dispositivos com Provisionamento Gratuito** e **Criando Uma Identidade de Assinatura e Um Perfil de Provisionamento Usando o Xcode**, em seguida vejam o **App** instalado na tela do seu **iPhone**, conforme **figura 333**:

Figura 333

Aguarde até abrir a imagem solicitada. Agora vamos compilar o nosso projeto no **UWP**, conforme vimos no **Capítulo 3 – Interface do Usuário do Xamarin.Forms – Páginas e Layouts do volume 01**, nos tópicos **Criando a Interface do Usuário com C# (C Sharp)**

– **Code-behind** e **Compilando (Debugging) o Aplicativo UWP**. Este processo é muito rápido, pois estamos instalando o aplicativo direto no computador. Quando o aplicativo for instalado no computador, aparecerá a seguinte mensagem **Ready** com uma tarja laranja, no canto inferior esquerdo, conforme **figura 334**:

Figura 334

Aguarde até abrir a imagem solicitada. Vamos retornar a **IDE** do **Visual Studio**, vamos parar nossa compilação, conforme vimos nas **figuras 76** e **77**. Observem que a compilação é muita rápida, pois estamos instalando o aplicativo no **Windows**, no computador. Agora veremos como trabalhar com imagens locais no **code-behind C#**, para isto repita o procedimento para abrir o arquivo **MainPage.xaml**, do projeto **AppUsandoImagem**, vamos abri-lo e digitar o código para imagens da web, e vai abrir o mesmo, agora pressione ao mesmo tempo as teclas **Ctrl+A** e vai selecionar todo o código, conforme vimos na **figura 160**. Pressione a tecla **Delete** do teclado, no local onde o cursor do mouse está piscando, na **linha 1**, digite o código abaixo:

```
<?xml version="1.0" encoding="utf-8" ?>
<ContentPage xmlns="http://xamarin.com/schemas/2014/forms"
             xmlns:x="http://schemas.microsoft.com/winfx/2009/
xaml"
             x:Class="AppUsandoImagem.MainPage"
             BackgroundColor="{OnPlatform iOS=Beige,
Android=Bisque, UWP=Honeydew}"
             Title="Usando Imagem">

    <ScrollView>
        <StackLayout x:Name="imgLocais"
VerticalOptions="Center" HorizontalOptions="Center">
            <Label Text="Imagem Local com code-behind - C#"
TextColor="red" FontSize="Medium" FontAttributes="Bold" />
        </StackLayout>
    </ScrollView>
</ContentPage>
```

Salve seu projeto, conforme vimos nas **figuras 50** e **51**. Vamos entender este código, na **linha 5**, temos uma cor de fundo para cada plataforma, na **linha 9**, estamos nomeando nosso elemento **StackLayout**, com o valor `x:Name="imgLocais"`, para podermos instanciar o mesmo no **code-behind C#**, para isto precisaremos abrir o arquivo **code-behind**, ou seja o arquivo **MainPage.xaml.cs**, abra a janela **Solution Explorer**, pressione ao mesmo tempo as teclas **Ctrl+Alt+L**, e deve abrir a janela **Solution Explorer** conforme vimos na **figura 29**. Em seguida, abra o projeto **AppUsandoImagem**, para isto clique na setinha que tem ao lado do projeto **AppUsandoImagem**, em seguida clique na setinha que tem ao lado do arquivo **MainPage.xaml**, em seguida clique com o botão do mouse sobre o arquivo **MainPage.xaml.cs**, selecione o item **View Code** ou pressione a tecla **F7,** conforme vimos na **figura 46**. Clicar duas vezes com o botão do mouse sobre o arquivo **MainPage.xaml.cs** tem o mesmo efeito. Vai abrir a janela de código do arquivo **MainPage.xaml.cs**, conforme vimos na **figura 48**. Agora pressione ao mesmo tempo as teclas **Ctrl+A** e vai selecionar todo o código, conforme vimos na **figura 160**. Pressione a tecla **Delete** do teclado, no local onde o cursor do mouse está piscando, na **linha 1**, digite o código abaixo:

```
using Xamarin.Forms;

namespace AppUsandoImagem
{
```

```
    public partial class MainPage : ContentPage
    {
        public MainPage()
        {
            InitializeComponent();

            Image imgLogo = new Image();

            //Buscando os logos para cada plataforma
            if (Device.RuntimePlatform.Equals("Android"))
            {
                imgLogo.Source = ImageSource.FromFile("livro1.
png");
            }
            else if (Device.RuntimePlatform.Equals("iOS"))
            {
                imgLogo.Source = ImageSource.FromFile("livro2.
png");
           }
           else if (Device.RuntimePlatform.Equals("UWP"))
           {
               imgLogo.Source = ImageSource.FromFile("livro3.png");
           }

           //Adicionando uma imagem através do code-behind C#
           imgLocais.Children.Add(imgLogo);
        }
    }
}
```

Salve seu projeto, conforme vimos nas **figuras 50** e **51**. Vamos entender este código, na **linha 16**, estamos criando um objeto **imgLogo**, do tipo Image. Nas **linhas 14** a **25**, temos chamadas para várias imagens do tipo **png**, para cada plataforma, uma imagem diferente. Baixe estas imagens no seu computador. Para baixar, copiar, colar e editar as imagens, trabalhar com ícones vejam os tópicos **Trabalhando com Imagens no Android**, **Trabalhando com Imagens no iOS**, e **Trabalhando com Imagens no UWP** no **capítulo 3** do **volume 01**. Na **linha 28**, temos nosso elemento StackLayout, sendo usado uma instância filha do mesmo e adicionando nosso objeto **imgLogo**. Neste tópico temos algumas peculiaridades para cada imagem, ou seja, temos que adicionar uma propriedade chamada **Build Action**, para cada plataforma, conforme o seguinte:

- **Android:** AndroidResource;
- **iOS:** BundleResource;
- **UWP:** Content (Conteúdo).

Para isto, abra a janela **Solution Explorer**, pressione ao mesmo tempo as teclas **Ctrl+Alt+L**, conforme vimos na **figura 29**, em seguida, selecione o projeto **AppUsandoImagem.Android**, clique duas vezes sobre o projeto com o botão do mouse, em seguida clique duas vezes sobre a pasta **Resources**, em seguida clique duas vezes sobre a pasta **drawable**, clique com o botão do mouse sobre a imagem **livro1.png** e selecione o item **Properties(Propriedades)**, conforme vimos na **figura 62**. Na janela **Properties(Propriedades)**, clique na setinha para baixo do item **Build Action**, e selecione o item **AndroidResource**, conforme **figura 335**:

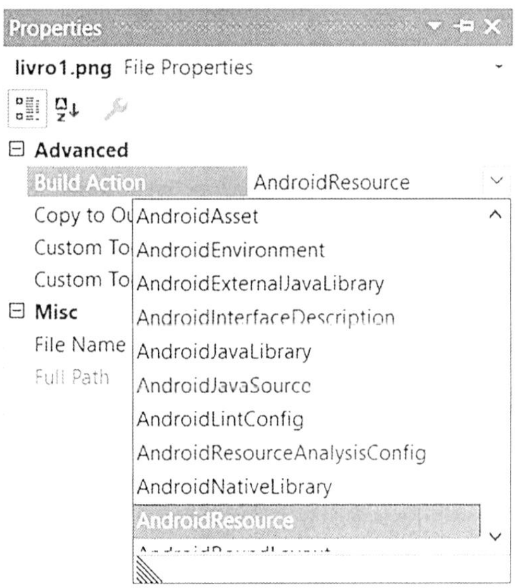

Figura 335

Agora vamos repetir o procedimento anterior para a imagem **livro2.png**, do projeto **iOS**, para isto abra a janela **Solution Explorer**, pressione ao mesmo tempo as teclas **Ctrl+Alt+L**, conforme vimos na **figura 29**, em seguida, selecione o projeto **AppUsandoImagem.iOS**, clique duas vezes com o botão do mouse sobre o mesmo, em seguida clique duas vezes sobre a pasta **Resources**, clique com o botão do mouse sobre a imagem **livro2.png** e selecione o item **Properties(Propriedades)**, conforme vimos na **figura 62**. Na janela **Properties(Propriedades)**, clique na setinha para baixo do item **Build Action**, e selecione o item **BundleResource**, conforme **figura 336**:

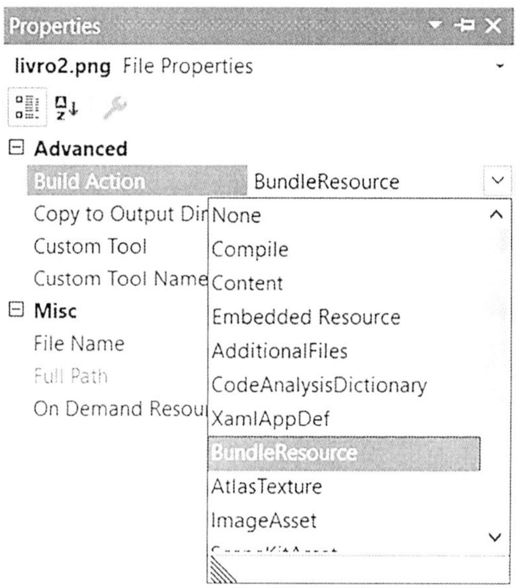

Figura 336

Agora vamos repetir o procedimento anterior para a imagem **livro3.png**, do projeto **UWP**, para isto abra a janela **Solution Explorer**, pressione ao mesmo tempo as teclas **Ctrl+Alt+L**, conforme vimos na **figura 29**, em seguida, selecione o projeto **AppUsandoImagem.UWP**, clique duas vezes com o botão do mouse sobre o mesmo, em seguida clique com o botão do mouse sobre a imagem **livro3.png** e selecione o item **Properties(Propriedades)**, conforme vimos na **figura 62**. Na janela **Properties(Propriedades)**, clique na setinha para baixo do item **Build Action**, e selecione o item **Content (Conteúdo)**, conforme **figura 337**:

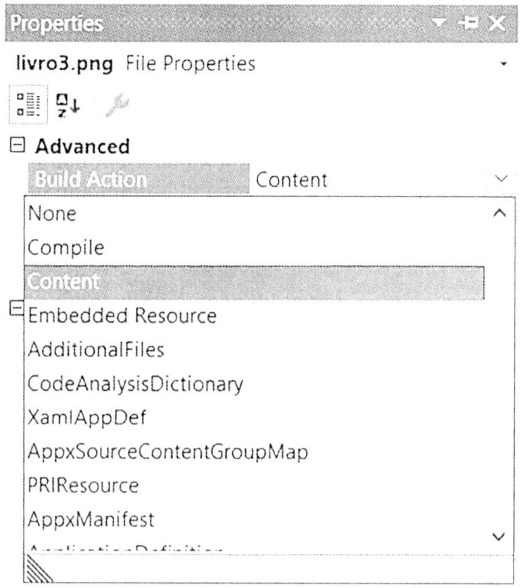

Figura 337

Para não termos problemas com o projeto **iOS**, vamos limpar nossa aplicação e em seguida, vamos fazer uma recompilação do nosso projeto, pois alteramos os códigos do mesmo, conforme vimos nas **figuras 329** a **331**. Agora podemos compilar nosso **App** no **Android**, para isto repita o procedimento que vimos no **Capítulo 3 – Interface do Usuário do Xamarin.Forms – Páginas e Layouts do volume 01**, os seguintes tópicos: **Criando a Interface do Usuário com C# (C Sharp) – Code-behind**, **Compilando (Debugging) o Aplicativo Android** e **Instalando o Emulador do Android**. Para usar um smartphone **Android**, vejam no **Capítulo 3 – Interface do Usuário do Xamarin.Forms – Páginas e Layouts do volume 01**, o seguinte tópico: **Configurando o Smartphone para Modo Desenvolvedor**, agora o ícone do aplicativo vai aparecer no smartphone, conforme **figura 338**:

Figura 338

Aguarde até abrir a imagem solicitada. Vamos retornar a **IDE** do **Visual Studio**, vamos parar nossa compilação, conforme vimos nas **figuras 76** e **77**. Agora podemos compilar nosso **App** no **iOS**, para usar um simulador da **Apple**, repita o procedimento que vimos no **Capítulo 3 – Interface do Usuário do Xamarin.Forms – Páginas e Layouts do volume 01**, os seguintes tópicos: **Criando a Interface do Usuário com C# (C Sharp) – Code-behind**, **Compilando (Debugging) o Aplicativo iOS**. Antes de prosseguir, devemos desinstalar o aplicativo do **iPhone**, conforme vimos no **Anexo I**, do **volume 01 – Instalando o Ambiente de Desenvolvimento do Microsoft Visual Studio Community 2022 no MAC**, nos tópicos: **Clonando Repositórios do GitHub** e **Desinstalar um Aplicativo do iPhone**. Para usar um smartphone **iPhone**, repita o procedimento que vimos no **Capítulo 3 – Interface do Usuário do Xamarin.Forms – Páginas e Layouts do volume 01**, os seguintes tópicos: **Criando a Interface do Usuário com XAML – Zammel**, **Páginas do Xamarin.Forms – (Xamarin. Forms Pages)**, **Páginas do Xamarin.Forms – (Xamarin.Forms**

Pages) e **MasterDetailPage**. E no **Anexo I**, do **volume 01 – Instalando o Ambiente de Desenvolvimento do Microsoft Visual Studio Community 2022 no MAC**, os seguintes tópicos: **Provisionamento Gratuito para Aplicativos Xamarin.iOS**, **Testes em Dispositivos com Provisionamento Gratuito** e **Criando Uma Identidade de Assinatura e Um Perfil de Provisionamento Usando o Xcode**, em seguida, vejam o **App** instalado na tela do seu **iPhone**, conforme **figura 339**:

Figura 339

Aguarde até abrir a imagem solicitada. Agora vamos compilar o nosso projeto no **UWP**, conforme vimos no **Capítulo 3 – Interface do Usuário do Xamarin.Forms – Páginas e Layouts do volume 01**, nos tópicos **Criando a Interface do Usuário com C# (C Sharp) – Code-behind** e **Compilando (Debugging) o Aplicativo UWP**. Este processo é muito rápido, pois estamos instalando o aplicativo direto no computador. Quando o aplicativo for instalado no computador, aparecerá a seguinte mensagem **Ready** com uma tarja laranja, no canto inferior esquerdo, conforme **figura 340**:

Figura 340

Aguarde até abrir a imagem solicitada. Vamos retornar a **IDE** do **Visual Studio**, vamos parar nossa compilação, conforme vimos nas **figuras 76** e **77**. Observem que a compilação é muita rápida, pois estamos instalando o aplicativo no **Windows**, no computador. Vimos neste tópico, os principais itens de uso de imagens no **Xamarin. Forms**. Agora vamos fazer um **commit**, que nada mais é do que mandar nosso projeto para o **GitHub**, conforme vimos, nas **figuras 232** a **236**.

Usando Mapas – Using Maps

A classe **Maps** da biblioteca **Xamarin.Essentials** permite que um aplicativo abra o aplicativo de mapas instalado em um local ou marcador específico. Funciona chamando o método **OpenAsync** com **Location** ou **Placemark** para abrir com o item **MapLaunchOptions** que é opcional. O **Android** usa o esquema de **Uri geo:** para iniciar o aplicativo de mapas no dispositivo. Vamos criar um novo projeto, onde abordaremos todos os itens que comentamos, para entendermos estes conceitos, conforme vimos no tópico **O Ambiente de Desenvolvimento do Microsoft Visual Studio Community 2022** no **capítulo 2** do **volume 01**, no item **Project name:**, digite **AppUsandoMapas**, aguarde e vejam que vai aparecer a nossa **IDE** ou área de desenvolvimento, conforme vimos na **figura 28**. Observem que todo projeto **Xamarin.Forms** que criamos, automaticamente já vem com uma página de visualização ou **View**, vinculada, que é o arquivo **MainPage.xaml**, vamos abri-lo, para isto abra a janela **Solution Explorer**, pressione ao mesmo tempo as teclas **Ctrl+Alt+L**, e deve abrir a janela **Solution Explorer** conforme vimos na **figura 29**. Em seguida, abra o projeto **AppUsandoMapas**, para isto clique na setinha que tem ao lado do projeto **AppUsandoMapas**, em seguida clique duas vezes com o botão esquerdo do mouse sobre o arquivo **MainPage.xaml**, e vai abrir o mesmo, agora pressione ao mesmo tempo as teclas **Ctrl+A** e vai selecionar todo o código, conforme vimos na **figura 160**. Pressione a tecla **Delete** do teclado, no local onde o cursor do mouse está piscando, na **linha 1**, digite o código abaixo:

```
<?xml version="1.0" encoding="utf-8" ?>
<ContentPage xmlns="http://xamarin.com/schemas/2014/forms"
             xmlns:x="http://schemas.microsoft.com/winfx/2009/
xaml"
             xmlns:d="http://xamarin.com/schemas/2014/forms/
design"
             xmlns:mc="http://schemas.openxmlformats.org/
markup-compatibility/2006"
             mc:Ignorable="d"
             BackgroundImageSource="fundoMapa.jpg"
             x:Class="AppUsandoMapas.MainPage">

    <StackLayout Padding="{OnPlatform iOS=40, UWP=40}">
        <Label FontAttributes="Bold" Text="Abrir um
local específico usando o Maps" VerticalOptions="Center"
HorizontalOptions="Center" FontSize="Medium" />
        <Entry x:Name="entNome" Placeholder="Digite a
localização" />
        <Button x:Name="btnLocaliza" FontAttributes="Bold"
FontSize="Medium" Text="Exibir Localização"
```

```
Clicked="exibirLocalizacao" />
    </StackLayout>
</ContentPage>
```

Salve seu projeto, conforme vimos nas **figuras 50** e **51**. Vamos entender este código, na **linha 5**, temos uma imagem de fundo do tipo **jpg**, baixe esta imagem no seu computador. Para baixar, copiar, colar e editar as imagens, trabalhar com ícones vejam os tópicos **Trabalhando com Imagens no Android**, **Trabalhando com Imagens no iOS**, e **Trabalhando com Imagens no UWP** do **capítulo 3**. Na **linha 8**, temos a altura do título definida para as plataformas **iOS** e **UWP**. Na **linha 10**, temos uma caixa de texto para o usuário digitar a localização desejada. Na **linha 11**, temos um botão que o usuário vai pressionar com o dedo, após digitar a localização pretendida, e temos a propriedade `Clicked="exibirLocalizacao`, para podermos instanciar o mesmo no **code-behind C#**, precisaremos abrir o arquivo **code-behind**, ou seja o arquivo **MainPage.xaml.cs**, abra a janela **Solution Explorer**, pressione ao mesmo tempo as teclas **Ctrl+Alt+L**, e deve abrir a janela **Solution Explorer** conforme vimos na **figura 29**. Em seguida, abra o projeto **AppUsandoMapas**, para isto clique na setinha que tem ao lado do projeto **AppUsandoMapas**, em seguida clique na setinha que tem ao lado do arquivo **MainPage.xaml**, em seguida clique com o botão do mouse sobre o arquivo **MainPage.xaml.cs**, selecione o item **View Code** ou pressione a tecla **F7,** conforme vimos na **figura 46**. Clicar duas vezes com o botão do mouse sobre o arquivo **MainPage.xaml.cs**, tem o mesmo efeito. Vai abrir a janela de código do arquivo **MainPage.xaml.cs**, conforme vimos na **figura 48**. Agora pressione ao mesmo tempo as teclas **Ctrl+A** e vai selecionar todo o código, conforme vimos na **figura 160**. Pressione a tecla **Delete** do teclado, no local onde o cursor do mouse está piscando, na **linha 1**, digite o código abaixo:

```
using System;
using Xamarin.Essentials;
using Xamarin.Forms;

namespace AppUsandoMapas
{
    public partial class MainPage : ContentPage
    {
        string nomeLocalizacao;
        public MainPage()
```

```
        {
            InitializeComponent();
        }

        public void exibirLocalizacao(object sender, EventArgs
e)
        {
            nomeLocalizacao = entNome.Text;

            if (Device.RuntimePlatform == Device.iOS)
            {
                // Vai abrir o aplicativo de mapas diretamente
no iOS
                Launcher.OpenAsync("http://maps.apple.com/?q="
+ nomeLocalizacao);
            }
            else if (Device.RuntimePlatform == Device.Android)
            {
                // Vai abrir o aplicativo de mapas diretamente
no Android
                Launcher.OpenAsync("geo:0,0?q=" +
nomeLocalizacao);
            }
            else if (Device.RuntimePlatform == Device.UWP)
            {
                // Vai abrir o aplicativo de mapas diretamente no
UWP
                Launcher.OpenAsync("bingmaps:?where=" +
nomeLocalizacao);
            }
        }
    }
}
```

Salve seu projeto, conforme vimos nas **figuras 50** e **51**. Vamos entender este código, na **linha 9**, estamos criando uma variável do tipo **string**, na **linha 15**, estamos chamando nossa propriedade `Clicked="exibirLocalizacao`, para mostrar a localização em cada plataforma. Na **linha 17**, estamos atribuindo na variável **`nomeLocalizacao`**, o que o usuário digitar na caixa de texto **`entNome.Text`**. Nas **linhas 19** a **23**, vamos mostrar a localização digitada pelo usuário na plataforma **iOS**. Nas **linhas 24** a **28**, vamos mostrar a localização digitada pelo usuário na plataforma **Android**. Nas **linhas 29** a **33**, vamos mostrar a localização digitada pelo usuário na plataforma **UWP**. Agora podemos compilar nosso **App** no **Android**, para isto repita o procedimento que vimos no **Capítulo 3 – Interface do Usuário do Xamarin.Forms – Páginas e Layouts do volume 01**, os seguintes tópicos: **Criando a Interface do Usuário com C# (C Sharp) – Code-behind**, **Compilando (Debugging) o Aplicativo Android** e **Instalando o Emulador do Android**. Para usar um smartphone **Android**, vejam no **Capítulo 3 – Interface do Usuário do Xamarin. Forms – Páginas e Layouts do volume 01**, o seguinte tópico: **Configurando o Smartphone para Modo Desenvolvedor**, agora o ícone do aplicativo vai aparecer no smartphone, conforme **figura 341**:

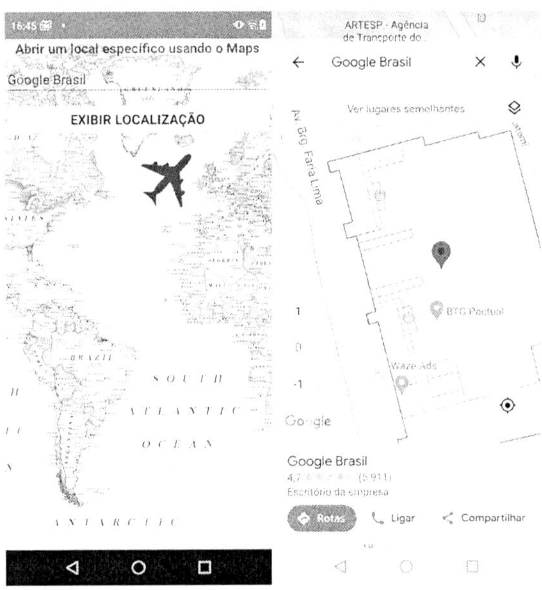

Figura 341

Digite a localização na caixa de texto, e pressione o botão **Exibir Localização**, aguarde até abrir o mapa com o local desejado. Vamos retornar a **IDE** do **Visual Studio**, vamos parar nossa compilação, conforme vimos nas **figuras 76** e **77**. Agora podemos compilar nosso **App** no **iOS**, para usar um simulador da **Apple**, repita o procedimento que vimos no **Capítulo 3 – Interface do Usuário do Xamarin.Forms – Páginas e Layouts do volume 01**, os seguintes tópicos: **Criando a Interface do Usuário com C# (C Sharp) – Code-behind**, **Compilando (Debugging) o Aplicativo iOS**. Antes de prosseguir, devemos desinstalar o aplicativo do **iPhone**, conforme vimos no **Anexo I**, do

volume 01 – Instalando o Ambiente de Desenvolvimento do Microsoft Visual Studio Community 2022 no MAC, nos tópicos: **Clonando Repositórios do GitHub** e **Desinstalar um Aplicativo do iPhone**. Para usar um smartphone **iPhone**, repita o procedimento que vimos no **Capítulo 3 – Interface do Usuário do Xamarin.Forms – Páginas e Layouts do volume 01**, os seguintes tópicos: **Criando a Interface do Usuário com XAML – Zammel**, **Páginas do Xamarin.Forms – (Xamarin.Forms Pages)**, **Páginas do Xamarin.Forms – (Xamarin. Forms Pages)** e **MasterDetailPage**. E no **Anexo I**, do **volume 01 – Instalando o Ambiente de Desenvolvimento do Microsoft Visual Studio Community 2022 no MAC**, os seguintes tópicos: **Provisionamento Gratuito para Aplicativos Xamarin.iOS**, **Testes em Dispositivos com Provisionamento Gratuito** e **Criando Uma Identidade de Assinatura e Um Perfil de Provisionamento Usando o Xcode**, em seguida vejam o **App** instalado na tela do seu **iPhone**, conforme **figura 342**:

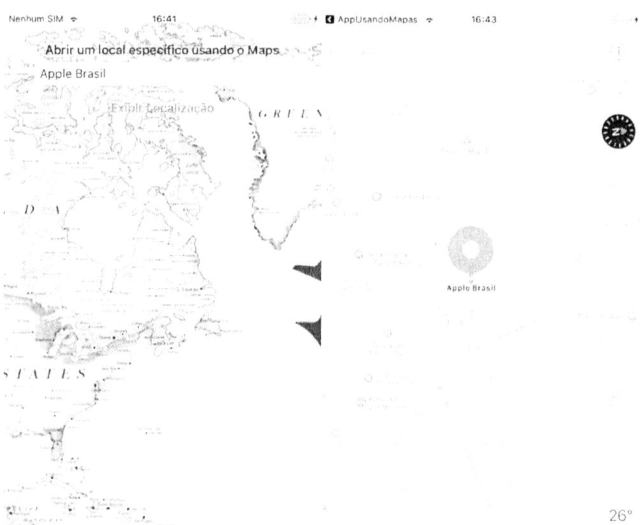

Figura 342

Digite a localização na caixa de texto, e pressione o link **Exibir**

Localização, vai ser pedido a permissão para uso da localização no aplicativo, permita e aguarde até abrir o mapa com o local desejado. Agora vamos compilar o nosso projeto no **UWP**, conforme vimos no **Capítulo 3 – Interface do Usuário do Xamarin.Forms – Páginas e Layouts do volume 01**, nos tópicos **Criando a Interface do Usuário com C# (C Sharp) – Code-behind** e **Compilando (Debugging) o Aplicativo UWP**. Este processo é muito rápido, pois estamos instalando o aplicativo direto no computador. Quando o aplicativo for instalado no computador, aparecerá a seguinte mensagem **Ready** com uma tarja laranja, no canto inferior esquerdo, conforme **figura 343**:

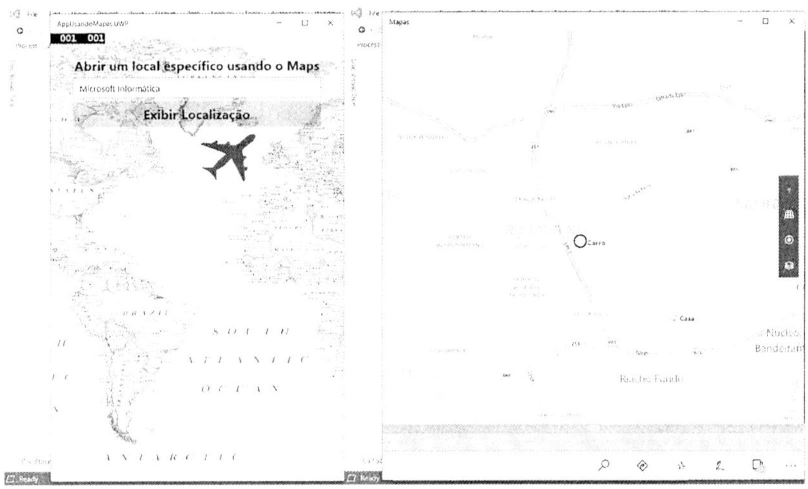

Figura 343

Digite a localização na caixa de texto, e pressione o botão **Exibir Localização**, observe que no **UWP**, os mapas não são muito amigáveis, para que o nosso mapa possa funcionar, temos que dar um empurrãozinho, para isto, no mapa, clique no ícone com uma bolinha amarela, as **Guias**, conforme **figura 344**:

Figura 344

Vai abrir a guia, conforme **figura 345**:

Figura 345

Clique no menu **Fechar todas as guias**, em seguida clique no ícone na pesquisa, conforme **figura 346**:

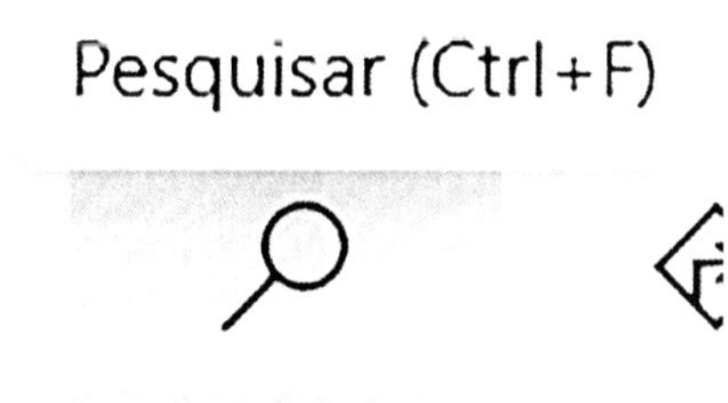

Figura 346

Vai abrir uma caixa de texto, digite um endereço da cidade onde você quer fazer a busca, conforme **figura 347**:

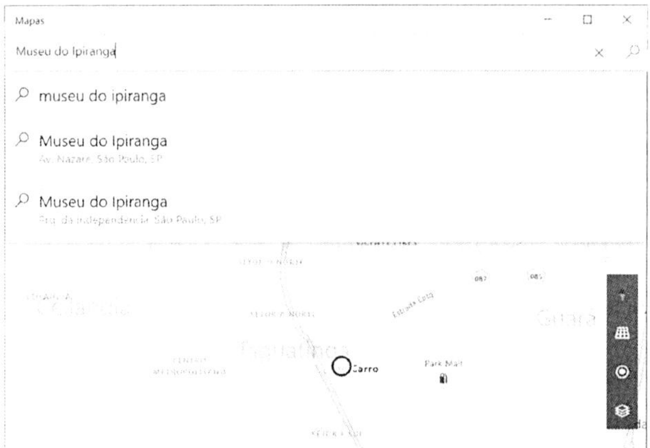

Figura 347

Feche o mapa, para isto clique no **X** do canto superior direito, e volte à tela inicial do aplicativo, conforme vimos na **figura 14** do **volume 01** e digite a localização na caixa de texto, e pressione o botão **Exibir Localização**, e deve aparecer a localização solicitada. Mapas são um pouco complexos, este exemplo é apenas didático, para entendermos um pouco o seu uso. Vamos retornar a **IDE** do **Visual Studio**, vamos parar nossa compilação, conforme vimos nas **figuras 76** e **77**. Observem que a compilação é muita rápida, pois estamos instalando o aplicativo no **Windows**, no computador. Agora vamos fazer um **commit**, que nada mais é do que mandar nosso projeto para o **GitHub**, conforme vimos, nas **figuras 232** a **236**.

MediaElement

Reproduz vídeo ou áudio. A mídia pode ser reproduzida a partir de uma **URL** ou de um arquivo local, com base na propriedade **Source**, que deve estar definida como um valor **UriMediaSource** ou **FileMediaSource**. A mídia, com suporte da plataforma na qual está sendo exibida, pode ser reproduzida a partir das seguintes fontes:

- **A Web:** usando um **URI (HTTP ou HTTPS)**;
- Um recurso inserido no aplicativo da plataforma, usando o esquema de **URI ms-appx:///**;

- Arquivos que vêm das pastas de dados locais e temporárias do aplicativo, usando o esquema de **URI ms-appdata://;**.
- A biblioteca do dispositivo.

Podemos utilizar os controles de reprodução de plataforma, que são chamados de controles de transporte. No entanto, eles são desabilitados por padrão e podem ser substituídos por seus próprios controles de transporte. A classe **MediaElement** está disponível no pacote **Xamarin Community Toolkit**, para utilizar esta classe, vamos precisar fazer uma atualização do **Xamarin.Forms**, para isto vamos abrir o menu **Tools**, em seguida, selecionar o item **NuGet Package Manager**, no submenu, selecionar o item **Manage NuGet Package for Solution...**, conforme **figura 348**:

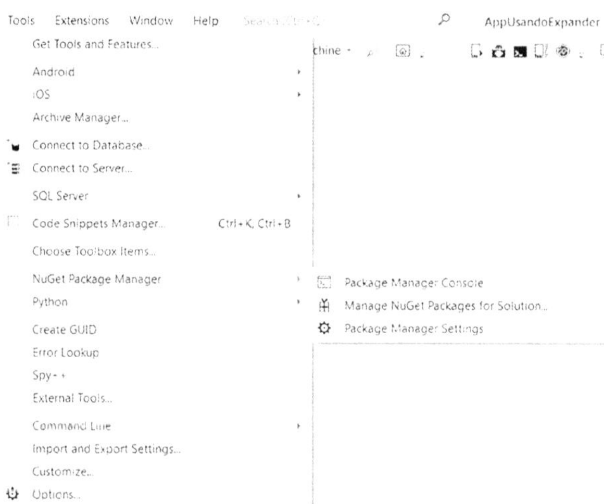

Figura 348

Vai abrir a janela **NuGet - Solution**, clique no item **Browse**, em seguida, clique na caixinha de pesquisa e digite **Xamarin Community Toolkit**, na janela **Manage Packages for Solution**, que fica do lado direito, marque a caixinha **Project**, observe que vão ser selecionados todos os projetos, conforme **figura 349**:

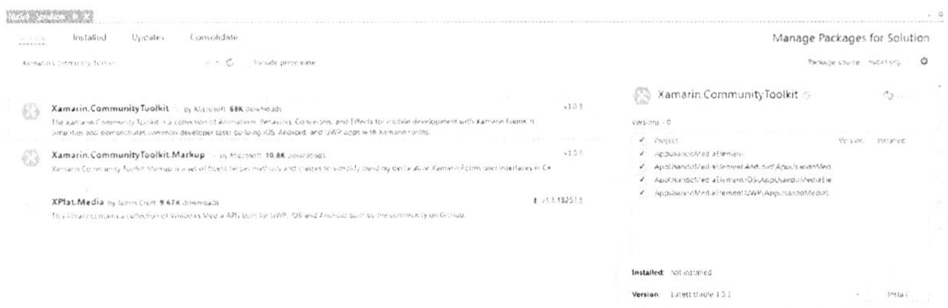

Figura 349

Clique no botão **Install**, vai abrir a janela **Preview Changes**, conforme **figura 350**:

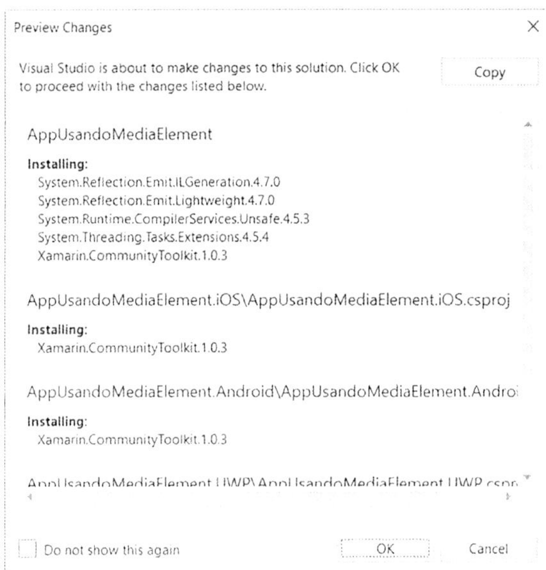

Figura 350

Clique no botão **Ok**, vai abrir a janela **Licence Acceptance**, conforme **figura 351**:

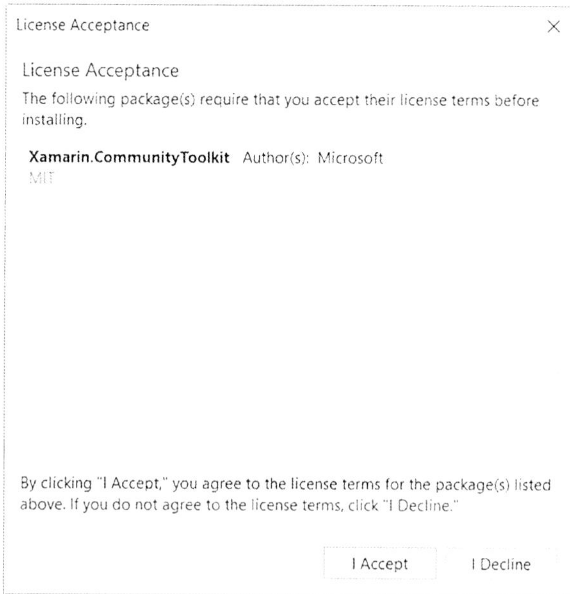

Figura 351

Clique no botão **I Accept**, e aguarde aparecer a mensagem **Finished** na janela **Output**, conforme **figura 352**:

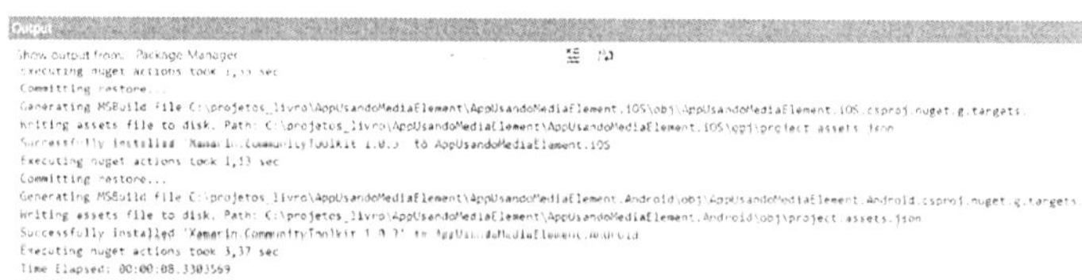

Figura 352

Pronto, atualização foi feita com sucesso. Feche a janela **NuGet – Solution**, para isto basta clicar no ícone do **X** que fica ao lado da janela, ou pressionar ao mesmo tempo as teclas **Ctrl+F4**. Esta classe está disponível em todas as plataformas, conforme abaixo:

- iOS;
- Android;
- Plataforma Universal do Windows (UWP);
- macOS;

- Windows Presentation Foundation; e
- tizen.

As seguintes propriedades são definidas:

- **Aspect, do tipo Aspect:** determina como a mídia será dimensionada para se ajustar à área de exibição, sendo o valor padrão dessa propriedade **AspectFit**;
- **AutoPlay, do tipo bool:** indica se a reprodução de mídia será iniciada automaticamente quando a propriedade **Source** for definida, sendo o valor padrão da propriedade **True**;
- **BufferingProgress, do tipo double:** indica o progresso atual do buffer. O valor padrão dessa propriedade é **0.0**;
- **CanSeek, do tipo bool:** indica se a mídia pode ser reposicionada definindo o valor da propriedade **Position**. Trata-se de uma propriedade somente leitura;
- **CurrentState, do tipo MediaElementState:** indica o status atual do controle. Esta é uma propriedade somente leitura, cujo valor padrão é **MediaElementState.Closed**;
- **Duration, do tipo TimeSpan:** indica a duração da mídia aberta no momento. Esta é uma propriedade somente leitura cujo valor padrão é **null**;
- **IsLooping, do tipo bool:** descreve se a fonte de mídia carregada atualmente deve retomar a reprodução do início depois de atingir seu fim, sendo o valor padrão da propriedade **False**;
- **KeepScreenOn, do tipo bool:** determina se a tela do dispositivo deve permanecer durante a reprodução de mídia, sendo o valor padrão da propriedade **False**, se o valor desta propiciada for **True**, não vai funcionar na plataforma **UWP**;
- **Position, do tipo TimeSpan:** descreve o progresso atual por meio do tempo de reprodução da mídia, sendo o valor padrão da propriedade **TimeSpan.Zero**;
- **ShowsPlaybackControls, do tipo bool:** determina se os controles de reprodução de plataformas são exibidos, sendo o valor padrão da propriedade **False**, muito cuidado com esta propriedade, pois se definirmos o valor como **False** sem criar os elementos de execução da mídia, o vídeo vai ficar travado, portanto, defina a mesma sempre com o valor **True**;

- **Source, do tipo MediaSource:** indica a origem da mídia carregada no controle;
- **VideoHeight, do tipo int:** indica a altura do controle. Trata-se de uma propriedade somente leitura;
- **VideoWidth, do tipo int:** indica a largura do controle. Trata-se de uma propriedade somente leitura;
- **Volume, do tipo double:** determina o volume da mídia, que é representado em uma escala linear entre 0 e 1. Essa propriedade usa uma associação **TwoWay**, e seu valor padrão é 1.

Estas propriedades, com exceção da propriedade **CanSeek**, são apoiadas por objetos **BindableProperty**, o que significa que eles podem ser destinos de associações de dados e podem ser estilizados. Também são definidos quatro eventos, quais sejam:

- MediaOpened: é acionado quando o fluxo de mídia é validado e aberto;
- MediaEnded: é acionado quando o MediaElement termina de reproduzir sua mídia;
- MediaFailed: é acionado quando há um erro associado à origem da mídia;
- SeekCompleted: é acionado quando o ponto de busca de uma operação de busca solicitada está pronto para reprodução.

Além dos métodos citados acima, a classe **MediaElement**, possui os métodos **Play**, **Pause** e **Stop**.

Reproduzir Mídia Remota, de sites da Web

A classe **MediaElement** pode reproduzir arquivos de mídia remota usando os esquemas de **URI**, **http** e **HTTPS**, para isto basta definirmos a propriedade **Source** com o **URI** do arquivo de mídia, conforme exemplo abaixo:

```
<MediaElement Grid.Row="1"
          Source="https://caminho_do_video/seuVideo.mp4"
          AutoPlay="False" ShowsPlaybackControls="True" />
```

Por padrão, a mídia definida pela propriedade **Source** é reproduzida imediatamente após a mídia ser aberta, para que a mesma não comece a reprodução automática, devemos definir propriedade **AutoPlay** como

False, e para que os controles de reprodução estejam disponíveis, devemos definir a propriedade **ShowsPlaybackControls** como **True**, conforme definimos no exemplo acima. Vamos criar um novo projeto, onde abordaremos todos os itens que comentamos, para entendermos estes conceitos, conforme vimos no tópico **O Ambiente de Desenvolvimento do Microsoft Visual Studio Community 2022** no **capítulo 2** do **volume 01**, no item **Project name:**, digite **AppUsandoMediaElement**, aguarde e vejam que vai aparecer a nossa **IDE** ou área de desenvolvimento, conforme vimos na **figura 28**. Repita os procedimentos que vimos nas **figuras 348** a **352**, para instalar o pacote **Xamarin Community Toolkit**. Observem que todo projeto **Xamarin.Forms** que criamos, automaticamente já vem com uma página de visualização ou **View**, vinculada, que é o arquivo **MainPage.xaml**, vamos abri-lo, para isto abra a janela **Solution Explorer**, pressione ao mesmo tempo as teclas **Ctrl+Alt+L**, e deve abrir a janela **Solution Explorer** conforme vimos na **figura 29**. Em seguida, abra o projeto **AppUsandoMediaElement**, para isto clique na setinha que tem ao lado do projeto **AppUsandoMediaElement**, em seguida clique duas vezes com o botão esquerdo do mouse sobre o arquivo **MainPage.xaml**, e vai abrir o mesmo, agora pressione ao mesmo tempo as teclas **Ctrl+A** e vai selecionar todo o código, conforme vimos na **figura 160**. Pressione a tecla **Delete** do teclado, no local onde o cursor do mouse está piscando, na **linha 1**, digite o código abaixo:

```
<?xml version="1.0" encoding="utf-8" ?>
<ContentPage xmlns="http://xamarin.com/schemas/2014/forms"
             xmlns:x="http://schemas.microsoft.com/winfx/2009/
xaml"
             xmlns:xct="http://xamarin.com/schemas/2020/
toolkit"
             x:Class="AppUsandoMediaElement.MainPage"
             BackgroundImageSource="fundoVideo.png"
             Title="Usando MediaElement">

    <Grid Padding="{OnPlatform iOS=40, UWP=40, Android=40}">
        <Grid.RowDefinitions>
            <RowDefinition Height="Auto" />
            <RowDefinition Height="*" />
        </Grid.RowDefinitions>
        <Label Text="Usando MediaElement"
               FontSize="25"
               FontAttributes="Bold"
```

```
                HorizontalOptions="Center" />
        <xct:MediaElement Grid.Row="1"
                          Source="https://sec.ch9.ms/
ch9/f9d9/6f5330ad-8b07-4b9c-a76d-3c744627f9d9/
UsingYoutubeAPIWithXamarinForms_high.mp4"
                          AutoPlay="False"
ShowsPlaybackControls="True" Aspect="AspectFit" />
    </Grid>
</ContentPage>
```

Salve seu projeto, conforme vimos nas **figuras 50** e **51**. Vamos entender este código, na **linha 4**, estamos fazendo referência ao nosso pacote **toolkit**, que instalamos via **NuGet**. Na **linha 6**, estamos definindo uma imagem de fundo do tipo **png**, baixe esta imagem no seu computador. Para baixar, copiar, colar e editar as imagens, trabalhar com ícones vejam os tópicos **Trabalhando com Imagens no Android**, **Trabalhando com Imagens no iOS**, e **Trabalhando com Imagens no UWP** do **capítulo 3**. Na **linha 9**, temos a altura do título definida para as plataformas **iOS**, **UWP** e **Android** dentro de um **Grid**. Na **linha 10**, definimos a linha do **Grid**. Na **linha 18**, definimos nosso elemento `MediaElement`, que vai mostrar na **linha 1** do **Grid**, observe que temos que fazer a referência ao objeto da seguinte forma: **<xct:nomeObjeto />**. Na **linha 19**, na propriedade `Source`, definimos o caminho do vídeo que vai ser mostrado, através de um endereço da Web. Agora podemos compilar nosso **App** no **Android**, para isto, repita o procedimento que vimos no **Capítulo 3 – Interface do Usuário do Xamarin.Forms – Páginas e Layouts do volume 01**, os seguintes tópicos: **Criando a Interface do Usuário com C# (C Sharp) – Code-behind**, **Compilando (Debugging) o Aplicativo Android** e **Instalando o Emulador do Android**. Para usar um smartphone **Android**, vejam no **Capítulo 3 – Interface do Usuário do Xamarin.Forms – Páginas e Layouts do volume 01**, o seguinte tópico: **Configurando o Smartphone para Modo Desenvolvedor**, agora o ícone do aplicativo vai aparecer no smartphone, conforme **figura 353**:

Figura 353

Pressione o vídeo com o dedo, e os controles vão aparecer logo abaixo do mesmo. Vamos retornar à **IDE** do **Visual Studio**, vamos parar nossa compilação, conforme vimos nas **figuras 76** e **77**. Agora podemos compilar nosso **App** no **iOS**, para usar um simulador da **Apple**, repita o procedimento que vimos no **Capítulo 3 – Interface do Usuário do Xamarin.Forms – Páginas e Layouts do volume 01**, os seguintes tópicos: **Criando a Interface do Usuário com C# (C Sharp) – Code-behind**, **Compilando (Debugging) o Aplicativo iOS**. Antes de prosseguir, devemos desinstalar o aplicativo do **iPhone**, conforme vimos no **Anexo I**, do **volume 01 – Instalando o Ambiente de Desenvolvimento do Microsoft Visual Studio Community 2022 no MAC**, nos tópicos: **Clonando Repositórios do GitHub** e **Desinstalar um Aplicativo do iPhone**. Para usar um smartphone **iPhone**, repita o procedimento que vimos no **Capítulo 3 – Interface do Usuário do Xamarin.Forms – Páginas e Layouts do volume 01**, os seguintes tópicos: **Criando a Interface do Usuário com XAML – Zammel**, **Páginas do Xamarin.Forms – (Xamarin.Forms Pages)**, **Páginas do**

Xamarin.Forms – (Xamarin.Forms Pages) e **MasterDetailPage**. E no **Anexo I**, do **volume 01 – Instalando o Ambiente de Desenvolvimento do Microsoft Visual Studio Community 2022 no MAC**, os seguintes tópicos: **Provisionamento Gratuito para Aplicativos Xamarin.iOS**, **Testes em Dispositivos com Provisionamento Gratuito** e **Criando Uma Identidade de Assinatura e Um Perfil de Provisionamento Usando o Xcode**, em seguida, vejam o **App** instalado na tela do seu **iPhone**, conforme **figura 354**:

Figura 354

Observem que no **iOS**, o botão de play aparece sobre o vídeo, pressione este botão com o dedo, e os controles vão aparecer logo abaixo do mesmo. Agora vamos compilar o nosso projeto no **UWP**, conforme vimos no **Capítulo 3 – Interface do Usuário do Xamarin.Forms – Páginas e Layouts do volume 01**, nos tópicos **Criando a Interface do Usuário com C# (C Sharp) – Code-behind** e **Compilando (Debugging) o Aplicativo UWP**. Este processo é muito rápido, pois estamos instalando o aplicativo direto no computador. Quando o aplicativo for instalado no computador, aparecerá a seguinte mensagem **Ready** com uma tarja laranja, no canto inferior esquerdo, conforme **figura 355**:

Figura 355

Dependendo da versão do **Visual Studio**, pode ser que não funcione no **UWP**, caso funcione, os controles aparecem automaticamente logo abaixo do vídeo, para tocá-lo clique com o mouse sobre o botão **Play**. Vamos retornar a **IDE** do **Visual Studio**, vamos parar nossa compilação, conforme vimos nas **figuras 76** e **77**. Observem que a compilação é muita rápida, pois estamos instalando o aplicativo no **Windows**, no computador. Agora vamos fazer um **commit**, que nada mais é do que mandar nosso projeto para o **GitHub**, conforme vimos, nas **figuras 232** a **236**.

Reproduzir Mídia Local

A mídia local pode ser reproduzida a partir das seguintes fontes:

- Um recurso inserido no pacote do aplicativo da referida plataforma, usando o esquema de **URI ms-appx:///**;

- Arquivos que vêm das pastas de dados locais e temporárias do aplicativo, usando o esquema de **URI ms-appdata:///**;
- A biblioteca do dispositivo.

Reproduzir Mídia Inserida no Pacote do Aplicativo

Uma classe **MediaElement** pode reproduzir arquivos de mídia inseridos no pacote do aplicativo, usando o esquema de **URI ms-appx:///**, para isto basta definirmos a propriedade **Source** com o **URI** do arquivo de mídia, conforme exemplo abaixo:

```
<MediaElement Grid.Row="1"
          Source=" Source="ms-appx:///seuVideo.mp4"
          AutoPlay="False" ShowsPlaybackControls="True" />
```

Os arquivos de mídia são inseridos no pacote do aplicativo colocando-os no projeto de cada plataforma, pois este armazenamento é diferente para cada uma delas. Neste tópico temos algumas peculiaridades para cada vídeo, ou seja, temos que adicionar uma propriedade chamada **Build Action**, para cada plataforma, conforme o seguinte:

- **Android:** os arquivos de mídia devem ser armazenados em uma subpasta de recursos denominada **raw**, que temos que criar, pois ela não existe no projeto **Android**. Esta pasta não pode conter subpastas. O arquivo de mídia deve ter um **Build Action** do tipo **AndroidResource**;
- **iOS:** os arquivos de mídia devem ser armazenados na pasta **Resources** ou podemos criar uma subpasta dentro da pasta **Resources**. O arquivo de mídia deve ter um **Build Action** do tipo **BundleResource**;
- **UWP:** os arquivos de mídia podem ser armazenados em qualquer pasta no projeto. O arquivo de mídia deve ter um **BuildAction** do tipo **Content (Conteúdo)**.

Para isto, abra a janela **Solution Explorer**, pressione ao mesmo tempo as teclas **Ctrl+Alt+L**, conforme vimos na **figura 29**, em seguida, selecione o projeto **AppUsandoMediaElement.Android**, clique duas vezes sobre o projeto com o botão do mouse, em seguida clique com o botão esquerdo do mouse sobre a pasta **Resources**, em seguida selecione o item do menu **Add**, e selecione o item **New Folder**, conforme vimos na **figura 155**. Vai aparecer a pasta com o nome **NewFolder1** selecionado, digite **raw,** conforme vimos na **figura**

156. Pressione a tecla **Enter** do teclado. Baixe um vídeo qualquer do tipo **mp4**, copie e cole dentro da pasta **raw**, em seguida clique com o botão do mouse sobre o vídeo **meuVideo.mp4** e selecione o item **Properties(Propriedades)**, conforme vimos na **figura 62**. Na janela **Properties(Propriedades)**, clique na setinha para baixo do item **Build Action**, e selecione o item **AndroidResource**, conforme vimos na **figura 335**, salve seu projeto, conforme vimos nas **figuras 50** e **51**. Antes de compilar, vamos limpar nossa aplicação e em seguida, vamos fazer uma recompilação do nosso projeto, pois alteramos os códigos do mesmo, conforme vimos nas **figuras 329** a **331**. Agora vamos repetir o procedimento anterior para o vídeo **meuVideo.mp4**, do projeto **iOS**, copie e cole o arquivo **meuVideo.mp4**, dentro da pasta **Resources**. Em seguida abra a janela **Solution Explorer**, pressione ao mesmo tempo as teclas **Ctrl+Alt+L**, conforme vimos na **figura 29**, em seguida, selecione o projeto **AppUsandoMediaElement.iOS**, clique duas vezes com o botão do mouse sobre o mesmo, em seguida clique duas vezes sobre a pasta **Resources**, clique com o botão do mouse sobre o vídeo **meuVideo.mp4** e selecione o item **Properties(Propriedades)**, conforme vimos na **figura 62**. Na janela **Properties(Propriedades)**, clique na setinha para baixo do item **Build Action**, e selecione o item **BundleResource**, conforme vimos na **figura 336**, salve seu projeto, conforme vimos nas **figuras 50** e **51**. Repita o procedimento anterior para limpar nossa aplicação e fazer uma recompilação do nosso projeto. Agora vamos repetir o procedimento anterior, copie e cole o arquivo **meuVideo.mp4**, dentro do projeto **UWP**, em seguida, abra a janela **Solution Explorer**, pressione ao mesmo tempo as teclas **Ctrl+Alt+L**, conforme vimos na **figura 29**, em seguida, selecione o projeto **AppUsandoMediaElement.UWP**, clique duas vezes com o botão do mouse sobre o mesmo, em seguida, clique com o botão do mouse sobre o vídeo **meuVideo.mp4** e selecione o item **Properties(Propriedades)**, conforme vimos na **figura 62**. Na janela **Properties(Propriedades)**, clique na setinha para baixo do item **Build Action**, e selecione o item **Content (Conteúdo)**, conforme vimos na **figura 337**, salve seu projeto, conforme vimos nas **figuras 50** e **51**. Repita o procedimento anterior para limpar nossa aplicação e fazer uma recompilação do nosso projeto, em seguida, repita o procedimento anterior para abrir o arquivo **MainPage.xaml**, vamos abri-lo e digitar o código para vídeos inseridos no pacote, e vai abrir o mesmo, agora pressione ao mesmo tempo as teclas **Ctrl+A** e vai selecionar todo o código, conforme vimos na **figura 160**. Pressione a tecla **Delete** do teclado, no local onde o cursor do mouse está piscando, na **linha 1**, digite o código abaixo:

```
<?xml version="1.0" encoding="utf-8" ?>
<ContentPage xmlns="http://xamarin.com/schemas/2014/forms"
             xmlns:x="http://schemas.microsoft.com/winfx/2009/
xaml"
             xmlns:behaviors="http://xamarin.com/schemas/2020/
toolkit"
             x:Class="AppUsandoMediaElement.MainPage"
             BackgroundImageSource="fundoVideo.png"
             Title="Usando MediaElement">

    <Grid Padding="{OnPlatform iOS=40, UWP=40, Android=40}">
        <Grid.RowDefinitions>
            <RowDefinition Height="Auto" />
            <RowDefinition Height="*" />
        </Grid.RowDefinitions>
        <Label Text="Usando MediaElement"
              FontSize="25"
              FontAttributes="Bold"
              HorizontalOptions="Center" />
        <behaviors:MediaElement Grid.Row="1"
                     Source="ms-appx:///meuVideo.mp4"
                     AutoPlay="False"
ShowsPlaybackControls="True" Aspect="AspectFit" />
    </Grid>
</ContentPage>
```

Salve seu projeto, conforme vimos nas **figuras 50** e **51**. Vamos entender este código, a única diferença deste código para o anterior está na **linha 19**, na propriedade `Source`, definimos o caminho do vídeo inserido no pacote que vai ser mostrado. Agora podemos compilar nosso **App** no **Android**, para isto repita o procedimento que vimos no **Capítulo 3 – Interface do Usuário do Xamarin.Forms – Páginas e Layouts do volume 01**, os seguintes tópicos: **Criando a Interface do Usuário com C# (C Sharp) – Code-behind**, **Compilando (Debugging) o Aplicativo Android** e **Instalando o Emulador do Android**. Para usar um smartphone **Android**, vejam no **Capítulo 3 – Interface do Usuário do Xamarin.Forms – Páginas e Layouts do volume 01**, o seguinte tópico: **Configurando o Smartphone para Modo Desenvolvedor**, agora o ícone do aplicativo vai aparecer no smartphone, conforme **figura 356**:

Figura 356

Pode ser que no primeiro momento a tela apareça vazia, sem o vídeo, abra e feche o aplicativo, no smartphone deve aparecer o vídeo. Pressione o vídeo com o dedo, e os controles vão aparecer logo abaixo do mesmo. Vamos retornar à **IDE** do **Visual Studio**, vamos parar nossa compilação, conforme vimos nas **figuras 76** e **77**. Agora podemos compilar nosso **App** no **iOS**, para usar um simulador da **Apple**, repita o procedimento que vimos no **Capítulo 3 – Interface do Usuário do Xamarin.Forms – Páginas e Layouts do volume 01**, os seguintes tópicos: **Criando a Interface do Usuário com C# (C Sharp) – Code-behind**, **Compilando (Debugging) o Aplicativo iOS**. Antes de prosseguir, devemos desinstalar o aplicativo do **iPhone**, conforme vimos no **Anexo I**, do **volume 01 – Instalando o Ambiente de Desenvolvimento do Microsoft Visual Studio Community 2022 no MAC**, nos tópicos: **Clonando Repositórios do GitHub** e **Desinstalar um Aplicativo do iPhone**. Para usar um smartphone **iPhone**, repita o procedimento que vimos no **Capítulo 3 – Interface do Usuário do Xamarin.Forms – Páginas e Layouts do volume 01**, os seguintes tópicos: **Criando a Interface do Usuário**

com XAML – Zammel, **Páginas do Xamarin.Forms – (Xamarin. Forms Pages)**, **Páginas do Xamarin.Forms – (Xamarin.Forms Pages)** e **MasterDetailPage**. E no **Anexo I**, do **volume 01 – Instalando o Ambiente de Desenvolvimento do Microsoft Visual Studio Community 2022 no MAC**, os seguintes tópicos: **Provisionamento Gratuito para Aplicativos Xamarin.iOS**, **Testes em Dispositivos com Provisionamento Gratuito** e **Criando Uma Identidade de Assinatura e Um Perfil de Provisionamento Usando o Xcode**, em seguida, vejam o **App** instalado na tela do seu **iPhone**, conforme **figura 357**:

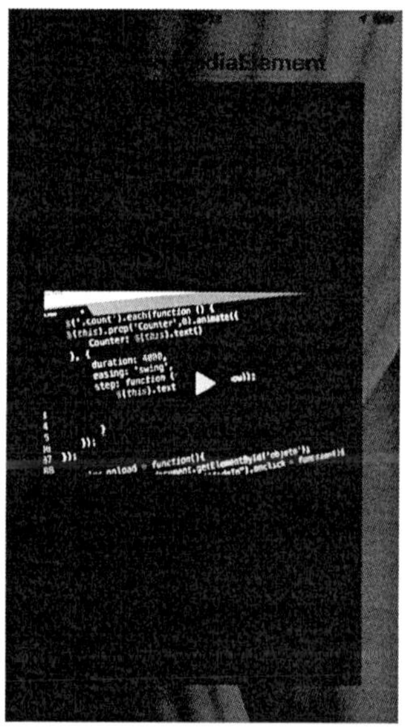

Figura 357

Observem que no **iOS** o botão de play aparece sobre o vídeo, pressione este botão com o dedo, e os controles vão aparecer logo abaixo do mesmo. Agora vamos compilar o nosso projeto no **UWP**, conforme vimos no **Capítulo 3 – Interface do Usuário do Xamarin. Forms – Páginas e Layouts do volume 01**, nos tópicos **Criando a Interface do Usuário com C# (C Sharp) – Code-behind** e **Compilando (Debugging) o Aplicativo UWP**. Este processo é muito rápido, pois estamos instalando o aplicativo direto no computador. Quando o aplicativo for instalado no computador, aparecerá a seguinte mensagem **Ready** com uma tarja laranja, no canto inferior esquerdo, conforme **figura 358**:

Figura 358

Dependendo da versão do **Visual Studio**, pode ser que não funcione no **UWP**, caso funcione, os controles aparecem automaticamente logo abaixo do vídeo, para tocá-lo, clique com o mouse sobre o botão **Play**. Vamos retornar à **IDE** do **Visual Studio**, vamos parar nossa compilação, conforme vimos nas **figuras 76** e **77**. Observem que a compilação é muita rápida, pois estamos instalando o aplicativo no **Windows**, no computador. Agora vamos fazer um **commit**, que nada mais é do que mandar nosso projeto para o **GitHub**, conforme vimos, nas **figuras 232** a **236**.

WebView

Este componente exibe páginas da **Web** ou conteúdo **HTML**, com base em sua propriedade **Source** que poderá ser definida como um objeto **UriWebViewSource** ou um **HtmlWebViewSource**, e vai oferecer suporte aos seguintes tipos de conteúdo:

- **HTML e sites CSS:** tem suporte completo para sites desenvolvidos em linguagem de marcação **HTML**, linguagem de estilo **CSS**, incluindo suporte a linguagem de programação **JavaScript**;
- **Documentos:** como o **WebView** é implementado usando componentes nativos em cada plataforma, sendo capaz de mostrar documentos que são visíveis em cada plataforma;
- **Cadeias de caracteres HTML:** podem mostrar cadeias de caracteres **HTML** da memória;
- **Arquivos locais:** pode apresentar qualquer um dos tipos de conteúdo acima inseridos no aplicativo.

O componente **WebView**, na plataforma **UWP**, **não oferece suporte a Silverlight**, **flash** ou qualquer controle **ActiveX**, mesmo que eles tenham suporte do **Internet Explorer** nessa plataforma.

Sites da Web

Nesta modalidade, podemos exibir um site direto, para isto basta que a propriedade **Source** do componente **WebView**, esteja com o valor, conforme código abaixo:

```
<WebView
    Source="http://google.com.br"
</WebView>
```

O componente **WebView** dá suporte à navegação por meio de vários métodos e propriedades que ele disponibiliza, conforme abaixo:

- **GoForward():** Se o método **CanGoForward** for **true**, a chamada ao método **GoForward** navegará para a próxima página visitada;
- **GoBack():** Se o método **CanGoBack** for **true**, chamar o método **GoBack** irá navegar para a última página visitada;
- **CanGoBack:** se o valor deste método for **true** haverá páginas para as quais navegar de volta, se o mesmo for **false**, o navegador vai ficar na URL inicial;
- **CanGoForward:** se o valor deste método for **true**, significa que o usuário navegou para trás e pode avançar para uma página que já foi visitada.

Páginas **WebView** não oferecem suporte a gestos multitoques. É importante garantir que o conteúdo seja otimizado para dispositivos móveis e apareça sem a necessidade de zoom. É comum que os aplicativos mostrem um link dentro de um **WebView**, em vez do navegador do dispositivo. Nessas situações, é útil permitir a navegação normal, mas quando o usuário chega de volta enquanto está no link inicial, o aplicativo deve retornar à exibição de aplicativo normal. Use as propriedades e os métodos de navegação internos para habilitar esse cenário. Vamos criar um novo projeto, onde abordaremos todos os itens que comentamos, para entendermos estes conceitos, conforme vimos no tópico **O Ambiente de Desenvolvimento do Microsoft Visual Studio Community 2022** no **capítulo 2** do **volume 01**, no item **Project name:**, digite **AppUsandoWebView**, aguarde e vejam que vai aparecer a nossa **IDE** ou área de desenvolvimento, conforme vimos na **figura 28**. Observem que todo projeto **Xamarin.Forms** que criamos, automaticamente já vem com uma página de visualização ou **View**, vinculada, que é o arquivo **MainPage.xaml**, vamos abri-lo, para isto abra a janela **Solution Explorer**, pressione ao mesmo tempo as teclas **Ctrl+Alt+L**, e deve abrir a janela **Solution Explorer** conforme vimos na **figura 29**. Em seguida, abra o projeto **AppUsandoWebView**, para isto clique na setinha que tem ao lado do projeto **AppUsandoWebView**, em seguida clique duas vezes com o botão esquerdo do mouse sobre o arquivo **MainPage.xaml**, e vai abrir o mesmo, agora pressione ao mesmo tempo as teclas **Ctrl+A** e vai selecionar todo o código, conforme vimos na **figura 160**. Pressione a tecla **Delete** do teclado, no local onde o cursor do mouse está piscando, na **linha 1**, digite o código abaixo:

```
<?xml version="1.0" encoding="utf-8" ?>
<ContentPage xmlns="http://xamarin.com/schemas/2014/forms"
             xmlns:x="http://schemas.microsoft.com/winfx/2009/
xaml"
             x:Class="AppUsandoWebView.MainPage"
             Title="Usando WebView">

    <StackLayout Padding="{OnPlatform iOS=40, UWP=40,
Android=15}">
        <Label Text="Usando WebView - Exibir Site da Web"
FontAttributes="Bold" FontSize="20"
           HorizontalOptions="Center" />
        <StackLayout Orientation="Horizontal">
            <Button Text="Próxima" Clicked="IrProxima" />
            <Button Text="Retornar" Clicked="IrRetornar" />
```

```
        </StackLayout>
        <WebView HorizontalOptions="FillAndExpand"
VerticalOptions="FillAndExpand"
            x:Name="Navegador"
            Source="https://www.google.com"
            Navigating="AcaoCarregando"
            Navigated="AcaoCarregado" >
        </WebView>
        <Label x:Name="labStatusCarregamento" />
    </StackLayout>
</ContentPage>
```

Salve seu projeto, conforme vimos nas **figuras 50** e **51**. Vamos entender este código, na **linha 7**, temos a altura do título definida para as plataformas **iOS**, **UWP** e **Android**. Na **linha 11**, temos um botão que o usuário vai pressionar com o dedo, para ir para uma próxima página, e temos a propriedade `Clicked="IrProxima`, para podermos instanciar o mesmo no **code-behind C#**. Na **linha 12**, temos um botão que o usuário vai pressionar com o dedo, para voltar para a página anterior, e temos a propriedade `Clicked="IrRetornar`, para podermos instanciar o mesmo no **code-behind C#**. Na **linha 14**, temos o elemento **WebView**, que vai ocupar toda a tela na horizontal e na vertical. Na **linha 17**, temos uma propriedade `Navigating="AcaoCarregando"`, este evento vai ser acionado quando o carregamento de uma página estiver em execução, temos que instanciar o mesmo no **code-behind C#**. Na **linha 18**, temos uma propriedade `Navigated="AcaoCarregado"`, este evento vai ser acionado quando terminar o carregamento, a navegação ou o processamento de uma página, temos que instanciar o mesmo no **code-behind C#**. Na **linha 20**, temos uma **Label**, onde vamos exibir as mensagens dos eventos `Navigating` e `Navigated`. Precisaremos abrir o arquivo **code-behind**, ou seja, o arquivo **MainPage.xaml.cs**. Abra a janela **Solution Explorer**, pressione ao mesmo tempo as teclas **Ctrl+Alt+L**, e deve abrir a janela **Solution Explorer** conforme vimos na **figura 29**. Em seguida, abra o projeto **AppUsandoWebView**, para isto clique na setinha que tem ao lado do projeto **AppUsandoWebView**, em seguida clique na setinha que tem ao lado do arquivo **MainPage.xaml**, em seguida, clique com o botão do mouse sobre o arquivo **MainPage.xaml.cs**, selecione o item **View Code** ou pressione a tecla **F7,** conforme vimos na **figura 46**. Clicar duas vezes com o botão do mouse sobre o arquivo **MainPage.xaml.cs** tem o mesmo efeito. Vai abrir a janela de código do arquivo

MainPage.xaml.cs, conforme vimos na **figura 48**. Agora pressione ao mesmo tempo as teclas **Ctrl+A** e vai selecionar todo o código, conforme vimos na **figura 160**. Pressione a tecla **Delete** do teclado, no local onde o cursor do mouse está piscando, na **linha 1**, digite o código abaixo:

```
using System;
using Xamarin.Forms;

namespace AppUsandoWebView
{
    public partial class MainPage : ContentPage
    {
        public MainPage()
        {
            InitializeComponent();
        }

        private void IrProxima(object sender, EventArgs e)
        {
            //Vamos verificar se o nosso navegador pode navegar
para frente
            if (Navegador.CanGoForward)
            {
                Navegador.GoForward();
            }
        }

        private void IrRetornar(object sender, EventArgs e)
        {
            //Vamos verificar se o nosso navegador pode retornar
            if (Navegador.CanGoBack)
            {
                Navegador.GoBack();
            }
        }

        private void AcaoCarregando(object sender,
WebNavigatingEventArgs e)
        {
            labStatusCarregamento.Text = "Aguarde, carregando
a página....";
        }

        private void AcaoCarregado(object sender,
WebNavigatedEventArgs e)
```

```
        {
            labStatusCarregamento.Text = "Parabéns, página
carregada !!!!";
        }
    }
}
```

Salve seu projeto, conforme vimos nas **figuras 50** e **51**. Vamos entender este código, na **linha 13**, estamos criando o evento para o botão **Próxima**, referente à chamada da nossa propriedade `Clicked="IrProxima"`, que vai nos levar à próxima página. Na **linha 22**, estamos criando o evento para o botão **Próxima**, referente à chamada da nossa propriedade `Clicked="IrRetornar"`, que vai nos levar à página anterior. Na **linha 31**, estamos criando o evento para a chamada da nossa propriedade `Navigating="AcaoCarregando"`, que vai atribuir ao elemento **Label**, que chamamos de **`labStatusCarregamento`**, o texto `"Aguarde, carregando a página...."`, exibindo no rodapé da página, conforme **linha 33**. Na **linha 36**, estamos criando o evento para a chamada da nossa propriedade `Navigated="AcaoCarregado"`, que vai atribuir ao elemento **Label**, que chamamos de `labStatusCarregamento`, o texto `"Parabéns, página carregada !!!!"`, exibindo no rodapé da página, conforme **linha 38**. Agora podemos compilar nosso **App** no **Android**, para isto repita o procedimento que vimos no **Capítulo 3 – Interface do Usuário do Xamarin.Forms – Páginas e Layouts do volume 01**, os seguintes tópicos: **Criando a Interface do Usuário com C# (C Sharp) – Code-behind**, **Compilando (Debugging) o Aplicativo Android** e **Instalando o Emulador do Android**. Para usar um smartphone **Android**, vejam no **Capítulo 3 – Interface do Usuário do Xamarin.Forms – Páginas e Layouts do volume 01**, o seguinte tópico: **Configurando o Smartphone para Modo Desenvolvedor**, agora o ícone do aplicativo vai aparecer no smartphone, conforme **figura 359**:

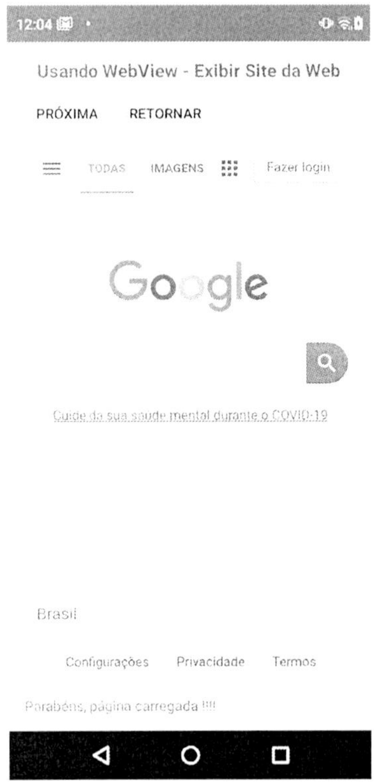

Figura 359

Digite algo na caixa de pesquisa para habilitar os botões, observe o status no rodapé da página. Vamos retornar à **IDE** do **Visual Studio**, vamos parar nossa compilação, conforme vimos nas **figuras 76** e **77**. Agora podemos compilar nosso **App** no **iOS**, para usar um simulador da **Apple**, repita o procedimento que vimos no **Capítulo 3 – Interface do Usuário do Xamarin.Forms – Páginas e Layouts do volume 01**, os seguintes tópicos: **Criando a Interface do Usuário com C# (C Sharp) – Code-behind**, **Compilando (Debugging) o Aplicativo iOS**. Antes de prosseguir, devemos desinstalar o aplicativo do **iPhone**, conforme vimos no **Anexo I**, do **volume 01 – Instalando o Ambiente de Desenvolvimento do Microsoft Visual Studio Community 2022 no MAC**, nos tópicos: **Clonando Repositórios do GitHub** e **Desinstalar um Aplicativo do iPhone**. Para usar um smartphone **iPhone**, repita o procedimento que vimos no **Capítulo 3 – Interface do Usuário do Xamarin.Forms – Páginas e Layouts do volume 01**, os seguintes tópicos: **Criando a Interface do Usuário com XAML – Zammel**, **Páginas do Xamarin.Forms – (Xamarin.Forms Pages)**, **Páginas do Xamarin.Forms – (Xamarin.Forms Pages)** e **MasterDetailPage**. E no **Anexo I**, do **volume 01 – Instalando o Ambiente de Desenvolvimento do Microsoft Visual Studio Community 2022 no MAC**, os seguintes tópicos: **Provisionamento Gratuito para Aplicativos Xamarin.iOS**, **Testes em Dispositivos com Provisionamento Gratuito** e **Criando Uma Identidade de Assinatura e Um Perfil de Provisionamento Usando o Xcode**, em seguida, vejam o **App** instalado na tela do seu **iPhone**, conforme **figura 360**:

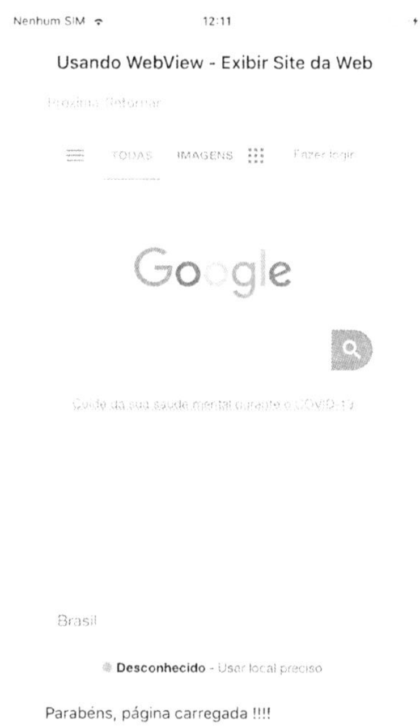

Figura 360

Digite algo na caixa de pesquisa para habilitar os botões, observe o status no rodapé da página. Agora vamos compilar o nosso projeto no **UWP**, conforme vimos no **Capítulo 3 – Interface do Usuário do Xamarin.Forms – Páginas e Layouts do volume 01**, nos tópicos **Criando a Interface do Usuário com C# (C Sharp) – Code-behind** e **Compilando (Debugging) o Aplicativo UWP**. Este processo é muito rápido, pois estamos instalando o aplicativo direto no computador. Quando o aplicativo for instalado no computador, aparecerá a seguinte mensagem **Ready** com uma tarja laranja, no canto inferior esquerdo, conforme **figura 361**:

Figura 361

Digite algo na caixa de pesquisa para habilitar os botões, observe o status no rodapé da página. Vamos retornar à **IDE** do **Visual Studio**, vamos parar nossa compilação, conforme vimos nas **figuras 76** e **77**. Observem que a compilação é muita rápida, pois estamos instalando o aplicativo no **Windows**, no computador. Agora vamos fazer um **commit**, que nada mais é do que mandar nosso projeto para o **GitHub**, conforme vimos, nas **figuras 232** a **236**.

Exibir Cadeias de Caracteres HTML, Conteúdo HTML local

Nestas modalidades, podemos exibir uma cadeia de caracteres de **HTML** definida dinamicamente no código, neste caso, será necessário criar uma instância do método **HtmlWebViewSource**, desta forma, usaremos o símbolo @ para marcar o **HTML** como um literal de cadeia de caracteres textual, significando que a maioria dos caracteres de escape será ignorada. Poderá ser necessário definirmos as propriedades **WidthRequest** e **HeightRequest** e do componente **WebView** para ver o conteúdo **HTML**, dependendo do layout do qual o componente **WebView** é filho. Por exemplo, isso é necessário em um **StackLayout**. Como conteúdo **HTML** local, o componente **WebView** pode exibir conteúdo de **HTML**, **CSS** e **JavaScript** inseridos no aplicativo. Vamos retornar ao nosso projeto **AppUsandoWebView**, para isto abra a janela **Solution Explorer**, pressione ao mesmo tempo as teclas **Ctrl+Alt+L**, e deve abrir a janela **Solution Explorer** conforme vimos na **figura 29**, abra o projeto **AppUsandoWebView**, vamos deletar o arquivo **MainPage.xaml**, neste projeto não vamos precisar dele, clique com o botão esquerdo do mouse sobre o arquivo **MainPage.xaml**, e selecione o item de menu **Delete**, conforme vimos na **figura 153**. Ou pressione a tecla **Delete** do teclado, vai parecer uma janela perguntando se queremos deletar permanentemente o arquivo, conforme vimos na **figura 154**, clique no botão **OK**. Vamos criar uma **pasta (Folder)**, dentro do nosso projeto chamada **Classes**, para isto abra a janela **Solution Explorer**, pressione ao mesmo tempo as teclas **Ctrl+Alt+L**, e deve abrir a janela **Solution Explorer** conforme vimos na **figura 29**. Em seguida, clique com o botão esquerdo do mouse sobre o projeto **AppUsandoWebView**, em seguida selecione o item de menu **Add**, e selecione o item **New Folder**, conforme vimos na **figura 155**. Vai aparecer a pasta com o nome **NewFolder** selecionado, digite **Classes,** conforme vimos na **figura 156**. Pressione a tecla **Enter** do teclado. Ainda com a janela **Solution Explorer** aberta, clique com o botão esquerdo do mouse sobre a pasta **Classes**, em seguida selecione o item de menu **Add**, e selecione o item **Class...**, ou pressione ao mesmo tempo as teclas **Shift+Alt+C**, conforme vimos na **figura 157**. Vai abrir a janela **Add New Item - AppUsandoWebView**, no menu do lado esquerdo, clique na setinha preta do item **Installed**, para expandi-lo, em seguida, clique na setinha preta do item **Visual C# Items**, e selecione o item **Code**, no menu do lado direito, selecione o item **Class**, no item **Name:**, digite **HtmlLocal**, conforme vimos na **figura 158**. Clique no botão **Add**, e vai abrir o arquivo **HtmlLocal.cs**, conforme vimos na **figura 159**, agora pressione ao mesmo tempo as teclas **Ctrl+A** e vai selecionar todo o código, conforme vimos na **figura 160**. Pressione a tecla **Delete** do teclado, no local onde o cursor do mouse está piscando, na **linha 1**, digite o código abaixo:

```
using Xamarin.Forms;

namespace AppUsandoWebView.Classes
{
```

```
    public class HtmlLocal : ContentPage
    {
        public HtmlLocal()
        {
            var browser = new WebView();
            var htmlSource = new HtmlWebViewSource();
            htmlSource.Html = @"<html><body bgcolor='#FDF5E6'>
                                <h1>Xamarin.Forms</h1>
                                <p><font size='5'>Bem-vindo ao
WebView com Cadeias de Caracteres HTML.</font></p>
                                </body>
                                </html>";

            browser.Source = htmlSource;
            Content = browser;
        }
    }
}
```

Salve seu projeto, conforme vimos nas **figuras 50** e **51**. Vamos entender este código, na **linha 5**, temos uma herança para uma página do tipo ContentPage. Nas **linhas 7** a **19**, estamos criando uma instância da classe **HtmlWebViewSource**, para que possamos apresentar uma cadeia de caracteres de **HTML** definida dinamicamente no código, na **linha 11**, o símbolo **@** é usado para marcar o **HTML** como um literal de cadeia de caracteres textual, o que significa que a maioria dos caracteres de escape é ignorada. Se formos utilizar um **StackLayout**, teremos que definir as propriedades **WidthRequest** e **HeightRequest** do **WebView** para ver o conteúdo **HTML**, dependendo do layout do qual o **WebView** é filho. Vamos repetir o processo anterior e vamos criar outra **Classe**, para isto abra a janela **Solution Explorer**, conforme vimos na **figura 29**, clique com o botão esquerdo do mouse sobre a pasta **Classes**, em seguida selecione o item de menu **Add**, e selecione o item **Class...**, ou pressione ao mesmo tempo as teclas **Shift+Alt+C**, conforme vimos na **figura 157**. Vai abrir a janela **Add New Item - AppUsandoWebView**, no menu do lado esquerdo, clique na setinha preta do item **Installed**, para expandi-lo, em seguida clique na setinha preta do item **Visual C# Items**, e selecione o item **Code**, no menu do lado direito, selecione o item **Class**, no item **Name:**, digite **PaginaWebApp**, conforme vimos na **figura 158**. Clique no botão **Add**, e vai abrir o arquivo **PaginaWebApp.cs**, conforme vimos na **figura 159**, agora pressione ao mesmo tempo as teclas **Ctrl+A** e vai selecionar todo o código, conforme vimos na **figura 160**. Pressione a tecla **Delete** do teclado, no local onde o cursor do mouse está piscando, na **linha 1**, digite o código abaixo:

```
using Xamarin.Essentials;
using Xamarin.Forms;

namespace AppUsandoWebView.Classes
{
    public class PaginaWebApp : ContentPage
    {
        public PaginaWebApp()
        {
            var label = new Label
            {
                Text = "Esses botões deixam o aplicativo
atual e abre o aplicativo de navegador da web incorporado na
plataforma."
            };

            var abrirUrl = new Button
            {
                Text = "Abrir local usando o aplicativo
Navegador da Web incorporado."
            };
            abrirUrl.Clicked += async (sender, e) =>
            {
                await Launcher.OpenAsync("https://dotnet.
microsoft.com/apps/xamarin");
            };

            var fazerLigacao = new Button
            {
                Text = "Faça chamadas usando o aplicativo de
telefone incorporado."
            };
            fazerLigacao.Clicked += async (sender, e) =>
            {
                await Launcher.OpenAsync("tel:1855XAMARIN");
            };

            Content = new StackLayout
            {
                Padding = new Thickness(5, 20, 5, 0),
                HorizontalOptions = LayoutOptions.Fill,
                Children = {
                    label,
```

```
                    abrirUrl,
                    fazerLigacao
                }
            };
        }
    }
}
```

Salve seu projeto, conforme vimos nas **figuras 50** e **51**. Vamos entender este código, na **linha 6**, temos uma herança para uma página do tipo ContentPage. Nas **linhas 10** a **13**, estamos criando uma variável para receber o texto da **linha 12**. Nas **linhas 15** a **22**, estamos criando um botão para abrir a página web em um navegador. Nas **linhas 24** a **31**, estamos criando um botão para fazer uma ligação com o número de telefone informado. Nas **linhas 33** a **42**, estamos criando um **StackLayout**, onde vão ficar posicionados os controles criados anteriormente. Vamos repetir o processo anterior e vamos criar outra Classe, para isto abra a janela **Solution Explorer**, conforme vimos na **figura 29**, clique com o botão esquerdo do mouse sobre a pasta **Classes**, em seguida, selecione o item de menu **Add**, e selecione o item **Class...**, ou pressione ao mesmo tempo as teclas **Shift+ Alt+C**, conforme vimos na **figura 157**. Vai abrir a janela **Add New Item - AppUsandoWebView**, no menu do lado esquerdo, clique na setinha preta do item **Installed**, para expandi-lo, em seguida clique na setinha preta do item **Visual C# Items**, e selecione o item **Code**, no menu do lado direito, selecione o item **Class**, no item **Name:**, digite **HtmlLocalBase**, conforme vimos na **figura 158**. Clique no botão **Add**, e vai abrir o arquivo **HtmlLocalBase.cs**, conforme vimos na **figura 159**, agora pressione ao mesmo tempo as teclas **Ctrl+A** e vai selecionar todo o código, conforme vimos na **figura 160**. Pressione a tecla **Delete** do teclado, no local onde o cursor do mouse está piscando, na **linha 1**, digite o código abaixo:

```
using Xamarin.Forms;

namespace AppUsandoWebView.Classes
{
    public interface IBaseUrl { string Get(); }
    public class HtmlLocalBase : ContentPage
    {
        public HtmlLocalBase()
        {
```

```
            var browser = new WebView();
            var htmlSource = new HtmlWebViewSource();

            htmlSource.Html = @"<html>
                                <head>
                                <link rel=""stylesheet""
href=""default.css"">
                                </head>
                                <body bgcolor=""#FDF5E6"">
                                <h1>WebView com Xamarin.Forms</
h1>
                                <p><font size='5'>O CSS e a
imagem serão carregados dos arquivos locais !!!!</font></p>
                                <img src='XamarinLogo.png'/>
                                <p><a href=""local.
html"">Próxima Página</a></p>
                                </body>
                                </html>";

            browser.Source = htmlSource;
            Content = browser;
        }
    }
}
```

Salve seu projeto, conforme vimos nas **figuras 50** e **51**. Vamos entender este código, na **linha 5**, estamos definindo uma interface que vai ser implementada em cada plataforma, usando a interface **IBaseUrl**. Na **linha 6**, temos uma herança para uma página do tipo ContentPage. Nas **linhas 10** a **26**, estamos criando uma instância da classe **HtmlWebViewSource**, para que possamos apresentar uma cadeia de caracteres de **HTML** definida dinamicamente no código, na **linha 13**, o símbolo **@** é usado para marcar o **HTML** como um literal de cadeia de caracteres textual, o que significa que a maioria dos caracteres de escape é ignorada. Vamos fazer as implementações da interface para cada plataforma. No **Android**, abra a janela **Solution Explorer**, pressione ao mesmo tempo as teclas **Ctrl+Alt+L**, e deve abrir a janela **Solution Explorer** conforme vimos na **figura 29**. Em seguida, abra o projeto **AppUsandoWebView.Android**, clicando na setinha que tem ao lado do nome do mesmo, em seguida clique com o botão esquerdo do mouse sobre a pasta **Assets**, em seguida selecione o item de menu **Add**, e selecione o item **New Item...**, ou pressione ao mesmo tempo as teclas **Ctrl+Shift+A**, conforme vimos na

figura 157. Vai abrir a janela **Add New Item – AppUsandoWebView. Android**, no menu do lado esquerdo, clique na setinha preta do item **Installed**, para expandi-lo, em seguida, clique na setinha preta do item **Visual C# Items**, e selecione o item **General**, no menu do lado direito, selecione o item **Text File**, no item **Name:**, digite **padrao.css**, não esqueça do **.css**, conforme vimos na **figura 158**. Clique no botão **Add**, e vai abrir o arquivo **padrao.css**, conforme vimos na **figura 159**, na **linha 1**, digite o código abaixo:

```
html, body {
    margin: 0;
    padding: 10px
}

body, p, h1 {
    font-family: 'Roboto';
    font-size: 35px;
}
```

Salve seu projeto, conforme vimos nas **figuras 50** e **51**. Vamos entender este código, estamos criando as configurações para nossa página **HTML** no **Android**, vamos criar a mesma, para isto, repita o processo anterior, clique com o botão esquerdo do mouse sobre a pasta **Assets**, em seguida, selecione o item de menu **Add**, e selecione o item **New Item...**, ou pressione ao mesmo tempo as teclas **Ctrl+Shift+A**, conforme vimos na **figura 157**. Vai abrir a janela **Add New Item – AppUsandoWebView.Android**, no menu do lado esquerdo, clique na setinha preta do item **Installed**, para expandi-lo, em seguida clique na setinha preta do item **Visual C# Items**, e selecione o item **General**, no menu do lado direito, selecione o item **Text File**, no item **Name:**, digite **local.html**, não esqueça do **.html**, conforme vimos na **figura 158**. Clique no botão **Add**, e vai abrir o arquivo **local.html**, conforme vimos na **figura 159**, na **linha 1**, digite o código abaixo:

```
<html>
<head>
    <title>HTML no WebView Android</title>
    <link rel="stylesheet" type="text/css" href="padrao.css" />
</head>
<body bgcolor="#40E0D0">
    <h1>Xamarin.Forms no Android</h1>
    <p>Esta é uma página local do HTML para Android.</p>
    <img src="XamarinLogo.png" />
```

```
</body>
</html>
```

Salve seu projeto, conforme vimos nas **figuras 50** e **51**. Vamos entender este código, estamos criando a página **HTML** para ser aberta no **Android**. Nesta mesma pasta, devemos copiar a imagem que estamos usando. Agora vamos criar nossa Classe **BaseAndroid**, para se ligar à nossa interface IBaseUrl, que criamos no projeto principal, para isto, clique com o botão esquerdo do mouse sobre o projeto **AppUsandoWebView.Android**, em seguida, selecione c item de menu **Add**, e selecione o item **New Item...**, ou pressione ao mesmo tempo as teclas **Shift+Alt+C**, conforme vimos na **figura 157**. Vai abrir a janela **Add New Item – AppUsandoWebView.Android**, no menu do lado esquerdo, clique na setinha preta do item **Installed**, para expandi-lo, em seguida, clique na setinha preta do item **Visual C# Items**, e selecione o item **Android**, no menu do lado direito, selecione o item **Class**, no item **Name:**, digite **BaseAndroid**, conforme vimos na **figura 158**. Clique no botão **Add**, e vai abrir o arquivo **BaseAndroid.cs**, conforme vimos na **figura 159**, agora pressione ao mesmo tempo as teclas **Ctrl+A** e vai selecionar todo o código, conforme vimos na **figura 160**. Pressione a tecla **Delete** do teclado, no local onde o cursor do mouse está piscando, na **linha 1**, digite o código abaixo:

```
using AppUsandoWebView.Classes;

namespace AppUsandoWebView.Droid
{
    public class BaseAndroid : IBaseUrl
    {
        public string Get()
        {
            return "file:///android_asset";
        }
    }
}
```

Salve seu projeto, conforme vimos nas **figuras 50** e **51**. Vamos entender este código, nas **linhas 5** a **11**, estamos definindo a interface **BaseAndroid** como **"file:///android_asset/"**. Agora, temos que adicionar uma propriedade chamada **Build Action**, conforme o seguinte:

- **Android:** Nos arquivos **local.html**, **padrao.css** e **XamarinLogo.png**, devem ter um **Build Action** do tipo **AndroidAsset**, conforme vimos nas **figuras 62** e **335**.

A imagem deve ser copiada para a pasta **Assets** do projeto **Android**. No **iOS**, abra a janela **Solution Explorer**, pressione ao mesmo tempo as teclas **Ctrl+Alt+L**, e deve abrir a janela **Solution Explorer** conforme vimos na **figura 29**. Em seguida, abra o projeto **AppUsandoWebView.iOS**, clicando na setinha que tem ao lado do nome do mesmo, em seguida clique com o botão esquerdo do mouse sobre a pasta **Resources**, em seguida selecione o item de menu **Add**, e selecione o item **New Item...**, ou pressione ao mesmo tempo as teclas **Ctrl+Shift+A**, conforme vimos na **figura 157**. Vai abrir a janela **Add New Item – AppUsandoWebView.iOS**, no menu do lado esquerdo, clique na setinha preta do item **Installed**, para expandi-lo, em seguida, clique na setinha preta do item **Visual C# Items**, e selecione o item **General**, no menu do lado direito, selecione o item **Text File**, no item **Name:**, digite **padrao.css**, não esqueça do **.css**, conforme vimos na **figura 158**. Clique no botão **Add**, e vai abrir o arquivo **padrao.css**, conforme vimos na **figura 159**, na **linha 1**, digite o código abaixo:

```
html, body {

    margin: 0;
    padding: 10
}

body, p, h1 {
    font-family: Al Nile Bold;
}
```

Salve seu projeto, conforme vimos nas **figuras 50** e **51**. Vamos entender este código, estamos criando as configurações para nossa página **HTML** no **iOS**, vamos criar a mesma, para isto, repita o processo anterior, clique com o botão esquerdo do mouse sobre a pasta **Resources**, em seguida selecione o item de menu **Add**, e selecione o item **New Item...**, ou pressione ao mesmo tempo as teclas **Ctrl+Shift+A**, conforme vimos na **figura 157**. Vai abrir a janela **Add New Item – AppUsandoWebView.iOS**, no menu do lado esquerdo, clique na setinha preta do item **Installed**, para expandi-lo, em seguida, clique na setinha preta do item **Visual C# Items**, e selecione o item **General**, no menu do lado direito, selecione o item **Text File**, no item **Name:**, digite **local.html**, não esqueça do **.html**, conforme vimos na **figura 158**. Clique no botão **Add**, e vai abrir o arquivo **local.html**, conforme vimos na **figura 159**, na **linha 1**, digite o código abaixo:

```
<html>
<head>
    <title>HTML no WebView iOS</title>
    <link rel="stylesheet" type="text/css" href="default.css"
/>
</head>
<body bgcolor="#D8BFD8">
    <h1>Xamarin.Forms no iOS</h1>
    <p>Esta é uma página local do HTML para iOS.</p>
    <img src="XamarinLogo.png" />
</body>
</html>
```

Salve seu projeto, conforme vimos nas **figuras 50** e **51**. Vamos entender este código, estamos criando a página **HTML** para ser aberta no **iOS**. Nesta mesma pasta, devemos copiar a imagem que estamos usando. Agora vamos criar nossa Classe **BaseiOS**, para se ligar à nossa interface IBaseUrl, que criamos no projeto principal, para isto clique com o botão esquerdo do mouse sobre o projeto **AppUsandoWebView.iOS**, em seguida, selecione o item de menu **Add**, e selecione o item **Class...**, ou pressione ao mesmo tempo as teclas **Shift+Alt+C**, conforme vimos na **figura 157**. Vai abrir a janela **Add New Item – AppUsandoWebView.iOS**, no menu do lado esquerdo, clique na setinha preta do item **Installed**, para expandi-lo, em seguida clique na setinha preta do item **Visual C# Items**, e selecione o item **Code**, no menu do lado direito, selecione o item **Class**, no item **Name:**, digite **BaseiOS**, conforme vimos na **figura 158**. Clique no botão **Add**, e vai abrir o arquivo **BaseiOS.cs**, conforme vimos na **figura 159**, agora pressione ao mesmo tempo as teclas **Ctrl+A** e vai selecionar todo o código, conforme vimos na **figura 160**. Pressione a tecla **Delete** do teclado, no local onde o cursor do mouse está piscando, na **linha 1**, digite o código abaixo:

```
using AppUsandoWebView.Classes;
using Foundation;

namespace AppUsandoWebView.iOS
{
    public class BaseiOS : IBaseUrl
    {
        public string Get()
        {
            return NSBundle.MainBundle.BundlePath;
```

```
        }
    }
}
```

Salve seu projeto, conforme vimos nas **figuras 50** e **51**. Vamos entender este código, nas **linhas 8** a **11**, estamos definindo a interface **BaseUrl** como **NSBundle.MainBundle.BundlePath**. Agora, temos que adicionar uma propriedade chamada **Build Action**, conforme o seguinte:

- **iOS:** Nos arquivos **local.html**, **padrao.css** e **XamarinLogo.png**, devem ter um **Build Action** do tipo **BundleResource**, conforme vimos nas **figuras 62** e **336**.

No **UWP**, abra a janela **Solution Explorer**, pressione ao mesmo tempo as teclas **Ctrl+Alt+L**, e deve abrir a janela **Solution Explorer** conforme vimos na **figura 29**. Em seguida, clique com o botão esquerdo do mouse sobre o projeto **AppUsandoWebView.UWP**, em seguida selecione o item de menu **Add**, e selecione o item **New Item...**, ou pressione ao mesmo tempo as teclas **Ctrl+Shift+A**, conforme vimos na **figura 157**. Vai abrir a janela **Add New Item – AppUsandoWebView.UWP**, no menu do lado esquerdo, clique na setinha preta do item **Installed**, para expandi-lo, em seguida clique na setinha preta do item **Visual C# Items**, e selecione o item **Web**, no menu do lado direito, selecione o item **Style Sheet**, no item **Name:**, digite **padrao**, conforme vimos na **figura 158**. Clique no botão **Add**, e vai abrir o arquivo **padrao.css**, conforme vimos na **figura 159**, agora pressione ao mesmo tempo as teclas **Ctrl+A** e vai selecionar todo o código, conforme vimos na **figura 160**. Pressione a tecla **Delete** do teclado, no local onde o cursor do mouse está piscando, na **linha 1**, digite o código abaixo:

```
html, body {
    margin: 0;
    padding: 10px
}

body, p, h1 {
    font-family: 'Comic Sans MS';
    font-size: 35px;
}
```

Salve seu projeto, conforme vimos nas **figuras 50** e **51**. Vamos entender este código, estamos criando as configurações para nossa página **HTML** no **UWP**, vamos criar a mesma, para isto, repita o processo anterior, clique com o botão esquerdo do mouse sobre o projeto **AppUsandoWebView.UWP**, em seguida selecione o item de menu **Add**, e selecione o item **New Item...**, ou pressione ao mesmo tempo as teclas **Ctrl+Shift+A**, conforme vimos na **figura 157**. Vai abrir a janela **Add New Item – AppUsandoWebView.UWP**, no menu do lado esquerdo, clique na setinha preta do item **Installed**, para expandi-lo, em seguida clique na setinha preta do item **Visual C# Items**, e selecione o item **Web**, no menu do lado direito, selecione o item **HTML Page**, no item **Name:**, digite **local**, conforme vimos na **figura 158**. Clique no botão **Add**, e vai abrir o arquivo **local.html**, conforme vimos na **figura 159**, agora pressione ao mesmo tempo as teclas **Ctrl+A** e vai selecionar todo o código, conforme vimos na **figura 160**. Pressione a tecla **Delete** do teclado, no local onde o cursor do mouse está piscando, na **linha 1**, digite o código abaixo:

```
<!DOCTYPE html>

<html lang="en" xmlns="http://www.w3.org/1999/xhtml">
<head>
    <title>HTML no WebView UWP</title>
    <link rel="stylesheet" type="text/css" href="default.css"
/>
</head>
<body bgcolor="#1E90FF">
    <h1>Xamarin.Forms no UWP</h1>
    <p><font size="5">Esta é uma página local do HTML para
UWP.</font></p>
    <img src="XamarinLogo.png" />
</body>
</html>
```

Salve seu projeto, conforme vimos nas **figuras 50** e **51**. Vamos entender este código, estamos criando a página **HTML** para ser aberta no **UWP**. Nesta mesma pasta, devemos copiar a imagem que estamos usando. Agora vamos criar nossa Classe **BaseUWP**, para se ligar à nossa interface `IBaseUrl`, que criamos no projeto principal, para isto, clique com o botão esquerdo do mouse sobre o projeto **AppUsandoWebView.UWP**, em seguida, selecione o item de menu **Add**, e selecione o item **Class...**, ou pressione ao mesmo tempo as teclas **Shift+Alt+C**, conforme vimos na **figura 157**. Vai abrir a janela **Add New Item – AppUsandoWebView.UWP**, no menu do lado esquerdo, clique na setinha preta do item **Installed**, para expandi-lo, em seguida clique na setinha preta do item **Visual C# Items**, e selecione o item **Code**, no menu do lado direito, selecione o item **Class**, no item **Name:**, digite **BaseUWP**, conforme vimos na **figura 158**. Clique no botão **Add**, e vai abrir o arquivo **BaseUWP.cs**, conforme vimos na **figura 159**, agora pressione ao mesmo tempo as teclas **Ctrl+A** e vai selecionar todo o código, conforme vimos na **figura 160**. Pressione a tecla **Delete** do teclado, no local onde o cursor do mouse está piscando, na **linha 1**, digite o código abaixo:

```
using AppUsandoWebView.Classes;

namespace AppUsandoWebView.UWP
{
    public class BaseUWP : IBaseUrl
    {
        public string Get()
        {
            return "ms-appx-web:///";
        }
    }
}
```

Salve seu projeto, conforme vimos nas **figuras 50** e **51**. Vamos entender este código, nas **linhas 7** a **10**, estamos definindo a interface **BaseUWP** como **"ms-appx-web:///"**. Agora, temos que adicionar uma propriedade chamada **Build Action**, conforme o seguinte:

- **UWP:** Nos arquivos **local.html**, **padrao.css** e **XamarinLogo.png**, devem ter um **Build Action** do tipo **Content (Conteúdo)**, conforme vimos nas **figuras 62** e **337**.

Pronto, para copilar temos que fazer uma alteração no arquivo **App.xaml.cs (code-behind)**, para isto abra a janela **Solution Explorer**, pressione ao mesmo tempo as teclas **Ctrl+Alt+L**, e deve abrir a janela **Solution Explorer** conforme vimos na **figura 29**. Em seguida, abra o projeto **AppUsandoWebView**, para isto clique na setinha que tem ao lado do projeto **AppUsandoWebView**, em seguida, clique na setinha que tem ao lado do arquivo **App.xaml**, em seguida clique com o botão do mouse sobre o arquivo **App.xaml.cs**, selecione o item **View Code** ou pressione a tecla **F7,** conforme vimos na **figura 46**. Clicar duas vezes com o botão do mouse sobre o arquivo **App.xaml.cs**, tem o mesmo efeito. Vai abrir a janela de código do arquivo **App.xaml.cs**, conforme vimos na **figura 48**. Agora pressione ao mesmo tempo as teclas **Ctrl+A** e vai selecionar todo o código, conforme vimos na **figura 160**. Pressione a tecla **Delete** do teclado, no local onde o cursor do mouse está piscando, na **linha 1**, digite o código abaixo:

```
using AppUsandoWebView.Classes;
using Xamarin.Forms;

namespace AppUsandoWebView
{
    public partial class App : Application
    {
        public App()
        {
            InitializeComponent();

            var tabs = new TabbedPage();

            tabs.Children.Add(new HtmlLocal { Title = "Local"
});
            tabs.Children.Add(new HtmlLocalBase { Title =
"BaseUrl" });
            tabs.Children.Add(new PaginaWebApp { Title =
"Externo" });

            MainPage = tabs;
        }

        protected override void OnStart()
        {
        }

        protected override void OnSleep()
        {
        }

        protected override void OnResume()
        {
        }
    }
}
```

Salve seu projeto, conforme vimos nas **figuras 50** e **51**. Vamos entender este código, nas **linhas 12** a **18**, estamos criando as abas que vão abrir as respectivas páginas que criamos. Antes de compilar, vamos limpar nossa aplicação e em seguida, vamos fazer uma recompilação do nosso projeto, pois alteramos os códigos do mesmo, conforme vimos nas **figuras 329** a **331**. Agora podemos compilar nosso **App** no **Android**, para isto repita o procedimento que vimos no **Capítulo 3 – Interface do Usuário do Xamarin.Forms – Páginas e Layouts do volume 01**, os seguintes tópicos: **Criando a Interface do Usuário com C# (C Sharp) – Code-behind**, **Compilando (Debugging) o Aplicativo Android** e **Instalando o Emulador do Android**. Para usar um smartphone **Android**, vejam no **Capítulo 3 – Interface do Usuário do Xamarin.Forms – Páginas e Layouts do volume 01**, o seguinte tópico: **Configurando o Smartphone para Modo Desenvolvedor**, agora o ícone do aplicativo vai aparecer no smartphone, conforme **figura 362**:

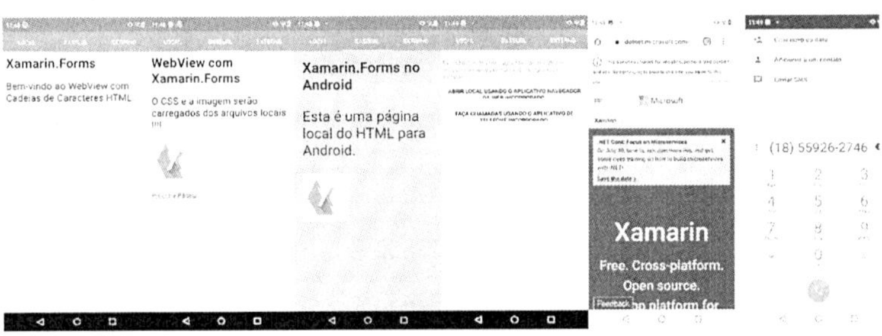

Figura 362

Vai abrir na aba **LOCAL**, que contém o código **HTML** da Classe **HtmlLocal.cs**, pressione a aba **BASEURL** com o dedo, vai aparecer o código **HTML** contido na Classe **HtmlLocalBase.cs**, em seguida, pressione com o dedo o link **Próxima Página**, e vai abrir o código **HTML** da página **local.html** do **Android**, pressione a aba **EXTERNO** com o dedo, vai aparecer o código da Classe **PaginaWebApp.cs**, pressione com o dedo o botão **Abrir local usando o aplicativo Navegador da Web incorporado.**, e vai abrir a página do **Xamarin** no navegador padrão da plataforma. Retorne ao Aplicativo e pressione com o dedo o botão **Faça chamadas usando o aplicativo de telefone incorporado.**, e vai abrir o App padrão de chamadas telefônicas da plataforma. Vamos retornar à **IDE** do **Visual Studio**, vamos parar nossa compilação, conforme vimos nas **figuras 76** e **77**. Agora podemos compilar nosso **App** no **iOS**, para usar um simulador da **Apple**, repita o procedimento que vimos no **Capítulo 3 – Interface do Usuário do Xamarin.Forms – Páginas e Layouts do volume 01**, os seguintes tópicos: **Criando a Interface do Usuário com C# (C Sharp) – Code-behind**, **Compilando (Debugging) o Aplicativo iOS**. Antes de prosseguir, devemos desinstalar o aplicativo do **iPhone**, conforme vimos no **Anexo I**, do **volume 01 – Instalando o Ambiente de Desenvolvimento do Microsoft Visual Studio Community 2022 no MAC**, nos tópicos: **Clonando Repositórios do GitHub** e **Desinstalar um Aplicativo do iPhone**. Para usar um smartphone **iPhone**, repita o procedimento que vimos no **Capítulo 3 – Interface do Usuário do Xamarin.Forms – Páginas e Layouts do volume 01**, os seguintes tópicos: **Criando a Interface do Usuário com XAML – Zammel**, **Páginas do Xamarin.Forms – (Xamarin.Forms Pages)**, **Páginas do Xamarin.Forms – (Xamarin.Forms Pages)** e **MasterDetailPage**. E no **Anexo I**, do **volume 01 – Instalando o Ambiente de Desenvolvimento do Microsoft Visual Studio Community 2022 no MAC**, os seguintes tópicos: **Provisionamento Gratuito para Aplicativos Xamarin.iOS**, **Testes em Dispositivos com Provisionamento Gratuito** e **Criando Uma Identidade de Assinatura e Um Perfil de Provisionamento Usando o Xcode**, em seguida, vejam o **App** instalado na tela do seu **iPhone**, conforme **figura 363**:

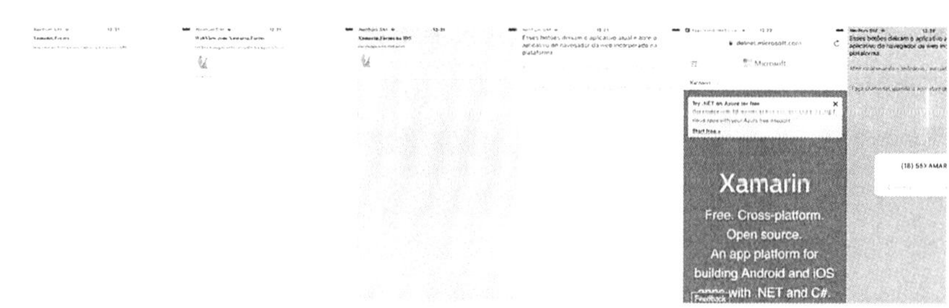

Figura 363

Vai abrir na aba **LOCAL**, que contém o código **HTML** da Classe **HtmlLocal.cs**, pressione a aba **BASEURL** com o dedo, vai aparecer o código **HTML** contido na Classe **HtmlLocalBase.cs**, em seguida pressione com o dedo o link **Próxima Página**, e vai abrir o código **HTML** da página **local.html** do **iOS**, pressione a aba **EXTERNO** com o dedo, vai aparecer o código da Classe **PaginaWebApp.cs**, pressione com o dedo o link **Abrir local usando o aplicativo Navegador**

da Web incorporado., e vai abrir a página do **Xamarin** no navegador padrão da plataforma. Retorne ao Aplicativo e pressione com o dedo o link **Faça chamadas usando o aplicativo de telefone incorporado.**, e vai abrir o App padrão de chamadas telefônicas da plataforma. Observem que o **iOS** não trabalha bem com páginas **HTML** incorporadas. Agora vamos compilar o nosso projeto no **UWP**, conforme vimos no **Capítulo 3 – Interface do Usuário do Xamarin.Forms – Páginas e Layouts do volume 01**, nos tópicos **Criando a Interface do Usuário com C# (C Sharp) – Code-behind** e **Compilando (Debugging) o Aplicativo UWP**. Este processo é muito rápido, pois estamos instalando o aplicativo direto no computador. Quando o aplicativo for instalado no computador, aparecerá a seguinte mensagem **Ready** com uma tarja laranja, no canto inferior esquerdo, conforme **figura 364**:

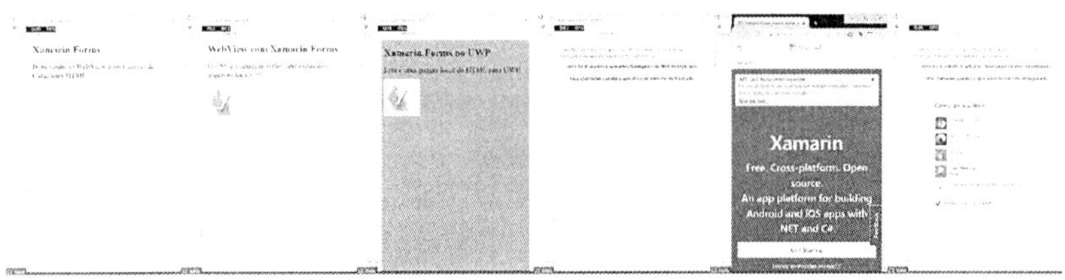

Figura 364

Vai abrir na aba **LOCAL**, que contém o código **HTML** da Classe **HtmlLocal.cs**, pressione a aba **BASEURL** com o dedo, vai aparecer o código **HTML** contido na Classe **HtmlLocalBase.cs**, em seguida pressione com o dedo o link **Próxima Página**, e vai abrir o código **HTML** da página **local.html** do **UWP**, pressione a aba **EXTERNO** com o dedo, vai aparecer o código da Classe **PaginaWebApp.cs**, pressione com o dedo o botão **Abrir local usando o aplicativo Navegador da Web incorporado.**, e vai abrir a página do **Xamarin** no navegador padrão da plataforma. Retorne ao Aplicativo e pressione com o dedo o botão **Faça chamadas usando o aplicativo de telefone incorporado.**, e vai abrir o App padrão de chamadas telefônicas da plataforma. Vamos retornar à **IDE** do **Visual Studio**, vamos parar nossa compilação, conforme vimos nas **figuras 76** e **77**. Observem que a compilação é muita rápida, pois estamos instalando o aplicativo no **Windows**, no computador. Agora vamos fazer um **commit**, que nada mais é do que mandar nosso projeto para o **GitHub**, conforme vimos, nas **figuras 232** a **236**.

Expander (Expansor)

Este controle fornece um contêiner expansível para hospedar qualquer conteúdo, possui um cabeçalho e um conteúdo, e o conteúdo é mostrado ou oculto ao tocar no cabeçalho do elemento **Expander (expansor)**, desta forma, quando apenas o cabeçalho do elemento **Expander (expansor)** é exibido, o elemento **Expander (expansor)** fica recolhido **(Collapsed)**, assim quando o conteúdo do elemento **Expander (expansor)** está visível, o mesmo será expandido **(Expanded)**. Além disso, o controle **Expander** é totalmente implementado no **namespace** do **Xamarin.Forms**, desta forma, ele está disponível em todas as plataformas com suporte no **Xamarin.Forms**. O controle **Expander** define as propriedades abaixo:

- **CollapseAnimationEasing, do tipo Easing:** representa a função de atenuação a ser aplicada ao conteúdo do elemento **Expander** quando ele está sendo recolhido;
- **CollapseAnimationLength, do tipo uint:** define a duração da animação quando o elemento **Expander** está sendo recolhido, o valor padrão dessa propriedade é 250 MS;
- **Command, do tipo ICommand:** é executado quando o cabeçalho do elemento **Expander** é tocado;
- **CommandParameter, do tipo object:** é o parâmetro passado para **Command**;
- **Content, do tipo View:**, que define o conteúdo a ser exibido quando o elemento **Expander** é expandido;
- **ContentTemplate, do tipo DataTemplate:** que é o modelo usado para aumentar dinamicamente o conteúdo do elemento **Expander**;
- **ExpandAnimationEasing, do tipo Easing:** que representa a função de atenuação a ser aplicada ao conteúdo do elemento **Expander** durante a expansão;
- **ExpandAnimationLength, do tipo uint:** que define a duração da animação quando o elemento **Expander** expande, o valor padrão dessa propriedade é 250 MS;
- **ForceUpdateSizeCommand, do tipo ICommand:** define o comando que é executado quando o tamanho do elemento Expander é forçado a abrir. Essa propriedade usa o modo de associação **OneWayToSource**;

- **Header, do tipo View:** que define o conteúdo do cabeçalho;
- **IsExpanded, do tipo bool:** que determina se o elemento **Expander** vai ser expandido. Essa propriedade usa o modo de associação **TwoWay** e tem um valor padrão **False**;
- **State, do tipo ExpanderState:** que representa o estado do elemento **Expander**. Essa propriedade usa o modo de associação **OneWayToSource**.

Essas propriedades são apoiadas por objetos **BindableProperty**, significando que eles podem ser destinos de associações de dados e de estilos. Outro detalhe é que a propriedade **Content** é a propriedade **Content** da classe **Expander** e, desta forma, não precisa ser definida explicitamente a partir do arquivo **XAML**. A enumeração **ExpanderState** define os seguintes membros:

- **Expanding:** indica que o elemento **Expander** está sendo expandido;
- **Expanded:** indica que o elemento **Expander** está expandido;
- **Collapsing:** indica que o elemento **Expander** está sendo recolhido;
- **Collapsed:** indica que o elemento **Expander** está recolhido.

O elemento **Expander** também define um evento **Tapped** que é acionado quando o cabeçalho do elemento **Expander** é tocado. Além disso, este elemento inclui um método **ForceUpdateSize** que pode ser chamado para redimensionar de forma programática o elemento **Expander** em tempo de execução.

Criar Conteúdo do Expansor Sob Demanda

O conteúdo do elemento **Expander** pode ser criado sob demanda, em resposta à expansão do mesmo, pra fazermos isto, devemos definir a propriedade **Expander.ContentTemplate** como um **DataTemplate** que contém o conteúdo a ser exibido. A vantagem dessa abordagem é que, quando uma página contém vários objetos **Expander**, o conteúdo de um elemento **Expander** é criado apenas quando expandido pela primeira vez pelo usuário.

Adicionar Uma Imagem Como Indicador de Expansão

Uma imagem, com uma setinha para baixo, outra com uma setinha para cima, podem ser adicionadas a um cabeçalho do elemento **Expander**, para fornecer uma indicação visual do estado de expansão, ou seja, setinha para baixo **(Expanded)**, pode ser expandido, setinha para cima **(Collapsed)**, pode ser fechado. Um elemento **DataTrigger** pode ser anexado ao elemento **Image**, que altera a propriedade **Source** com base no valor da propriedade **Expander.IsExpanded**.

Inserir um Expansor Dentro de Outro Expansor

O conteúdo de um elemento **Expander** pode ser definido para ser exibido dentro de outro elemento **Expander**, para habilitar vários níveis de expansão.

Definir Animação para Expandir e Recolher um Elemento Expander

A animação que ocorre quando um elemento **Expander** é expandido ou recolhido pode ser definida através dos valores das propriedades **ExpandAnimationEasing** e **CollapseAnimationEasing** e como qualquer uma das funções de atenuação incluídas no **Xamarin.Forms**, ou funções de atenuação personalizadas. Por padrão, as animações para expandir e recolher ocorrem em 250 MS. No entanto, essas durações podem ser alteradas definindo as propriedades **ExpandAnimationLength** e **CollapseAnimatihonLength** e como valores inteiros, por exemplo `ExpandAnimationLength=”500”`. Vamos criar um novo projeto, onde abordaremos todos os itens que comentamos, para entendermos estes conceitos, conforme vimos no tópico **O Ambiente de Desenvolvimento do Microsoft Visual Studio Community 2022** no **capítulo 2** do **volume 01**, no item **Project name:**, digite **AppUsandoExpander**, aguarde e vejam que vai aparecer a nossa **IDE** ou área de desenvolvimento, conforme vimos na **figura 28**. A classe **Expander** está disponível no pacote **Xamarin Community Toolkit**, para utilizar esta classe, vamos precisar fazer uma atualização do **Xamarin.Forms**, para isto vamos abrir o menu **Tools**, em seguida, selecionar o item **NuGet Package Manager**, no submenu, selecionar o item **Manage NuGet Package for Solution...**, conforme vimos na **figura 348**. Vai abrir a janela **NuGet - Solution**, clique no item **Browse**, em seguida, clique na caixinha de pesquisa e digite **Xamarin Community Toolkit**, na janela **Manage Packages for Solution**, que fica do lado direito, marque a caixinha **Project**, observe que vão ser selecionados todos os projetos, conforme vimos na **figura 349**. Clique no botão **Install**, vai abrir a janela **Preview Changes**, conforme vimos na **figura 350**. Clique no botão **Ok**, vai abrir a janela **Licence Acceptance**, conforme vimos na **figura 351**. Clique no botão **I Accept**, e aguarde aparecer a mensagem **Finished** na janela **Output**, conforme vimos na **figura 352**. Pronto, atualização foi feita com sucesso. Feche a janela **NuGet – Solution**, para isto basta clicar no ícone do **X** que fica ao lado da janela, ou pressionar ao mesmo tempo as teclas **Ctrl+F4**. Observem que todo projeto **Xamarin.Forms** que criamos, automaticamente já vem com uma página de visualização ou **View**, vinculada, que é o arquivo **MainPage.xaml**, vamos abri-lo, para isto abra a janela **Solution Explorer**, pressione ao mesmo tempo as teclas **Ctrl+Alt+L**, e deve abrir a janela **Solution Explorer** conforme vimos na **figura 29**. Em seguida, abra o projeto **AppUsandoExpander**, para isto clique na setinha que tem ao lado do projeto **AppUsandoExpander**, em seguida clique duas vezes com o botão esquerdo do mouse sobre o arquivo **MainPage.xaml**, e vai abrir o mesmo, agora pressione ao mesmo tempo as teclas **Ctrl+A** e vai selecionar todo o código, conforme vimos na **figura 160**. Pressione a tecla **Delete** do teclado, no local onde o cursor do mouse está piscando, na **linha 1**, digite o código abaixo:

```
<?xml version="1.0" encoding="utf-8" ?>
<ContentPage xmlns="http://xamarin.com/schemas/2014/forms"
             xmlns:x="http://schemas.microsoft.com/winfx/2009/
xaml"
             x:Class="AppUsandoExpander.MainPage"
             xmlns:xct="http://xamarin.com/schemas/2020/
toolkit"
             BackgroundColor="{OnPlatform iOS=LightSkyBlue,
Android=MediumAquamarine, UWP=DeepSkyBlue}">

    <ScrollView>
        <StackLayout Margin="{OnPlatform Android=25, iOS=40,
UWP=30}">
            <xct:Expander
                ExpandAnimationEasing="{x:Static Easing.
BounceIn}"
```

```
                ExpandAnimationLength="500"
                CollapseAnimationEasing="{x:Static Easing.
BounceOut}"
                CollapseAnimationLength="500"
                Margin="10">
                <xct:Expander.Header>
                    <Grid Padding="10">
                        <Label Text="Scott Adams"
                               FontAttributes="Bold"
                               FontSize="Medium" />
                        <Image Source="expand.png"
                               HorizontalOptions="End"
                               VerticalOptions="Start">
                        </Image>
                    </Grid>
                </xct:Expander.Header>
                <xct:Expander Margin="10"
                          ExpandAnimationEasing="{x:Static
Easing.CubicIn}"
                          ExpandAnimationLength="500"
                          CollapseAnimationEasing="{x:Static
Easing.CubicOut}"
                          CollapseAnimationLength="500">
                    <xct:Expander.Header>
                        <Grid Padding="10">
                            <Label Text="Personagem Dilbert"
                                       FontAttributes="Bold"
                                       FontSize="Medium" />
                            <Image Source="expand.png"
                                        HorizontalOptions="End"

VerticalOptions="Start">
                            </Image>
                        </Grid>
                    </xct:Expander.Header>
                    <xct:Expander.ContentTemplate>
                        <DataTemplate>
                            <Grid Padding="10"
BackgroundColor="White">
                                <Grid.ColumnDefinitions>
                                    <ColumnDefinition
Width="Auto" />
                                    <ColumnDefinition
Width="Auto" />
                                </Grid.ColumnDefinitions>
                                <Image Source="dilbert.png"
                                            Aspect="AspectFill"
```

```
                                              HeightRequest="120"
                                              WidthRequest="120"
/>
                                  <Label Grid.Column="1"
                                              Text="Tem 30
anos, é engenheiro e trabalha numa empresa californiana de
alta tecnologia. Prefere os computadores às pessoas. Trabalha
fechado em cubículos é sedentário."

FontAttributes="Italic" />
                              </Grid>
                          </DataTemplate>
                      </xct:Expander.ContentTemplate>
                  </xct:Expander>
              </xct:Expander>
              <xct:Expander Margin="10"
                          ExpandAnimationEasing="{x:Static Easing.
SinIn}"
                          ExpandAnimationLength="500"
                          CollapseAnimationEasing="{x:Static
Easing.SinOut}"
                          CollapseAnimationLength="500">
                  <xct:Expander.Header>
                      <Grid Padding="10">
                          <Label Text="Personagem Dogbert"
                                          FontAttributes="Bold"
                                          FontSize="Medium" />
                          <Image Source="expand.png"
                                           HorizontalOptions="End"

VerticalOptions="Start">
                          </Image>
                      </Grid>
                  </xct:Expander.Header>
                  <xct:Expander.ContentTemplate>
                      <DataTemplate>
                          <Grid Padding="10"
BackgroundColor="White">
                              <Grid.ColumnDefinitions>
                                  <ColumnDefinition Width="Auto"
/>
                                  <ColumnDefinition Width="Auto"
/>
                              </Grid.ColumnDefinitions>
                              <Image Grid.Column="0"
Source="dogbert.png"
                                              Aspect="AspectFit"
```

```
                                                    HeightRequest="120"
                                                    WidthRequest="120"
/>
                                    <Label Grid.Column="1"
                                                    Text="Parecido com
Dilbert nos óculos e no 'dom da palavra', é inteligente mas
muito cínico, por 'cínico' leia-se 'realista'."

FontAttributes="Italic" />
                                </Grid>
                            </DataTemplate>
                        </xct:Expander.ContentTemplate>
                    </xct:Expander>
                    <xct:Expander Margin="10"
                            ExpandAnimationEasing="{x:Static Easing.
SpringIn}"
                            ExpandAnimationLength="500"
                            CollapseAnimationEasing="{x:Static
Easing.SpringOut}"
                            CollapseAnimationLength="500">
                        <xct:Expander.Header>
                            <Grid Padding="10">
                                <Label Text="Personagem Pointy-Haired
o Chefe"
                                                FontAttributes="Bold"
                                                FontSize="Medium" />
                                <Image Source="expand.png"
                                                HorizontalOptions="End"

VerticalOptions="Start">
                                </Image>
                            </Grid>
                        </xct:Expander.Header>
                        <xct:Expander.ContentTemplate>
                            <DataTemplate>
                                <Grid Padding="10"
BackgroundColor="White">
                                    <Grid.ColumnDefinitions>
                                        <ColumnDefinition Width="Auto"
/>
                                        <ColumnDefinition Width="Auto"
/>
                                    </Grid.ColumnDefinitions>
                                    <Image Grid.Column="0"
Source="boss.png"
                                                    Aspect="AspectFit"
                                                    HeightRequest="120"
```

```
                                                  WidthRequest="120"
/>
                                        <Label Grid.Column="1"
                                                  Text="É o pior
pesadelo dos empregados. Não nasceu mau e sem escrúpulos, mas
lutou arduamente para o conseguir."

FontAttributes="Italic" />
                                    </Grid>
                                </DataTemplate>
                            </xct:Expander.ContentTemplate>
                        </xct:Expander>
                    </StackLayout>
                </ScrollView>
</ContentPage>
```

Salve seu projeto, conforme vimos nas **figuras 50** e **51**. Vamos entender este código, na **linha 6**, estamos escolhendo uma cor de fundo para cada plataforma. Na **linha 8**, estamos definindo que a tela vai ser expansível para caber todos os elementos na mesma, basta subir e descer a tela com o dedo, na vertical. Na **linha 9**, temos a altura do título definida para as plataformas **iOS**, **UWP** e **Android**. Nas **linhas 10** a **15**, estamos criando o primeiro elemento **Expander**, com as suas devidas animações. Nas **linhas 16** a **26**, estamos criando o cabeçalho e a imagem para abrir o primeiro elemento **Expander**. Nas **linhas 27** a **31**, estamos criando o segundo elemento **Expander**, dentro do primeiro, com as suas devidas animações. Nas **linhas 32** a **42**, estamos criando o cabeçalho e a imagem para abrir o segundo elemento **Expander**. Nas **linhas 43** a **59**, estamos criando o conteúdo e a imagem do segundo elemento **Expander**. Nas **linhas 62** a **66**, estamos criando o terceiro elemento **Expander**, com as suas devidas animações. Nas **linhas 67** a **77**, estamos criando o cabeçalho e a imagem para abrir e fechar o terceiro elemento **Expander**. Nas **linhas 78** a **94**, estamos criando o conteúdo e a imagem do terceiro elemento **Expander**. Nas **linhas 96** a **100**, estamos criando o quarto elemento **Expander**, com as suas devidas animações. Nas **linhas 101** a **111**, estamos criando o cabeçalho e a imagem para abrir o quarto elemento **Expander**. Nas **linhas 112** a **128**, estamos criando o conteúdo e a imagem do quarto elemento **Expander**. Observem que nas **linhas 21**, **37**, **50**, **72**, **85**, **106** e **119**, temos imagens do tipo **png**, baixe estas imagens no seu computador. Para baixar, copiar, colar e editar as imagens, trabalhar com ícones, vejam os tópicos **Trabalhando com**

Imagens no Android, **Trabalhando com Imagens no iOS**, e **Trabalhando com Imagens no UWP** no **capítulo 3** do **volume 01**. Lembre-se que nas imagens, temos que adicionar uma propriedade chamada **Build Action**, para cada plataforma, conforme o seguinte:

- **Android:** os arquivos de imagens devem ser armazenados na pasta **drawable**, que fica dentro da pasta **Resources** do projeto **Android**, e todas as imagens devem ter um **Build Action** do tipo **AndroidResource**, conforme vimos na **figura 335**;
- **iOS:** os arquivos de imagens devem ser armazenados na pasta **Resources**, e todas as imagens devem ter um **Build Action** do tipo **BundleResource**, conforme vimos na **figura 336**;
- **UWP:** os arquivos de imagens devem ser armazenados na raiz do projeto, e todas as imagens devem ter um **BuildAction** do tipo **Content (Conteúdo)**, conforme vimos na **figura 337**.

Feitas estas alterações, salve seu projeto, conforme vimos nas **figuras 50** e **51**. Agora podemos compilar nosso **App** no **Android**, para isto repita o procedimento que vimos no **Capítulo 3 – Interface do Usuário do Xamarin.Forms – Páginas e Layouts do volume 01**, os seguintes tópicos: **Criando a Interface do Usuário com C# (C Sharp) – Code-behind**, **Compilando (Debugging) o Aplicativo Android** e **Instalando o Emulador do Android**. Para usar um smartphone **Android**, vejam no **Capítulo 3 – Interface do Usuário do Xamarin.Forms – Páginas e Layouts do volume 01**, o seguinte tópico: **Configurando o Smartphone para Modo Desenvolvedor**, agora o ícone do aplicativo vai aparecer no smartphone, conforme **figura 365**:

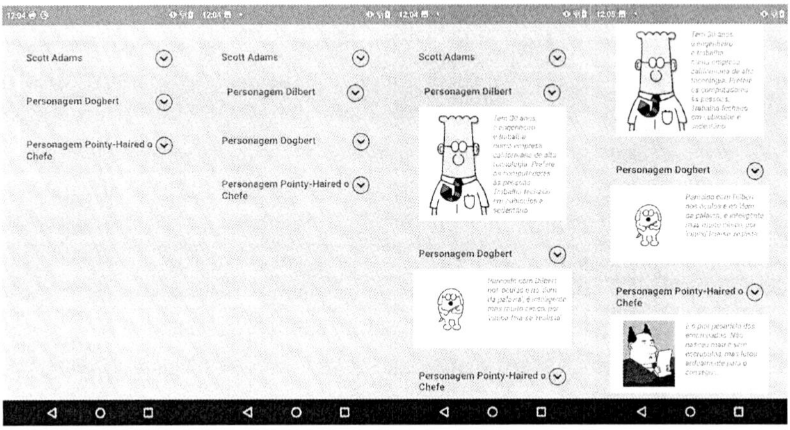

Figura 365

Pressione com o dedo as setinhas para abrir e fechar os elementos **Expander**, vejam o seu comportamento ao abrir e fechar. Vamos retornar à **IDE** do **Visual Studio**, vamos parar nossa compilação, conforme vimos nas **figuras 76** e **77**. Agora podemos compilar nosso **App** no **iOS**, para usar um simulador da **Apple**, repita o procedimento que vimos no **Capítulo 3 – Interface do Usuário do Xamarin.Forms – Páginas e Layouts do volume 01**, os seguintes tópicos: **Criando a Interface do Usuário com C# (C Sharp) – Code-behind**, **Compilando (Debugging) o Aplicativo iOS**. Antes de prosseguir, devemos desinstalar o aplicativo do **iPhone**, conforme vimos no **Anexo I**, do **volume 01 – Instalando o Ambiente de Desenvolvimento do Microsoft Visual Studio Community 2022 no MAC**, nos tópicos: **Clonando Repositórios do GitHub** e **Desinstalar um Aplicativo do iPhone**. Para usar um smartphone **iPhone**, repita o procedimento que vimos no **Capítulo 3 – Interface do Usuário do Xamarin.Forms – Páginas e Layouts do volume 01**, os seguintes tópicos: **Criando a Interface do Usuário com XAML – Zammel**, **Páginas do Xamarin.Forms – (Xamarin.Forms Pages)**, **Páginas do Xamarin.Forms – (Xamarin. Forms Pages)** e **MasterDetailPage**. E no **Anexo I**, do **volume 01 – Instalando o Ambiente de Desenvolvimento do Microsoft Visual Studio Community 2022 no MAC**, os seguintes tópicos: **Provisionamento Gratuito para Aplicativos Xamarin.iOS**, **Testes em Dispositivos com Provisionamento Gratuito** e **Criando Uma Identidade de Assinatura e Um Perfil de Provisionamento Usando o Xcode**, em seguida, vejam o **App** instalado na tela do seu **iPhone**, conforme **figura 366**:

Figura 366

Pressione com o dedo as setinhas para abrir e fechar os elementos **Expander**, vejam o seu comportamento ao abrir e fechar. Agora vamos compilar o nosso projeto no **UWP**, conforme vimos no **Capítulo 3 – Interface do Usuário do Xamarin.Forms – Páginas e Layouts do volume 01**, nos tópicos **Criando a Interface do Usuário com C# (C Sharp) – Code-behind** e **Compilando (Debugging) o Aplicativo UWP**. Este processo é muito rápido, pois estamos instalando o aplicativo direto no computador. Quando o aplicativo for instalado no computador, aparecerá a seguinte mensagem **Ready** com uma tarja laranja, no canto inferior esquerdo, conforme **figura 367**:

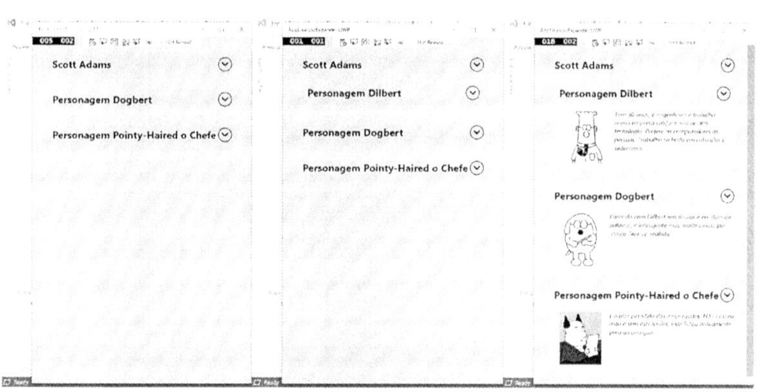

Figura 367

Dependendo da versão do **Visual Studio**, pode ser que não funcione no **UWP**, caso funcione, pressione com o mouse as setinhas para abrir e fechar os elementos **Expander**, vejam o seu comportamento ao abrir e fechar. Vamos retornar à **IDE** do **Visual Studio**, vamos parar nossa compilação, conforme vimos nas **figuras 76** e **77**. Observem que a compilação é muita rápida, pois estamos instalando o aplicativo no **Windows**, no computador. Agora vamos fazer um **commit**, que nada mais é do que mandar nosso projeto para o **GitHub**, conforme vimos, nas **figuras 232** a **236**.

Visualizações que Iniciam Comandos – (Views That Initiate Commands)

Botão (Button)

É um objeto retangular que exibe texto e que dispara um evento **Clicked** quando ele é pressionado. É o controle interativo mais fundamental entre todos no **Xamarin.Forms**, geralmente exibe uma cadeia de caracteres de texto curta indicando um comando, mas também pode exibir uma imagem de bitmap ou uma combinação de texto e imagem. O usuário pressiona o controle **Button (Botão)** com um dedo ou clica com um mouse para iniciar esse comando, ou ainda pode usar uma caneta apropriada para pressioná-lo.

Manipulando Cliques de Um Controle Button (Botão)

O controle **Button (Botão)** define um evento **Clicked** que é disparado quando o usuário pressiona o controle **Button (Botão)** com o dedo, clicando com o ponteiro do mouse ou usando uma caneta apropriada, desta forma, o evento é acionado. Quando o usuário solta o dedo ou o mouse ou a caneta, da superfície do **Button (Botão)**, outro evento é acionado, para que isto possa acontecer, o controle **Button (Botão)** deve ter sua propriedade **IsEnabled** definida para **True**, para que ele possa responder a toques. O controle **Button (Botão)** tende a ocupar todo o espaço permitido para ele. Por exemplo, se não definirmos a propriedade **HorizontalOptions** para algo diferente de **Fill**, o mesmo vai ocupar a largura total da tela. Por padrão, o controle **Button (Botão)** é retangular, mas podemos dar a ele cantos arredondados usando a propriedade **CornerRadius**, conforme veremos mais adiante. A propriedade **Text** especifica o texto que vai aparecer no controle **Button (Botão)**. O evento **Clicked** é definido como um manipulador de eventos chamado **OnButtonClicked**, que está localizado no arquivo **code-behind**, ou seja, o arquivo com extensão **nome.xaml.cs**. Quando o controle **Button (Botão)** é pressionado ou tocado, o método **OnButtonClicked** é executado. O argumento **sender** é o objeto responsável por esse evento. Podemos usar isso para acessar o objeto **Button (Botão)** ou para distinguir entre vários objetos **Button (Botão)** que compartilham o mesmo evento **Clicked**. Vejam um exemplo de uso deste evento, no código **XAML**:

```
<Button Text="Texto que Vai Aparecer Dentro do Botão"
Clicked="nomeEvento"/>
```

Ficaria da seguinte forma no arquivo **code-behind**, ou seja, o arquivo com extensão **nome.xaml.cs**:

```
private void nomeEvento(object sender, EventArgs e)
        {
            Comandos a serem executados;
        }
```

Observem que no método **nomeEvento** podemos incluir um modificador **async**, neste caso teremos que utilizar o método **await** dentro do manipulador de eventos. Um manipulador de eventos **Clicked** requer o modificador **async** somente se o corpo do manipulador usar **await**, neste caso, o arquivo **code-behind**, ou seja, o arquivo com extensão **nome.xaml.cs**, ficaria desta forma:

```
async void nomeEvento(object sender, EventArgs e)
        {
            await Comandos a serem executados;
        }
```

Cada plataforma renderiza o controle **Button (Botão)** da sua própria maneira específica, veremos isto mais adiante e também como definir cores e deixar a borda visível para aparências mais personalizadas, além de que o controle **Button (Botão)** implementa a interface **IFontElement**, de modo que ela inclui as propriedades **FontFamily**, **FontSize** e **FontAttributes**. Podemos criar o controle **Button (Botão)**, no código **C# (C Sharp)**, conforme vimos no tópico **Criando a Interface do Usuário com C# (C Sharp) – code-behind** no **capítulo**

02, no código do exemplo do aplicativo **AppMensagemNaTela**, conforme **figura 49** do **Volume 01**.

Desabilitando o Controle Button (Botão)

Às vezes, um aplicativo está em um estado específico em que um determinado clique no controle **Button (Botão)** não é uma operação válida. Nesses casos, o controle **Button (Botão)** deve ser desabilitado definindo sua propriedade **IsEnabled** como **False**.

Usando a Interface de Comando (Command)

É possível que um aplicativo responda a toques no controle **Button (Botão)** sem manipular o evento **Clicked**. O controle **Button (Botão)** implementa um mecanismo de notificação alternativo chamado de **command (comando)** ou **commanding interface (interface de comando)**. Isso consiste em duas propriedades:

- **Command do tipo ICommand:** uma interface definida no **System.Windows.Input namespace**;
- **CommandParameter:** propriedade do tipo **Object**.

Essa abordagem é particularmente adequada em relação à vinculação de dados e, particularmente, ao implementar a arquitetura **MVVM (Model-View-ViewModel)**. Esses tópicos não são a abordagem deste livro, portanto não vamos discuti-los.

Pressionar e Liberar o Controle Button (Botão)

Além do evento **Clicked**, controle **Button (Botão)** também define os eventos **Pressed** e **Released**. O evento **Pressed** ocorre quando o usuário pressiona um dedo sobre um controle **Button (Botão)** ou o botão do mouse é pressionado com o ponteiro posicionado sobre o controle **Button (Botão)**. O evento **Released** ocorre quando o usuário libera o dedo ou o botão do mouse. Em geral, um evento **Clicked** também é disparado ao mesmo tempo que o evento **Released**, mas se o ponteiro do mouse ou o dedo do usuário deslizar para longe da superfície do controle **Button (Botão)**, antes de ser liberado, o evento **Clicked** poderá não ocorrer. Os eventos **Pressed** e **Released** geralmente não são usados, mas podem ser usados para fins especiais.

Aparência do Controle Button (Botão)

O controle **Button (Botão)** herda ou define várias propriedades que afetam sua aparência, tais como:

- **TextColor:** é a cor do texto controle **Button (Botão)**;
- **BackgroundColor:** é a cor do plano de fundo para o texto do controle **Button (Botão)**;
- **BorderColor:** é a cor de uma área ao redor do controle **Button (Botão)**;
- **FontFamily:** é a família de fontes usada para o texto do controle **Button (Botão)**;
- **FontSize:** é o tamanho do texto do controle **Button (Botão)**;
- **FontAttributes:** indica se o texto está em itálico ou negrito;
- **BorderWidth:** é a largura da borda do controle **Button (Botão)**;
- **CornerRadius:** é o raio de canto do controle **Button (Botão)**;
- **CharacterSpacing:** é o espaçamento entre os caracteres do texto do controle **Button (Botão)**.

A classe **Button** também tem as propriedades **Margin** e **Padding**, que controlam o comportamento de layout do controle **Button (Botão)**.

Criando um Controle Button (Botão) de Alternância

É possível criar uma subclasse do controle **Button (Botão)** para que ela funcione como uma opção de ativação, por exemplo, tocar no botão uma vez para alternar o botão e toque nele novamente para desativá-lo.

Usando bitmaps com o Controle Button (Botão)

A classe **Button (Botão)** define uma propriedade **ImageSource** que vai nos permitir exibir uma imagem de bitmap no controle **Button (Botão)**, seja sozinho ou em combinação com texto. Podemos também especificar como o texto e a imagem serão organizados. A propriedade **ImageSource** é do tipo **ImageSource**, o que significa que os bitmaps podem ser carregados de um arquivo, recurso inserido, **URI** ou fluxo, conforme vimos anteriormente. Embora um controle **Button (Botão)** possa carregar um arquivo do tipo **GIF** animado, ele só exibirá o primeiro quadro do **GIF**. Cada plataforma suportada pelo **Xamarin. Forms** permite que as imagens sejam armazenadas em vários tamanhos para diferentes resoluções de pixels dos vários dispositivos em que o aplicativo pode ser executado. Esses vários bitmaps são nomeados ou armazenados de forma que o sistema operacional possa escolher a melhor correspondência para a resolução de imagem ou vídeo do dispositivo. Para um bitmap em um controle **Button (Botão)**, o melhor tamanho geralmente é entre **32** e **64** unidades independentes de dispositivo, dependendo do tamanho que desejamos que a imagem seja. No projeto **iOS**, a pasta **Resources** conterá três tamanhos da imagem utilizada, da seguinte forma:

- Um bitmap quadrado de **48 pixels** armazenado como **/Resources/img.png**;
- Um bitmap quadrado de **96 pixels** armazenado como **/Resource/img@2x.png**;
- Um bitmap quadrado de **144 pixels** armazenado como**/Resource/img@3x.png**.

Todos os bitmaps receberam uma **ação de compilação (Build Action)** do tipo **BundleResource**. No projeto **Android**, todos os bitmaps têm o mesmo nome, mas eles são armazenados em subpastas diferentes da pasta de **Resources**, conforme abaixo:

- Um bitmap quadrado de **72 pixels** armazenado em **/Resources/drawable-hdpi/img.png**;
- Um bitmap quadrado de **96 pixels** armazenado em **/Resources/drawable-xhdpi/img.png**;
- Um bitmap quadrado de **144 pixels** armazenado em **/Resources/drawable-xxhdpi/img.png**;
- Um bitmap quadrado de **192 pixels** armazenado em **/Resources/drawable-xxxhdpi/img.png**.

Todos os bitmaps receberam uma **ação de compilação (Build Action)** do tipo **AndroidResource**. No projeto **UWP**, os bitmaps podem ser armazenados em qualquer lugar no projeto, mas, geralmente, são armazenados em uma pasta personalizada ou na pasta **Assets**. O projeto **UWP** contém estes bitmaps:

- Um bitmap quadrado de **48 pixels** armazenado como **/Assets/img.scale-100.png**;

- Um bitmap quadrado de **96 pixels** armazenado como **/Assets/img.scale-200.png**;
- Um bitmap quadrado de **192 pixels** armazenado como **/Assets/img.scale-400.png**.

Todos os bitmaps receberam uma **ação de compilação (Build Action)** do tipo **Content (conteúdo)**.

Criando e Compilando o Projeto

Vamos criar um novo projeto, onde abordaremos todos os itens que comentamos, para entendermos estes conceitos, conforme vimos no tópico **O Ambiente de Desenvolvimento do Microsoft Visual Studio Community 2022** no **capítulo 2** do **volume 01**, no item **Project name:**, digite **AppUsandoButton**, aguarde e vejam que vai aparecer a nossa **IDE** ou área de desenvolvimento, conforme vimos na **figura 28**. Vamos criar uma **pasta(Folder)**, dentro do nosso projeto chamada **Classes**, para isto abra a janela **Solution Explorer**, pressione ao mesmo tempo as teclas **Ctrl+Alt+L**, e deve abrir a janela **Solution Explorer** conforme vimos na **figura 29**. Em seguida, clique com o botão esquerdo do mouse sobre o projeto **AppUsandoButton**, em seguida, selecione o item de menu **Add**, e selecione o item **New Folder**, conforme vimos na **figura 155**. Vai aparecer a pasta com o nome **NewFolder** selecionado, digite **Classes,** conforme vimos na **figura 156**. Pressione a tecla **Enter** do teclado. Ainda com a janela **Solution Explorer** aberta, clique com o botão esquerdo do mouse sobre a pasta **Classes**, em seguida selecione o item de menu **Add**, e selecione o item **Class...**, ou pressione ao mesmo tempo as teclas **Shift+Alt+C**, conforme vimos na **figura 157**. Vai abrir a janela **Add New Item - AppUsandoButton**, no menu do lado esquerdo, clique na setinha preta do item **Installed**, para expandi-lo, em seguida, clique na setinha preta do item **Visual C# Items**, e selecione o item **Code**, no menu do lado direito, selecione o item **Class**, no item **Name:**, digite **ExemploCommand**, conforme vimos na **figura 158**. Clique no botão **Add**, e vai abrir o arquivo **ExemploCommand.cs**, conforme vimos na **figura 159**, agora pressione ao mesmo tempo as teclas **Ctrl+A** e vai selecionar todo o código, conforme vimos na **figura 160**. Pressione a tecla **Delete** do teclado, no local onde o cursor do mouse está piscando, na **linha 1**, digite o código abaixo:

```
using System.ComponentModel;
using System.Windows.Input;
using Xamarin.Forms;

namespace AppUsandoButton.Classes
{
    class ExemploCommand : INotifyPropertyChanged
    {
        double numero = 1;

        public event PropertyChangedEventHandler
PropertyChanged;

        public ExemploCommand()
        {
            MultiplyBy2Command = new Command(() => Numero *=
2);

            DivideBy2Command = new Command(() => Numero /= 2);
        }

        public double Numero
        {
            set
            {
                if (numero != value)
                {
                    numero = value;
                    PropertyChanged?.Invoke(this, new
PropertyChangedEventArgs("Numero"));
                }
            }
            get
            {
                return numero;
            }
        }

        public ICommand MultiplyBy2Command { private set; get;
}

        public ICommand DivideBy2Command { private set; get; }
    }
}
```

Salve seu projeto, conforme vimos nas **figuras 50** e **51**. Vamos entender este código, nesta classe estamos fazendo a chamada para uma **ViewModel** muito simples, nas linhas **15** e **17**, estamos inicializando as duas propriedades **ICommand** no construtor da classe com dois objetos do tipo **Command**. Na **linha 20** definimos uma propriedade do tipo **double** que chamamos de **Numero**. Na **linha 36**, criamos a propriedade do tipo **ICommand**, que chamamos de **MultiplyBy2Command**. Na **linha 38**, criamos a propriedade do tipo **ICommand**, que chamamos de **DivideBy2Command**. Repita o processo anterior e crie a classe **NamedColor**, vai abrir o arquivo **NamedColor.cs**, conforme vimos na **figura 159**, agora pressione ao mesmo tempo as teclas **Ctrl+A** e vai selecionar todo o código, conforme vimos na **figura 160**. Pressione a tecla **Delete** do teclado, no local onde o cursor do mouse está piscando, na **linha 1**, digite o código abaixo:

```
using System;
using System.Collections.Generic;
using System.Drawing;
using System.Reflection;
using System.Text;

namespace AppUsandoButton.Classes
{
    public class NamedColor
    {
        static StringBuilder stringBuilder = new
StringBuilder();

        // Instanciando membros.
        private NamedColor()
        {
        }

        public string Name { private set; get; }

        public string FriendlyName { private set; get; }

        public Color Color { private set; get; }

        public string RgbDisplay { private set; get; }

        // Membros estáticos.
        static NamedColor()
        {
            List<NamedColor> all = new List<NamedColor>();
```

```
            // Percorre as propriedades estáticas públicas da
estrutura Color.
            foreach (PropertyInfo propInfo in typeof(Color).
GetRuntimeProperties())
            {
                if (propInfo.GetMethod.IsPublic &&
                    propInfo.GetMethod.IsStatic &&
                    propInfo.PropertyType == typeof(Color))
                {
                    all.Add(CreateNamedColor(propInfo.Name,
(Color)propInfo.GetValue(null)));
                }
            }

            // Percorre os campos públicos estáticos da
estrutura Color.
            foreach (FieldInfo fieldInfo in typeof(Color).
GetRuntimeFields())
            {
                if (fieldInfo.IsPublic &&
                    fieldInfo.IsStatic &&
                    fieldInfo.FieldType == typeof(Color))
                {
                    all.Add(CreateNamedColor(fieldInfo.Name,
(Color)fieldInfo.GetValue(null)));
                }
            }
            all.TrimExcess();
            All = all;
        }

        public static IList<NamedColor> All { private set; get;
}

        static NamedColor CreateNamedColor(string name, Color
color)
        {
            // Converta o nome em um nome amigável.
            stringBuilder.Clear();
            int index = 0;

            foreach (char ch in name)
            {
                if (index != 0 && Char.IsUpper(ch))
                {
                    stringBuilder.Append(' ');
                }
```

```
                stringBuilder.Append(ch);
                index++;
            }

            NamedColor namedColor = new NamedColor
            {
                Name = name,
                FriendlyName = stringBuilder.ToString(),
                Color = color,
                RgbDisplay = String.
Format("{0:X2}-{1:X2}-{2:X2}",
                                                    (int)(255 *
color.R),
                                                    (int)(255 *
color.G),
                                                    (int)(255 *
color.B))
            };

            return namedColor;
        }
    }
}
```

Salve seu projeto, conforme vimos nas **figuras 50** e **51**. Vamos entender este código, na **linha 13**, estamos instanciando os membros da classe. Na **linha 26**, estamos criando os membros estáticos. Na **linha 31**, estamos percorrendo as propriedades estáticas públicas da estrutura **Color**. Na **linha 42**, estamos percorrendo os campos públicos estáticos da estrutura Color. Na **linha 60**, estamos convertendo o nome em um nome amigável. Repita o processo anterior e crie a classe **ToggleButton**, vai abrir o arquivo **ToggleButton.cs**, conforme vimos na **figura 159**, agora pressione ao mesmo tempo as teclas **Ctrl+A** e vai selecionar todo o código, conforme vimos na **figura 160**. Pressione a tecla **Delete** do teclado, no local onde o cursor do mouse está piscando, na **linha 1**, digite o código abaixo:

```
using System;
using Xamarin.Forms;

namespace AppUsandoButton.Classes
{
    class ToggleButton : Button
    {
        public event EventHandler<ToggledEventArgs> Toggled;
```

```
        public static BindableProperty IsToggledProperty =
            BindableProperty.Create("IsToggled", typeof(bool),
typeof(ToggleButton), false,
                                              propertyChanged:
OnIsToggledChanged);

        public ToggleButton()
        {
            Clicked += (sender, args) => IsToggled ^= true;
        }

        public bool IsToggled
        {
            set { SetValue(IsToggledProperty, value); }
            get { return (bool)GetValue(IsToggledProperty); }
        }

        protected override void OnParentSet()
        {
            base.OnParentSet();
            VisualStateManager.GoToState(this, "ToggledOff");
        }

        static void OnIsToggledChanged(BindableObject bindable,
object oldValue, object newValue)
        {
            ToggleButton toggleButton = (ToggleButton)bindable;
            bool isToggled = (bool)newValue;

            // Evento Fire
            toggleButton.Toggled?.Invoke(toggleButton, new
ToggledEventArgs(isToggled));

            // Define o estado visual
            VisualStateManager.GoToState(toggleButton,
isToggled ? "ToggledOn" : "ToggledOff");
        }
    }
}
```

Salve seu projeto, conforme vimos nas **figuras 50** e **51**. Vamos entender este código, esta classe deriva da classe **Button** e estamos definindo na **linha 8**, um novo evento chamado **Toggled**. Na **linha 19**, definimos uma propriedade booliana chamada **IsToggled**. Na **linha 14**, estamos definindo o construtor **ToggleButton** que vai anexar um manipulador ao evento **Clicked** para que ele possa alterar o valor da propriedade **IsToggled**. Na **linha 31**, estamos definindo o método **OnIsToggledChanged** que vai acionar o evento **Toggled**. Na **linha 40**, estamos fazendo uma chamada ao método estático **VisualStateManager.GoToState** com as duas cadeias de texto **ToggledOn** e **ToggledOff**. Observem que todo projeto **Xamarin.Forms** que criamos, automaticamente já vem com uma página de visualização ou **View**, vinculada, que é o arquivo **MainPage.xaml**, vamos abri-lo, para isto abra a janela **Solution Explorer**, pressione ao mesmo tempo as teclas **Ctrl+Alt+L**, e deve abrir a janela **Solution Explorer** conforme vimos na **figura 29**. Em seguida, abra o projeto **AppUsandoButton**, para isto, clique na setinha que tem ao lado do projeto **AppUsandoButton**, em seguida, clique duas vezes com o botão esquerdo do mouse sobre o arquivo **MainPage.xaml**, e vai abrir o mesmo, agora pressione ao mesmo tempo as teclas **Ctrl+A** e vai selecionar todo o código, conforme vimos na **figura 160**. Pressione a tecla **Delete** do teclado, no local onde o cursor do mouse está piscando, na **linha 1**, digite o código abaixo:

```
<?xml version="1.0" encoding="utf-8" ?>
<ContentPage xmlns="http://xamarin.com/schemas/2014/forms"
             xmlns:x="http://schemas.microsoft.com/winfx/2009/
xaml"
             xmlns:local="clr-namespace:AppUsandoButton.
Classes"
             x:Class="AppUsandoButton.MainPage">

    <ContentPage.BindingContext>
        <local:ExemploCommand />
    </ContentPage.BindingContext>
<ContentPage.Resources>
        <Style TargetType="local:ToggleButton">
            <Setter Property="VerticalOptions"
Value="CenterAndExpand" />
            <Setter Property="HorizontalOptions" Value="Center"
/>
        </Style>
    </ContentPage.Resources>

    <ScrollView>
        <StackLayout>
            <!-- Manipulando Cliques de Um Controle Button
(Botão) -->
```

```
            <Label Text="Manipulando Cliques de Um Controle
Button (Botão)"
                              HorizontalOptions="Center"/>
            <Label x:Name="lblTextoBotao"
                              Text="Clique no Botão Abaixo"
                              FontSize="Large"

VerticalOptions="CenterAndExpand"
                              HorizontalOptions="Center" />
            <Button Text="Clique Aqui Para Girar o Texto !!!!"

VerticalOptions="CenterAndExpand"
                               HorizontalOptions="Center"
                               Clicked="btnClickGirarTexto"/>
            <!-- Desabilitando o Controle Button (Botão) -->
            <Button x:Name="btnDesabilitado"
                               Text="Botão Desabilitado"

VerticalOptions="CenterAndExpand"
                               HorizontalOptions="Center"/>

            <StackLayout>
                <!-- Usando a Interface de Comando (Command)
-->
                <Label Text="Usando a Interface de Comando
(Command)"/>
                <Label Text="{Binding Numero, StringFormat='O
valor agora é: {0}'}"
                        FontSize="Large"
                        VerticalOptions="CenterAndExpand"
                        HorizontalOptions="Center" />
                <Button Text="Multiplique por 2"
                         VerticalOptions="CenterAndExpand"
                         HorizontalOptions="Center"
                         Command="{Binding MultiplyBy2Command}"
/>

                <Button Text="Divide por 2"
                         VerticalOptions="CenterAndExpand"
                         HorizontalOptions="Center"
                         Command="{Binding DivideBy2Command}" />
            </StackLayout>
           <StackLayout>
                <!-- Pressionar e Liberar o Controle Button
(Botão) -->
                <Label Text="Pressionar e Liberar o Controle
Button (Botão)"/>
```

```
                <Label x:Name="label"
                       Text="Pressione e Segure o Botão Abaixo"
                       FontSize="Large"
                       VerticalOptions="CenterAndExpand"
                       HorizontalOptions="Center" />
                <Button Text="Pressione Para Girar o Texto
!!!!"
                        VerticalOptions="CenterAndExpand"
                        HorizontalOptions="Center"
                        Pressed="btnPressionado"
                        Released="btnLiberado" />
            </StackLayout>
           <StackLayout>
                <!-- Aparência do Controle Button (Botão) -->
                <Label Text="Aparência do Controle Button
(Botão)" />
                <Button x:Name="button"
                            Text="Button"
                            VerticalOptions="CenterAndExpand"
                            HorizontalOptions="Center"
                            TextColor="{Binding
Source={x:Reference textColorPicker},

Path=SelectedItem.Color}"
                            BackgroundColor="{Binding
Source={x:Reference backgroundColorPicker},

Path=SelectedItem.Color}"
                            BorderColor="{Binding
Source={x:Reference borderColorPicker},

Path=SelectedItem.Color}" />

                <StackLayout BindingContext="{x:Reference
button}"
                             Padding="10">

                    <Slider x:Name="fontSizeSlider"
                            Maximum="48"
                            Minimum="1"
                            Value="{Binding FontSize}" />

                    <Label Text="{Binding Source={x:Reference
fontSizeSlider},
                                               Path=Value,

StringFormat='FontSize = {0:F0}'}"
```

```
                              HorizontalTextAlignment="Center"
/>

                    <Slider x:Name="borderWidthSlider"
                               Minimum="-1"
                               Maximum="12"
                               Value="{Binding BorderWidth}"
/>

                    <Label Text="{Binding Source={x:Reference
borderWidthSlider},
                                            Path=Value,

StringFormat='BorderWidth = {0:F0}'}"
                              HorizontalTextAlignment="Center"
/>

                    <Slider x:Name="cornerRadiusSlider"
                               Minimum="-1"
                               Maximum="24"
                               Value="{Binding CornerRadius}"
/>

                    <Label Text="{Binding Source={x:Reference
cornerRadiusSlider},
                                            Path=Value,

StringFormat='CornerRadius = {0:F0}'}"
                              HorizontalTextAlignment="Center"
/>

                    <Grid>
                        <Grid.RowDefinitions>
                            <RowDefinition Height="Auto" />
                            <RowDefinition Height="Auto" />
                            <RowDefinition Height="Auto" />
                        </Grid.RowDefinitions>

                        <Grid.ColumnDefinitions>
                            <ColumnDefinition Width="*" />
                            <ColumnDefinition Width="*" />
                        </Grid.ColumnDefinitions>

                        <Grid.Resources>
                            <Style TargetType="Label">
                                <Setter
Property="VerticalOptions" Value="Center" />
```

```
                    </Style>
                </Grid.Resources>

                <Label Text="Cor do Texto:"
                       Grid.Row="0" Grid.Column="0"
/>

                <Picker x:Name="textColorPicker"
                        ItemsSource="{Binding
Source={x:Static local:NamedColor.All}}"

ItemDisplayBinding="{Binding FriendlyName}"
                        SelectedIndex="0"
                        Grid.Row="0" Grid.
Column="1" />

                <Label Text="Cor do Background(Fundo):"
                       Grid.Row="1" Grid.Column="0"
/>

                <Picker x:Name="backgroundColorPicker"
                        ItemsSource="{Binding
Source={x:Static local:NamedColor.All}}"

ItemDisplayBinding="{Binding FriendlyName}"
                        SelectedIndex="0"
                        Grid.Row="1" Grid.
Column="1" />

                <Label Text="Cor da Borda:"
                       Grid.Row="2" Grid.Column="0"
/>

                <Picker x:Name="borderColorPicker"
                        ItemsSource="{Binding
Source={x:Static local:NamedColor.All}}"

ItemDisplayBinding="{Binding FriendlyName}"
                        SelectedIndex="0"
                        Grid.Row="2" Grid.
Column="1" />
            </Grid>
        </StackLayout>
    </StackLayout>
    <StackLayout Padding="10, 0">
        <!-- Criando um Controle Button (Botão) de
Alternância) -->
```

```
                <Label Text="Criando um Controle Button (Botão)
de Alternância" />
                <local:ToggleButton
Toggled="OnItalicButtonToggled">
                    <VisualStateManager.VisualStateGroups>
                        <VisualStateGroup Name="ToggleStates">
                            <VisualState Name="ToggledOff">
                                <VisualState.Setters>
                                    <Setter Property="Text"
Value="Italico Off (Desligado)" />
                                    <Setter
Property="BackgroundColor" Value="#C0C0C0" />
                                    <Setter
Property="TextColor" Value="Black" />
                                </VisualState.Setters>
                            </VisualState>

                            <VisualState Name="ToggledOn">
                                <VisualState.Setters>
                                    <Setter Property="Text"
Value=" Italico On (Ligado) " />
                                    <Setter
Property="BackgroundColor" Value="#404040" />
                                    <Setter
Property="TextColor" Value="White" />
                                </VisualState.Setters>
                            </VisualState>
                        </VisualStateGroup>
                    </VisualStateManager.VisualStateGroups>
                </local:ToggleButton>

                <local:ToggleButton
Toggled="OnBoldButtonToggled">
                    <VisualStateManager.VisualStateGroups>
                        <VisualStateGroup Name="ToggleStates">
                            <VisualState Name="ToggledOff">
                                <VisualState.Setters>
                                    <Setter Property="Text"
Value="Bold Off (Desligado)" />
                                    <Setter
Property="BackgroundColor" Value="#C0C0C0" />
                                    <Setter
Property="TextColor" Value="Black" />
                                </VisualState.Setters>
                            </VisualState>

                            <VisualState Name="ToggledOn">
```

```
                                <VisualState.Setters>
                                    <Setter Property="Text"
Value=" Bold On (Ligado) " />
                                    <Setter
Property="BackgroundColor" Value="#404040" />
                                    <Setter
Property="TextColor" Value="White" />
                                </VisualState.Setters>
                            </VisualState>
                        </VisualStateGroup>
                    </VisualStateManager.VisualStateGroups>
                </local:ToggleButton>

                <Label x:Name="label1"
               Text="Apenas uma pequena passagem de algum
texto de amostra que pode ser formatado em itálico ou negrito
alternando os dois botões."
               FontSize="Large"
               HorizontalTextAlignment="Center"
               VerticalOptions="CenterAndExpand" />
            </StackLayout>
            <!-- Usando bitmaps com o Controle Button (Botão)
-->
            <Label Text="Usando bitmaps com o Controle Button
(Botão)" />
            <FlexLayout Direction="Column"
                JustifyContent="SpaceEvenly"
                AlignItems="Center">
                <FlexLayout.Resources>
                    <Style TargetType="Button">
                        <Setter Property="ImageSource">
                            <OnPlatform
x:TypeArguments="ImageSource">
                                <On Platform="iOS, Android"
Value="livro3.png" />
                                <On Platform="UWP"
Value="livro3.png" />
                            </OnPlatform>
                        </Setter>
                    </Style>
                </FlexLayout.Resources>
                <Button>
                    <Button.ImageSource>
                        <OnPlatform
x:TypeArguments="ImageSource">
                            <On Platform="iOS, Android"
Value="livro3.png" />
```

```
                                <On Platform="UWP" Value="livro3.
png" />
                            </OnPlatform>
                        </Button.ImageSource>
                    </Button>
                    <Button Text="Default" />
                    <Button Text="Left - 10" ContentLayout="Left,
10" />
                    <Button Text="Top - 10" ContentLayout="Top, 10"
/>
                    <Button Text="Right - 20" ContentLayout="Right,
20" />
                    <Button Text="Bottom - 20"
ContentLayout="Bottom, 20" />
                </FlexLayout>
            </StackLayout>
        </ScrollView>
</ContentPage>
```

Salve seu projeto, conforme vimos nas **figuras 50** e **51**. Vamos entender este código, nas **linhas 7** a **9**, estamos definindo o seu **BindingContext** como uma instância da classe **ExemploCommand**. Nas **linhas 10** a **15**, estamos fazendo referência à classe **ToggleButton**. Nas **linhas 20** a **30**, estamos manipulando cliques de um controle **Button (Botão)**. Nas **linhas 32** a **35**, estamos desabilitando o controle **Button (Botão)**. Nas **linhas 39** a **53**, estamos usando a Interface de **Comando (Command)**. Nas **linhas 56** a **67**, estamos pressionando e liberando o controle **Button (Botão)**. Nas **linhas 70** a **161**, estamos trabalhando na aparência do controle **Button (Botão)**. Nas **linhas 164** a **214**, estamos criando um controle **Button (Botão)** de Alternância. Nas **linhas 216** a **243**, estamos usando bitmaps com o controle **Button (Botão)**. Observem que nas **linhas 224**, **225**, **233** e **234**, temos imagens do tipo **png**, baixem estas imagens no seu computador. Para baixar, copiar, colar e editar as imagens, trabalhar com ícones vejam os tópicos **Trabalhando com Imagens no Android**, **Trabalhando com Imagens no iOS**, e **Trabalhando com Imagens no UWP** do **capítulo 3** do **volume 01**. Agora vamos abrir o arquivo **code-behind**, ou seja, o arquivo **MainPage.xaml.cs**, abra a janela **Solution Explorer**, pressione ao mesmo tempo as teclas **Ctrl+Alt+L**, e deve abrir a janela **Solution Explorer** conforme vimos na **figura 29**. Em seguida, abra o projeto **AppUsandoButton**, para isto clique na setinha que tem ao lado do projeto **AppUsandoButton**, em seguida, clique na setinha que tem ao lado do arquivo **MainPage.xaml**, em seguida, clique com o botão do mouse sobre o arquivo **MainPage.xaml.cs**, selecione o item **View Code** ou pressione a tecla **F7,** conforme vimos na **figura 46**. Clicar duas vezes com o botão do mouse sobre o arquivo **MainPage.xaml.cs**, tem o mesmo efeito. Vai abrir a janela de código do arquivo **MainPage.xaml.cs**, conforme vimos na **figura 48**. Agora pressione ao mesmo tempo as teclas **Ctrl+A** e vai selecionar todo o código, conforme vimos na **figura 160**. Pressione a tecla **Delete** do teclado, no local onde o cursor do mouse está piscando, na **linha 1**, digite o código abaixo:

```
using System;
using System.ComponentModel;
using System.Diagnostics;
using Xamarin.Forms;

namespace AppUsandoButton
{
    [DesignTimeVisible(false)]
    public partial class MainPage : ContentPage
    {
        bool animationInProgress = false;
        Stopwatch stopwatch = new Stopwatch();

        public MainPage()
        {
            InitializeComponent();
        }

//Vai rotacionar o texto quando o botão for pressionado e em
seguida encerra
        async void btnClickGirarTexto(object sender, EventArgs
e)
        {
            await lblTextoBotao.RelRotateTo(360, 1000);
            //Vai Desabilitar o botão btnDesabilitado
            btnDesabilitado.IsEnabled = false;
        }

        //Vai Rotacionar o texto quando o botão for pressionado
e parar quando o botão for solto
        void btnPressionado(object sender, EventArgs e)
        {
            stopwatch.Start();
            animationInProgress = true;
```

```
            Device.StartTimer(TimeSpan.FromMilliseconds(16),
() =>
            {
                label.Rotation = 360 * (stopwatch.Elapsed.
TotalSeconds % 1);

                return animationInProgress;
            });
        }

        //Vai para de rotacionar o texto quando o botão for
liberado
        void btnLiberado(object sender, EventArgs e)
        {
            animationInProgress = false;
            stopwatch.Stop();
        }

        //Vai deixar o texto em itálico quando o botão for
pressionado
        void OnItalicButtonToggled(object sender,
ToggledEventArgs args)
        {
            if (args.Value)
            {
                label1.FontAttributes |= FontAttributes.Italic;
            }
            else
            {
                label1.FontAttributes &= ~FontAttributes.
Italic;
            }
        }

        //Vai deixar o texto em negrito quando o botão for
pressionado
        void OnBoldButtonToggled(object sender,
ToggledEventArgs args)
        {
            if (args.Value)
            {
                label1.FontAttributes |= FontAttributes.Bold;
            }
            else
            {
                label1.FontAttributes &= ~FontAttributes.Bold;
            }
```

```
            }
        }
}
```

Salve seu projeto, conforme vimos nas **figuras 50** e **51**. Vamos entender este código, nas **linhas 11** a **12**, estamos definindo a rotação do objeto **Label** quando um evento **Pressed** ocorrer, e suspende a rotação quando um evento **Released** ocorrer. Nas **linhas 19** a **24**, estamos definindo que o texto vai girar quando o botão for pressionado. Nas **linhas 28** a **39**, estamos definindo que o texto vai girar quando o botão for pressionado e parar quando o botão for solto. Nas **linhas 42** a **46**, estamos definindo que o texto vai parar de girar quando o botão for liberado. Nas **linhas 49** a **59**, estamos definindo que o texto vai ficar em itálico quando o botão for pressionado. Nas **linhas 62** a **72**, estamos definindo que o texto vai ficar em negrito quando o botão for pressionado. Agora podemos compilar nosso **App** no **Android**, para isto, repita o procedimento que vimos no **Capítulo 3 – Interface do Usuário do Xamarin.Forms – Páginas e Layouts do volume 01**, os seguintes tópicos: **Criando a Interface do Usuário com C# (C Sharp) – Code-behind**, **Compilando (Debugging) o Aplicativo Android** e **Instalando o Emulador do Android**. Para usar um smartphone **Android**, vejam no **Capítulo 3 – Interface do Usuário do Xamarin.Forms – Páginas e Layouts do volume 01**, o seguinte tópico: **Configurando o Smartphone para Modo Desenvolvedor**, agora o ícone do aplicativo vai aparecer no smartphone, conforme **figura 368**:

Figura 368

Clique nos botões e vejam os eventos acontecerem. Vamos retornar à **IDE** do **Visual Studio**, vamos parar nossa compilação, conforme vimos nas **figuras 76** e **77**. Agora podemos compilar nosso **App** no **iOS**, para usar um simulador da **Apple**, repita o procedimento que vimos no **Capítulo 3 – Interface do Usuário do Xamarin.Forms – Páginas e Layouts do volume 01**, os seguintes tópicos: **Criando a Interface do Usuário com C# (C Sharp) – Code-behind**, **Compilando (Debugging) o Aplicativo iOS**. Antes de prosseguir, devemos desinstalar o aplicativo do **iPhone**, conforme vimos no **Anexo I** do **volume 01 – Instalando o Ambiente de Desenvolvimento do Microsoft Visual Studio Community 2022 no MAC**, nos tópicos: **Clonando Repositórios do GitHub** e **Desinstalar um Aplicativo do iPhone**. Para usar um smartphone **iPhone**, repita o procedimento que vimos no **Capítulo 3 – Interface do Usuário do Xamarin.Forms – Páginas e Layouts do volume 01**, os seguintes tópicos: **Criando a Interface do Usuário com XAML – Zammel**, **Páginas do Xamarin. Forms – (Xamarin.Forms Pages)**, **Páginas do Xamarin.Forms – (Xamarin.Forms Pages)** e **MasterDetailPage**. E no **Anexo I**, do **volume 01 – Instalando o Ambiente de Desenvolvimento do Microsoft Visual Studio Community 2022 no MAC**, os seguintes tópicos: **Provisionamento Gratuito para Aplicativos Xamarin.iOS**, **Testes**

em Dispositivos com Provisionamento Gratuito e **Criando Uma Identidade de Assinatura e Um Perfil de Provisionamento Usando o Xcode**, em seguida, vejam o **App** instalado na tela do seu **iPhone**, conforme **figura 369**:

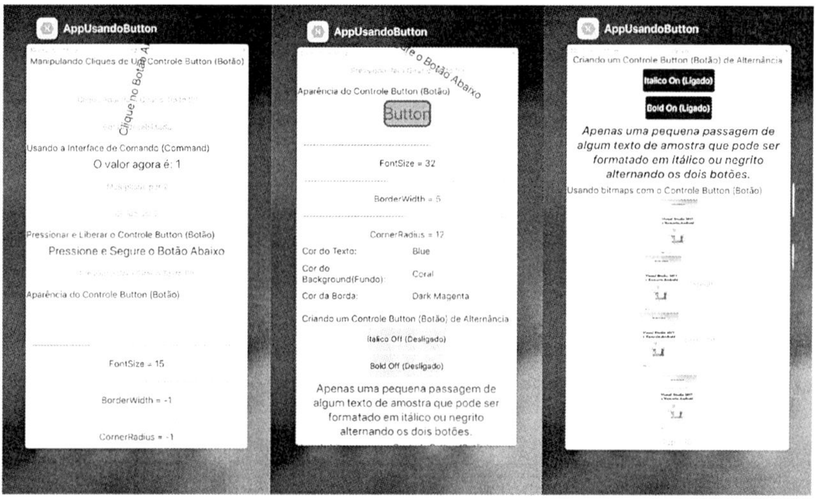

Figura 369

Clique nos links e vejam os eventos acontecerem. Agora vamos compilar o nosso projeto no **UWP**, conforme vimos no **Capítulo 3 – Interface do Usuário do Xamarin.Forms – Páginas e Layouts do volume 01**, nos tópicos **Criando a Interface do Usuário com C# (C Sharp) – Code-behind** e **Compilando (Debugging) o Aplicativo UWP**. Este processo é muito rápido, pois estamos instalando o aplicativo direto no computador. Quando o aplicativo for instalado no computador, aparecerá a seguinte mensagem **Ready** com uma tarja laranja, no canto inferior esquerdo, conforme **figura 370**:

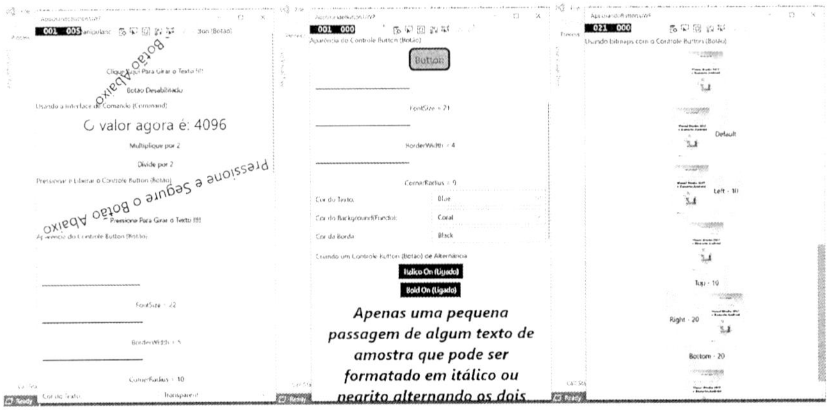

Figura 370

Clique nos botões e vejam os eventos acontecerem. Pode ser que dê um erro ao clicar no botão do **Border Width**, clique sobre a linha, se acontecer recompile novamente. Vamos retornar à **IDE** do **Visual Studio**, vamos parar nossa compilação, conforme vimos nas **figuras 76** e **77**. Observem que a compilação é muita rápida, pois estamos instalando o aplicativo no **Windows**, no computador. Agora vamos fazer um **commit**, que nada mais é do que mandar nosso projeto para o **GitHub**, conforme vimos, nas **figuras 232** a **236**.

ImageButton

É um objeto retangular que exibe uma imagem e que responde a um toque ou clique, que vai disparar um evento **Clicked**, que direciona um aplicativo para executar uma tarefa específica. Combina as propriedades do controle **Button (Botão)** com o controle **Image (Imagem)** para criar um botão cujo conteúdo é uma imagem. O usuário pressiona o controle **ImageButton** com um dedo ou clica nele com um mouse para direcionar o aplicativo para executar uma tarefa específica. No entanto, ao contrário do controle **Button (Botão)**, o controle **ImageButton** não tem nenhum conceito de aparência de texto.

Configurando a Origem da Imagem

O controle **ImageButton** define uma propriedade **Source** que deve ser definida como a imagem a ser exibida no botão, com a origem da imagem sendo um arquivo, um **URI**, um recurso ou um fluxo, conforme vimos no item **Visualizações Para Apresentação – (Views for Presentation)**, no tópico **Image (Imagem)**. Por padrão, o controle **ImageButton** é retangular, mas podemos dar a ele cantos arredondados usando a propriedade **CornerRadius**, conforme vimos no item **Botão (Button)**, no tópico **Aparência do Controle Button (Botão)**. Embora um controle **ImageButton** possa carregar um **GIF animado**, ele só exibirá o primeiro quadro do **GIF**.

Manipulando Cliques do Controle ImageButton

O controle **ImageButton** define um evento **Clicked** que é disparado quando o usuário pressiona o controle **ImageButton** com o dedo, clicando com o ponteiro do mouse ou usando uma caneta apropriada, desta forma, o evento é acionado. Quando o usuário solta o dedo ou o mouse ou a caneta, da superfície do **ImageButton**, outro evento é acionado, para que isto possa acontecer, o controle **ImageButton** deve ter sua propriedade **IsEnabled** definida para **True**, para que ele possa responder a toques, conforme vimos no item **Botão (Button)**, no tópico **Manipulando Cliques de Um Controle Button (Botão)**.

Desabilitando o Controle ImageButton

Tem o mesmo efeito conforme vimos no item **Botão (Button)**, no tópico **Desabilitando o Controle Button (Botão)**.

Usando a interface de comando

Tem o mesmo efeito conforme vimos no item **Botão (Button)**, no tópico **Usando a Interface de Comando (Command)**.

Pressionar e Liberar o Controle ImageButton

Tem o mesmo efeito conforme vimos no item **Botão (Button)**, no tópico **Pressionar e Liberar o Controle Button (Botão)**.

Aparência do Controle ImageButton

Tem o mesmo efeito conforme vimos no item **Botão (Button)**, no tópico **Aparência do Controle Button (Botão)**.

Estados Visuais do Controle ImageButton

O controle **ImageButtontem** tem uma propriedade **VisualState Pressed** que pode ser usada para iniciar uma alteração visual para o controle ImageButton quando pressionado pelo usuário, desde que ele esteja habilitado.

Criando e Compilando o Projeto

Vamos criar um novo projeto, onde abordaremos todos os itens que comentamos, para entendermos estes conceitos, conforme vimos no tópico **O Ambiente de Desenvolvimento do Microsoft Visual Studio Community 2022** no **capítulo 2** do **volume 01**, no item **Project name:**, digite **AppUsandoImageButton**, aguarde e vejam que vai aparecer a nossa **IDE** ou área de desenvolvimento, conforme vimos na **figura 28**. Observem que todo projeto **Xamarin.Forms** que criamos, automaticamente já vem com uma página de visualização ou **View**, vinculada, que é o arquivo **MainPage.xaml**, vamos abri-lo, para isto abra a janela **Solution Explorer**, pressione ao mesmo tempo as teclas **Ctrl+Alt+L**, e deve abrir a janela **Solution Explorer** conforme vimos na **figura 29**. Em seguida, abra o projeto **AppUsandoImageButton**, para isto, clique na setinha que tem ao lado do projeto **AppUsandoImageButton**, em seguida, clique duas vezes com o botão esquerdo do mouse sobre o arquivo **MainPage.xaml**, e vai abrir o mesmo, agora pressione ao mesmo tempo as teclas **Ctrl+A** e vai selecionar todo o código, conforme vimos na **figura 160**. Pressione a tecla **Delete** do teclado, no local onde o cursor do mouse está piscando, na **linha 1**, digite o código abaixo:

```
<?xml version="1.0" encoding="utf-8" ?>
<ContentPage xmlns="http://xamarin.com/schemas/2014/forms"
                 xmlns:x="http://schemas.microsoft.com/
winfx/2009/xaml"
                 x:Class="AppUsandoImageButton.MainPage">
```

```
    <StackLayout Padding="{OnPlatform iOS=45, Android=30,
UWP=30}">
        <Label Text="Usando ImageButton"
                     FontSize="30"
                     FontAttributes="Bold"
                     HorizontalOptions="Center" />
        <ImageButton Source="XamarinLogo.png"
                     Aspect="AspectFit"
                     HorizontalOptions="Center"
                     VerticalOptions="CenterAndExpand"
                     Clicked="CliqueNoImageButton">
            <VisualStateManager.VisualStateGroups>
                <VisualStateGroup x:Name="CommonStates">
                    <VisualState x:Name="Normal">
                        <VisualState.Setters>
                            <Setter Property="Scale" Value="1"
/>
                        </VisualState.Setters>
                    </VisualState>
                    <VisualState x:Name="Pressed">
                        <VisualState.Setters>
                            <Setter Property="Scale"
Value="0.8" />
                        </VisualState.Setters>
                    </VisualState>
                </VisualStateGroup>
            </VisualStateManager.VisualStateGroups>
        </ImageButton>
        <Label x:Name="label"
                     Text="0 Cliques no ImageButton"
                     FontSize="Large"
                     HorizontalOptions="Center"
                     VerticalOptions="CenterAndExpand" />
    </StackLayout>
</ContentPage>
```

Salve seu projeto, conforme vimos nas **figuras 50** e **51**. Vamos entender este código, na **linha 6**, estamos definindo o alinhamento no topo, nas respectivas plataformas. Na **linha 11**, estamos especificando a propriedade **Source** da imagem que aparece no controle **ImageButton**, aqui ele é definido como um arquivo local que será carregado de cada projeto das respectivas plataformas, é uma imagem do tipo **png**, baixe esta imagem no seu computador. Para baixar, copiar, colar e editar as imagens, trabalhar com ícones vejam os tópicos **Trabalhando com Imagens no Android**, **Trabalhando com Imagens no iOS**, e **Trabalhando com Imagens no UWP** no **capítulo 3** do **volume 01**. Na **linha 15**, estamos definindo o evento **Clicked** como um manipulador de eventos chamado **CliqueNoImageButton** que está localizado no arquivo **code-behind**, ou seja, o arquivo **MainPage.xaml.cs**. Nas **linhas 16** a **29**, estamos especificando que a tag **VisualState Pressed** especifica que quando o controle **ImageButton** for pressionado, sua propriedade **Scale** será alterada de seu valor padrão de 1 para 0,8. O **VisualState Normal**, especifica que quando o controle **ImageButton** estiver em um estado normal, sua propriedade **Scale** será definida como 1, desta forma, o efeito geral é que quando o controle **ImageButton** for pressionado, ele é redimensionado para ser ligeiramente menor e quando o controle **ImageButton** for liberado, ele é redimensionado para seu tamanho padrão ou normal. Observem que na **linha 11**, temos uma imagem do tipo **png**, baixe esta imagem no seu computador. Para baixar, copiar, colar e editar as imagens, trabalhar com ícones vejam os tópicos **Trabalhando com Imagens no Android**, **Trabalhando com Imagens no iOS**, e **Trabalhando com Imagens no UWP** no **capítulo 3** do **volume 01**. Agora vamos abrir o arquivo **code-behind**, ou seja, o arquivo **MainPage.xaml.cs**, abra a janela **Solution Explorer**, pressione ao mesmo tempo as teclas **Ctrl+Alt+L**, e deve abrir a janela **Solution Explorer** conforme vimos na **figura 29**. Em seguida, abra o projeto **AppUsandoImageButton**, para isto, clique na setinha que tem ao lado do projeto **AppUsandoImageButton**, em seguida, clique na setinha que tem ao lado do arquivo **MainPage.xaml**, em seguida, clique com o botão do mouse sobre o arquivo **MainPage.xaml.cs**, selecione o item **View Code** ou pressione a tecla **F7,** conforme vimos na **figura 46**. Clicar duas vezes com o botão do mouse sobre o arquivo **MainPage.xaml.cs**, tem o mesmo efeito. Vai abrir a janela de código do arquivo **MainPage.xaml.cs**, conforme vimos na **figura 48**. Agora pressione ao mesmo tempo as teclas **Ctrl+A** e vai selecionar todo o código, conforme vimos na **figura 160**. Pressione a tecla **Delete** do teclado, no local onde o cursor do mouse está piscando, na **linha 1**, digite o código abaixo:

```
using System;
using Xamarin.Forms;

namespace AppUsandoImageButton
```

```
{
    public partial class MainPage : ContentPage
    {
        int TotalDeCliques;

        public MainPage()
        {
            InitializeComponent();
        }

        private void CliqueNoImageButton(object sender,
EventArgs e)
        {
            TotalDeCliques += 1;
            label.Text = $"{TotalDeCliques} Clique no
ImageButton{(TotalDeCliques == 1 ? "" : "s")}";
        }
    }
}
```

Salve seu projeto, conforme vimos nas **figuras 50** e **51**. Vamos entender este código, nas **linhas 15** a **19**, estamos definindo o manipulador de eventos do controle **ImageButton**, quando o botão for pressionado, o método **CliqueNoImageButton** vai ser executado, assim o argumento **sender** do controle **ImageButton** é o responsável por esse evento, que vai incrementar o contador **TotalDeCliques** e exibir o valor do contador em um controle **Label**. Agora podemos compilar nosso **App** no **Android**, para isto, repita o procedimento que vimos no **Capítulo 3 – Interface do Usuário do Xamarin.Forms – Páginas e Layouts do volume 01**, os seguintes tópicos: **Criando a Interface do Usuário com C# (C Sharp) – Code-behind**, **Compilando (Debugging) o Aplicativo Android** e **Instalando o Emulador do Android**. Para usar um smartphone **Android**, vejam no **Capítulo 3 – Interface do Usuário do Xamarin.Forms – Páginas e Layouts do volume 01**, o seguinte tópico: **Configurando o Smartphone para Modo Desenvolvedor**, agora o ícone do aplicativo vai aparecer no smartphone, conforme **figura 371**:

Figura 371

Clique no botão do logo do **Xamarin** e vejam que vai aparecer a quantidade de cliques e observe que o botão fica pequeno quando é pressionado. Vamos retornar à **IDE** do **Visual Studio**, vamos parar nossa compilação, conforme vimos nas **figuras 76** e **77**. Agora podemos compilar nosso **App** no **iOS**, para usar um simulador da **Apple**, repita o procedimento que vimos no **Capítulo 3 – Interface do Usuário do Xamarin.Forms – Páginas e Layouts do volume 01**, os seguintes tópicos: **Criando a Interface do Usuário com C# (C Sharp) – Code-behind**, **Compilando (Debugging) o Aplicativo iOS**. Antes de prosseguir, devemos desinstalar o aplicativo do **iPhone**, conforme vimos no **Anexo I**, do **volume 01 – Instalando o Ambiente de Desenvolvimento do Microsoft Visual Studio Community 2022 no MAC**, nos tópicos: **Clonando Repositórios do GitHub** e **Desinstalar um Aplicativo do iPhone**. Para usar um smartphone **iPhone**, repita o procedimento que vimos no **Capítulo 3 – Interface do Usuário do Xamarin.Forms – Páginas e Layouts do volume 01**, os seguintes tópicos: **Criando a Interface do Usuário**

com XAML – Zammel, **Páginas do Xamarin.Forms – (Xamarin.Forms Pages)**, **Páginas do Xamarin.Forms – (Xamarin.Forms Pages)** e **MasterDetailPage**. E no **Anexo I**, do **volume 01 – Instalando o Ambiente de Desenvolvimento do Microsoft Visual Studio Community 2022 no MAC**, os seguintes tópicos: **Provisionamento Gratuito para Aplicativos Xamarin.iOS**, **Testes em Dispositivos com Provisionamento Gratuito** e **Criando Uma Identidade de Assinatura e Um Perfil de Provisionamento Usando o Xcode**, em seguida, vejam o **App** instalado na tela do seu **iPhone**, conforme **figura 372**:

Figura 372

Clique no botão do logo do **Xamarin** e vejam que vai aparecer a quantidade de cliques e observe que o botão fica apagado quando é pressionado. Agora vamos compilar o nosso projeto no **UWP**, conforme vimos no **Capítulo 3 – Interface do Usuário do Xamarin.Forms – Páginas e Layouts do volume 01**, nos tópicos **Criando a Interface do Usuário com C# (C Sharp) – Code-behind** e **Compilando (Debugging) o Aplicativo UWP**. Este processo é muito rápido, pois estamos instalando o aplicativo direto no computador. Quando o aplicativo for instalado no computador, aparecerá a seguinte mensagem **Ready** com uma tarja laranja, no canto inferior esquerdo, conforme **figura 373**:

Figura 373

Clique no botão do logo do **Xamarin** e vejam que vai aparecer a quantidade de cliques e observe que o botão fica pequeno quando é pressionado. Vamos retornar à **IDE** do **Visual Studio**, vamos parar nossa compilação, conforme vimos nas **figuras 76** e **77**. Observem que a compilação é muita rápida, pois estamos instalando o aplicativo no **Windows**, no computador. Agora vamos fazer um **commit**, que nada mais é do que mandar nosso projeto para o **GitHub**, conforme vimos, nas **figuras 232** a **236**.

Radio Buttons (Botões de Rádio) e Grupos

É um controle do tipo **Button (Botão)**, que vai permitir aos usuários selecionar uma opção entre um conjunto de opções, sendo que cada opção é representada por um botão de opção e só podemos selecionar um botão de opção em um determinado grupo. Este controle herda da classe **Button (Botão)**. O controle **RadioButtons (Botões de Rádio)** define as seguintes propriedades:

- **IsChecked, do tipo bool:** que define se o controle **RadioButtons (Botões de Rádio)** está selecionado. Essa propriedade usa uma associação **TwoWay** e tem um valor padrão **false**;
- **GroupName, do tipo string:** que define o nome que especifica quais controles **RadioButtons (Botões de Rádio)** são mutuamente exclusivos e tem um valor padrão de **null**.

Essas propriedades são apoiadas por objetos **BindableProperty**, o que significa que eles podem ser destinos de associações de dados e com estilo. Este controle define um evento **CheckedChanged** que é acionado quando a propriedade **IsChecked** é alterada, seja por meio de manipulação de usuário ou através de programação. O objeto **CheckedChangedEventArgs** que acompanha o evento **CheckedChanged** tem uma única propriedade chamada **Value**, do tipo **bool**. Quando o evento é acionado, o valor da propriedade **Value** é definido como o novo valor da propriedade **IsChecked**. Além disso, a classe **RadioButtons (Botões de Rádio)** herda as seguintes propriedades normalmente usadas na classe **Button (Botões)**:

- **Command, do tipo ICommand:** que é executado quando o controle **RadioButtons (Botões de Rádio)** é selecionado;
- **CommandParameter, do tipo object:** que é o parâmetro que é passado para a propriedade **Command**;
- **FontAttributes, do tipo FontAttributes:** que determina o estilo de texto;
- **FontFamily, do tipo string:** que define a família de fontes;
- **FontSize, do tipo double:** que define o tamanho da fonte;
- **Text, do tipo string:** que define o texto a ser exibido;
- **TextColor, do tipo Color:** que define a cor do texto exibido.

Botões de Opção de Grupo

Os botões de opção funcionam em grupos e há duas abordagens para agrupá-los, que são:

- **Colocando-os dentro do mesmo contêiner pai:** isso é conhecido como agrupamento implícito;
- **Definindo a propriedade GroupName em cada botão de opção com o mesmo valor:** Isso é conhecido como Agrupamento explícito.

Responder a uma Alteração de Estado de RadioButton (Botões de Rádio)

Um botão de opção tem dois estados: **marcado** ou **desmarcado**. Quando um botão de opção é **selecionado** ou **marcado**, sua propriedade **IsChecked** é **true**. Quando um botão de opção é **desmarcado**, sua propriedade **IsChecked** é **false**, para desmarcar um botão de opção basta clicar em outro botão de opção no mesmo grupo, mas não pode ser desmarcado com um novo clique nele. No entanto, você pode desmarcar um botão de opção através de programação definindo sua propriedade **IsChecked** como **false**, neste caso, vai ser acionado o evento **CheckedChanged**. Uma abordagem alternativa para responder a uma alteração de estado no controle **RadioButtons (Botões de Rádio)** é definir um ICommand e atribuí-lo à propriedade **RadioButton.Command**, conforme vimos no item **Botão (Button)**, no tópico **Usando a Interface de Comando (Command)**.

Estados Visuais do Controle RadioButton (Botões de Rádio)

Este controle tem uma **tag VisualState** com o valor **IsChecked** que pode ser usada para iniciar uma alteração visual quando um controle **RadioButtons (Botões de Rádio)** é selecionado.

Desabilitar um Botão de Opção

Às vezes, um aplicativo entra em um estado em que uma verificação no controle **RadioButtons (Botões de Rádio)** não é uma operação válida, desta forma, este controle pode ser desabilitado definindo sua propriedade **IsEnabled** como **false**.

Criando e Compilando o Projeto

Vamos criar um novo projeto, onde abordaremos todos os itens que comentamos, para entendermos estes conceitos, conforme vimos no tópico **O Ambiente de Desenvolvimento do Microsoft Visual Studio Community 2022** no **capítulo 2** do **volume 01**, no item **Project name:**, digite **AppUsandoRadioButton**, aguarde e vejam que vai aparecer a nossa **IDE** ou área de desenvolvimento, conforme vimos na **figura 28**. Observem que todo projeto **Xamarin.Forms** que criamos, automaticamente já vem com uma página de visualização ou **View**, vinculada, que é o arquivo **MainPage.xaml**, vamos abri-lo, para isto, abra a janela **Solution Explorer**, pressione ao mesmo tempo as teclas **Ctrl+Alt+L**, e deve abrir a janela **Solution Explorer,** conforme vimos na **figura 29**. Em seguida, abra o projeto **AppUsandoRadioButton**, para isto clique na setinha que tem ao lado do projeto **AppUsandoRadioButton**, em seguida, clique duas vezes com o botão esquerdo do mouse sobre o arquivo **MainPage.xaml**, e vai abrir o mesmo, agora pressione ao mesmo tempo as teclas **Ctrl+A** e vai selecionar todo o código, conforme vimos na **figura 160**. Pressione a tecla **Delete** do teclado, no local onde o cursor do mouse está piscando, na **linha 1**, digite o código abaixo:

```
<?xml version="1.0" encoding="utf-8" ?>
<ContentPage xmlns="http://xamarin.com/schemas/2014/forms"
             xmlns:x="http://schemas.microsoft.com/winfx/2009/
xaml"
             x:Class="AppUsandoRadioButton.MainPage"
             BackgroundImageSource="fundo.png">

    <ContentPage.Resources>
        <Style TargetType="RadioButton">
            <Setter Property="VisualStateManager.
VisualStateGroups">
                <VisualStateGroupList>
                    <VisualStateGroup x:Name="CommonStates">
                        <VisualState x:Name="Normal">
                            <VisualState.Setters>
                                <Setter Property="TextColor"
Value="OrangeRed"/>
                                <Setter Property="Opacity"
                                        Value="1" />
                            </VisualState.Setters>
                        </VisualState>
```

```
                    </VisualStateGroup>
                </VisualStateGroupList>
            </Setter>
        </Style>
    </ContentPage.Resources>
    <StackLayout Margin="{OnPlatform iOS=45, Android=30,
UWP=30}">
        <Label Text="Usando Botões de Opção"
TextColor="OrangeRed" FontSize="20" FontAttributes="Bold"/>
        <Label Text="Qual sua Banda de Rock Favorita?"
TextColor="OrangeRed" FontAttributes="Bold"/>
        <RadioButton x:Name="opcACDC" Content="AC/DC"
                     IsChecked="False"
CheckedChanged="OpcaoACDCClicada"/>
        <RadioButton x:Name="opcBlackSabbath" Content="Black
Sabbath"
                     IsChecked="False"
CheckedChanged="OpcaoBlackSabbathClicada"/>
        <RadioButton x:Name="opcIronMaiden" Content="Iron
Maiden"
                     IsChecked="False"
CheckedChanged="OpcaoIronMaidenClicada"/>
        <RadioButton x:Name="opcLedZepellin" Content="Led
Zeppelin"
                     IsChecked="False"
CheckedChanged="OpcaoLedZepellinClicada"/>
    </StackLayout>
</ContentPage>
```

Salve seu projeto, conforme vimos nas **figuras 50** e **51**. Observem que na **linha 5**, temos uma imagem do tipo **png**, baixe esta imagem no seu computador. Para baixar, copiar, colar e editar as imagens, trabalhar com ícones vejam os tópicos **Trabalhando com Imagens no Android**, **Trabalhando com Imagens no iOS**, e **Trabalhando com Imagens no UWP** no **capítulo 3** do **volume 01**. Nas **linhas 12** a **18**, a **tag VisualState Normal** especifica que quando um **RadioButton** não estiver selecionado, sua propriedade **TextColor** será definida como laranja com um **Opacity (Opacidade)** com valor de 1. Na **linha 24**, estamos definindo o alinhamento no topo nas respectivas plataformas. Nas **linhas 27** a **33**, estamos definindo os itens de opção do controle **RadioButton**, e os eventos **CheckedChanged** e o valor da propriedade dos eventos **IsChecked**, neste caso todos são **False**. Agora vamos abrir o arquivo **code-behind**, ou seja, o arquivo **MainPage.xaml.cs**, abra a janela **Solution Explorer**, pressione ao mesmo tempo as teclas

Ctrl+Alt+L, e deve abrir a janela **Solution Explorer** conforme vimos na **figura 29**. Em seguida, abra o projeto **AppUsandoRadioButton**, para isto, clique na setinha que tem ao lado do projeto **AppUsandoRadioButton**, em seguida, clique na setinha que tem ao lado do arquivo **MainPage.xaml**, em seguida, clique com o botão do mouse sobre o arquivo **MainPage.xaml.cs**, selecione o item **View Code** ou pressione a tecla **F7,** conforme vimos na **figura 46**. Clicar duas vezes com o botão do mouse sobre o arquivo **MainPage.xaml.cs**, tem o mesmo efeito. Vai abrir a janela de código do arquivo **MainPage.xaml.cs**, conforme vimos na **figura 48**. Agora pressione ao mesmo tempo as teclas **Ctrl+A** e vai selecionar todo o código, conforme vimos na **figura 160**. Pressione a tecla **Delete** do teclado, no local onde o cursor do mouse está piscando, na **linha 1**, digite o código abaixo:

```
using Xamarin.Forms;

namespace AppUsandoRadioButton
{
    public partial class MainPage : ContentPage
    {
        public MainPage()
        {
            InitializeComponent();
        }
        private async void OpcaoACDCClicada(object sender, 
CheckedChangedEventArgs e)
        {
            if (opcACDC.IsChecked == true)
            {
                await DisplayAlert("Alerta", "A Banda 
Selecionada foi " + opcACDC.Content + " !!!!", "OK");
            }
        }

        private async void OpcaoBlackSabbathClicada(object 
sender, CheckedChangedEventArgs e)
        {
            if (opcBlackSabbath.IsChecked == true)
            {
                await DisplayAlert("Alerta", "A Banda 
Selecionada foi " + opcBlackSabbath.Content + " !!!!", "OK");
            }
        }
```

```
        private async void OpcaoIronMaidenClicada(object
sender, CheckedChangedEventArgs e)
        {
            if (opcIronMaiden.IsChecked == true)
            {
                await DisplayAlert("Alerta", "A Banda
Selecionada foi " + opcIronMaiden.Content + " !!!!", "OK");
            }
        }

        private async void OpcaoLedZepellinClicada(object
sender, CheckedChangedEventArgs e)
        {
            if (opcLedZepellin.IsChecked == true)
            {
                await DisplayAlert("Alerta", "A Banda
Selecionada foi " + opcLedZepellin.Content + " !!!!", "OK");
            }
        }
    }
}
```

Salve seu projeto, conforme vimos nas **figuras 50** e **51**. Vamos entender este código, nas **linhas 12** a **18**, estamos definindo o manipulador de eventos do controle **RadioButton**, que chamamos de **opcACDC**, quando a opção for selecionada, o método **OpcaoACDCClicada** vai ser executado, e exibir a mensagem correspondente, desta forma, o argumento **sender** do controle **RadioButton** é o responsável por esse evento. Nas **linhas 20** a **26**, estamos definindo o manipulador de eventos do controle **RadioButton**, que chamamos de **opcBlackSabbath**, quando a opção for selecionada, o método **OpcaoBlackSabbathClicada** vai ser executado, e exibir a mensagem correspondente, desta forma, o argumento **sender** do controle **RadioButton** é o responsável por esse evento. Nas **linhas 28** a **35**, estamos definindo o manipulador de eventos do controle **RadioButton**, que chamamos de **opcIronMaiden**, quando a opção for selecionada, o método **OpcaoIronMaidenClicada** vai ser executado, e exibir a mensagem correspondente, desta forma, o argumento **sender** do controle **RadioButton** é o responsável por esse evento. Nas **linhas 36** a **42**, estamos definindo o manipulador de eventos do controle **RadioButton**, que chamamos de **opcLedZepellin**, quando a opção for selecionada, o método **OpcaoLedZepellinClicada** vai ser executado, e exibir a mensagem correspondente, desta forma, o argumento **sender** do controle **RadioButton** é o responsável por esse evento. Agora podemos compilar nosso **App** no **Android**, para isto, repita o procedimento que vimos no **Capítulo 3 – Interface do Usuário do Xamarin.Forms – Páginas e Layouts do volume 01**, os seguintes tópicos: **Criando a Interface do Usuário com C# (C Sharp) – Code-behind**, **Compilando (Debugging) o Aplicativo Android** e **Instalando o Emulador do Android**. Para usar um smartphone **Android**, vejam no **Capítulo 3 – Interface do Usuário do Xamarin. Forms – Páginas e Layouts do volume 01**, o seguinte tópico: **Configurando o Smartphone para Modo Desenvolvedor**, agora o ícone do aplicativo vai aparecer no smartphone, conforme **figura 374**:

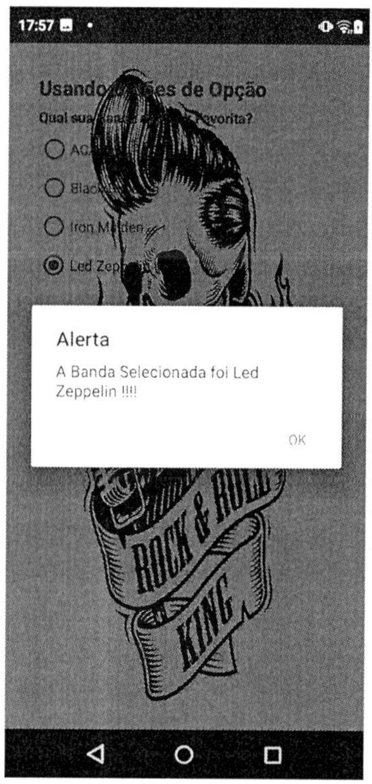

Figura 374

Selecione uma opção e vejam o resultado, clique no botão **OK**, para sair da mensagem. Vamos retornar à **IDE** do **Visual Studio**, vamos parar nossa compilação, conforme vimos nas **figuras 76** e **77**. Agora podemos compilar nosso **App** no **iOS**, para usar um simulador da **Apple**, repita o procedimento que vimos no **Capítulo 3 – Interface do Usuário do Xamarin.Forms – Páginas e Layouts do volume 01**, os seguintes tópicos: **Criando a Interface do Usuário com C# (C Sharp) – Code-behind**, **Compilando (Debugging) o Aplicativo iOS**. Antes de prosseguir, devemos desinstalar o aplicativo do **iPhone**, conforme vimos no **Anexo I**, do **volume 01 – Instalando o Ambiente de Desenvolvimento do Microsoft Visual Studio Community 2022 no MAC**, nos tópicos: **Clonando Repositórios do GitHub** e **Desinstalar um Aplicativo do iPhone**. Para usar um smartphone **iPhone**, repita o procedimento que vimos no **Capítulo 3 – Interface do Usuário do Xamarin.Forms – Páginas e Layouts do volume 01**, os seguintes tópicos: **Criando a Interface do Usuário com XAML – Zammel**, **Páginas do Xamarin.Forms – (Xamarin.Forms Pages)**, **Páginas do Xamarin.Forms – (Xamarin.Forms Pages)** e **MasterDetailPage**. E no **Anexo I**, do **volume 01 – Instalando o Ambiente de Desenvolvimento do Microsoft Visual Studio Community 2022 no MAC**, os seguintes tópicos: **Provisionamento Gratuito para Aplicativos Xamarin.iOS**, **Testes em Dispositivos com Provisionamento Gratuito** e **Criando Uma Identidade de Assinatura e Um Perfil de Provisionamento Usando o Xcode**, em seguida, vejam o **App** instalado na tela do seu **iPhone**, conforme **figura 375**:

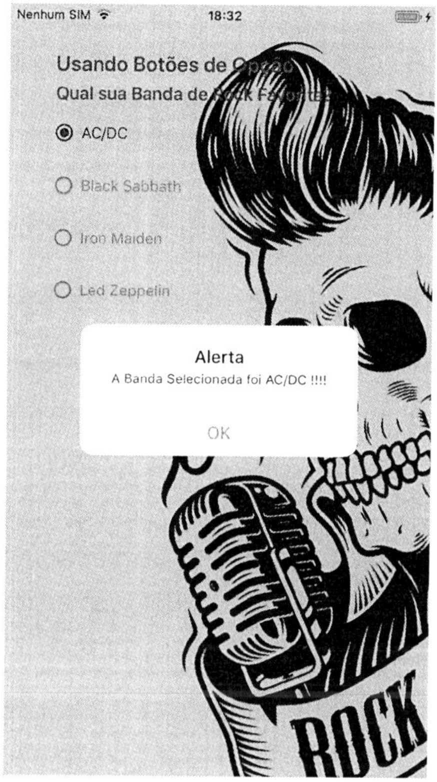

Figura 375

Selecione uma opção e vejam o resultado, clique no botão **OK**, para sair da mensagem. Agora vamos compilar o nosso projeto no **UWP**, conforme vimos no **Capítulo 3 – Interface do Usuário do Xamarin. Forms – Páginas e Layouts do volume 01**, nos tópicos **Criando a Interface do Usuário com C# (C Sharp) – Code-behind** e **Compilando (Debugging) o Aplicativo UWP**. Este processo é muito rápido, pois estamos instalando o aplicativo direto no computador. Quando o aplicativo for instalado no computador, aparecerá a seguinte mensagem **Ready** com uma tarja laranja, no canto inferior esquerdo, conforme **figura 376**:

Figura 376

Selecione uma opção e vejam o resultado, clique no botão **OK**, para sair da mensagem. Vamos retornar à **IDE** do **Visual Studio**, vamos parar nossa compilação, conforme vimos nas **figuras 76** e **77**. Observem que a compilação é muita rápida, pois estamos instalando o aplicativo no **Windows**, no computador. Agora vamos fazer um **commit**, que nada mais é do que mandar nosso projeto para o **GitHub**, conforme vimos, nas **figuras 232** a **236**.

RefreshView

É um controle de contêiner que fornece a funcionalidade de **pull** para atualização de conteúdo rolável. O **ICommand** definido pela propriedade **Command** é executado quando uma atualização é disparada e a propriedade **IsRefreshing** indica o estado atual do controle, assim sendo, o filho de um controle **RefreshView** deve ser um controle rolável, tais como: **ScrollView**, **CollectionView** ou **ListView**. Tem as seguintes propriedades:

- **Command, do tipo ICommand:** que é executado quando uma atualização é disparada;
- **CommandParameter, do tipo object:** que é o parâmetro passado para Command;
- **IsRefreshing, do tipo bool:** que indica o estado atual do controle **RefreshView**;
- **RefreshColor, do tipo Color:** a cor do círculo de progresso que aparece durante a atualização.

Essas propriedades são apoiadas por objetos **BindableProperty**, significando que eles podem ser destinos de associações de dados e com estilo. No **UWP – Universal Windows Platform**, a direção de pull de um controle **RefreshView** pode ser definida com uma plataforma específica.

Aparência do Controle RefreshView

Além das propriedades do controle **RefreshView** herdadas da classe **VisualElement**, este controle também define a propriedade **RefreshColor**. Esta propriedade pode ser definida para indicar a cor do círculo de progresso que aparece durante a atualização do app.

Desabilitar um Controle RefreshView

Um app pode inserir um estado em que o **pull** para atualizar não é uma operação válida. Nesses casos, o controle **RefreshView** pode ser desabilitado definindo sua propriedade **IsEnabled** como **False**. Isso impedirá que os usuários possam disparar um **pull** para atualização. Como alternativa, ao definir a propriedade **Command**, o **CanExecute** delegate de **ICommand** pode ser especificado para habilitar ou desabilitar o comando.

Criando e Compilando o Projeto

Vamos criar um novo projeto, onde abordaremos todos os itens que comentamos, para entendermos estes conceitos, conforme vimos no tópico **O Ambiente de Desenvolvimento do Microsoft Visual Studio Community 2022** no **capítulo 2** do **volume 01**, no item

Project name:, digite **AppUsandoRefreshView**, aguarde e vejam que vai aparecer a nossa **IDE** ou área de desenvolvimento, conforme vimos na **figura 28**. Vamos criar uma **pasta (Folder)**, dentro do nosso projeto chamada **Classes**, para isto, abra a janela **Solution Explorer**, pressione ao mesmo tempo as teclas **Ctrl+Alt+L**, e deve abrir a janela **Solution Explorer** conforme vimos na **figura 29**. Em seguida, clique com o botão esquerdo do mouse sobre o projeto **AppUsandoRefreshView**, em seguida, selecione o item de menu **Add**, e selecione o item **New Folder**, conforme vimos na **figura 155**. Vai aparecer a pasta com o nome **NewFolder** selecionado, digite **Classes,** conforme vimos na **figura 156**. Pressione a tecla **Enter** do teclado. Ainda com a janela **Solution Explorer** aberta, clique com o botão esquerdo do mouse sobre a pasta **Classes**, em seguida, selecione o item de menu **Add**, e selecione o item **Class...**, ou pressione ao mesmo tempo as teclas **Shift+Alt+C**, conforme vimos na **figura 157**. Vai abrir a janela **Add New Item - AppUsandoRefreshView**, no menu do lado esquerdo, clique na setinha preta do item **Installed**, para expandi-lo, em seguida, clique na setinha preta do item **Visual C# Items**, e selecione o item **Code**, no menu do lado direito, selecione o item **Class**, no item **Name:**, digite **Item**, conforme vimos na **figura 158**. Clique no botão **Add**, e vai abrir o arquivo **Item.cs**, conforme vimos na **figura 159**, agora, pressione ao mesmo tempo as teclas **Ctrl+A** e vai selecionar todo o código, conforme vimos na **figura 160**. Pressione a tecla **Delete** do teclado, no local onde o cursor do mouse está piscando, na **linha 1**, digite o código abaixo:

```
using Xamarin.Forms;

namespace AppUsandoRefreshView.Classes
{
    public class Item
    {
        public string Nome { get; set; }
        public Color Cor { get; set; }
    }
}
```

Salve seu projeto, conforme vimos nas **figuras 50** e **51**. Vamos entender este código, nesta classe estamos criando os atributos que vão ser utilizados na classe **RefreshViewCores**, e no arquivo **MainPage.xaml**. Repita o processo anterior e crie a classe **RefreshViewCores**, vai abrir o arquivo **RefreshViewCores.cs**, conforme vimos na **figura 159**, agora pressione ao mesmo tempo as teclas **Ctrl+A** e vai selecionar todo o código, conforme vimos na **figura 160**. Pressione a tecla **Delete** do teclado, no local onde o cursor do mouse está piscando, na **linha 1**, digite o código abaixo:

```
using System;
using System.ComponentModel;
using System.Collections.ObjectModel;
using Xamarin.Forms;
using System.Runtime.CompilerServices;
using System.Windows.Input;
using System.Threading.Tasks;

namespace AppUsandoRefreshView.Classes
{
    public class RefreshViewCores : INotifyPropertyChanged
    {
        const int RefreshDuration = 2;
        int itemNumber = 1;
        readonly Random random;
        bool isRefreshing;

        public bool IsRefreshing
        {
            get { return isRefreshing; }
            set
            {
                isRefreshing = value;
                OnPropertyChanged();
            }
        }

        public ObservableCollection<Item> Items { get; private
set; }

        public ICommand RefreshCommand => new Command(async ()
=> await RefreshItemsAsync());

        public RefreshViewCores()
        {
            random = new Random();
            Items = new ObservableCollection<Item>();
            AddItems();
        }
```

```
        void AddItems()
        {
            for (int i = 0; i < 5; i++)
            {
                Items.Add(new Item
                {
                    Cor = Color.FromRgb(random.Next(0, 255),
random.Next(0, 255), random.Next(0, 255)),
                    Nome = $"Item {itemNumber++}"
                });
            }
        }

        async Task RefreshItemsAsync()
        {
            IsRefreshing = true;
            await Task.Delay(TimeSpan.
FromSeconds(RefreshDuration));
            AddItems();
            IsRefreshing = false;
        }

        #region INotifyPropertyChanged

        public event PropertyChangedEventHandler
PropertyChanged;

        void OnPropertyChanged([CallerMemberName] string
propertyName = null)
        {
            PropertyChanged?.Invoke(this, new
PropertyChangedEventArgs(propertyName));
        }

        #endregion
    }
}
```

Salve seu projeto, conforme vimos nas **figuras 50** e **51**. Vamos entender este código, esta classe vai gerar cinco quadrados coloridos assim que o usuário abrir o **App**, em seguida, quando o usuário atualizar a tela do **App**, vai gerar mais cinco quadrados coloridos, e se atualizar novamente, mais cinco e assim sucessivamente. Observem que todo projeto **Xamarin.Forms** que criamos, automaticamente já vem com uma página de visualização ou **View**, vinculada, que é o arquivo **MainPage.xaml**, vamos abri-lo, para isto, abra a janela

Solution Explorer, pressione ao mesmo tempo as teclas **Ctrl+Alt+L**, e deve abrir a janela **Solution Explorer** conforme vimos na **figura 29**. Em seguida, abra o projeto **AppUsandoRefreshView**, para isto, clique na setinha que tem ao lado do projeto **AppUsandoRefreshView**, em seguida, clique duas vezes com o botão esquerdo do mouse sobre o arquivo **MainPage.xaml**, e vai abrir o mesmo, agora pressione ao mesmo tempo as teclas **Ctrl+A** e vai selecionar todo o código, conforme vimos na **figura 160**. Pressione a tecla **Delete** do teclado, no local onde o cursor do mouse está piscando, na **linha 1**, digite o código abaixo:

```
<?xml version="1.0" encoding="utf-8" ?>
<ContentPage xmlns="http://xamarin.com/schemas/2014/forms"
             xmlns:x="http://schemas.microsoft.com/winfx/2009/
xaml"
             xmlns:local="clr-namespace:AppUsandoRefreshView.
Classes"
             x:Class="AppUsandoRefreshView.MainPage">

    <!-- Fazendo a chamada a Classe RefreshViewCores -->
    <ContentPage.BindingContext>
        <local:RefreshViewCores />
    </ContentPage.BindingContext>
    <!-- Gerando os Quadrados coloridos -->
    <ContentPage.Resources>
        <DataTemplate x:Key="ColorItemTemplate">
            <Grid Margin="5"
                  HeightRequest="120"
                  WidthRequest="105">
                <BoxView Color="{Binding Cor}" />
                <Label Text="{Binding Nome}"
                       HorizontalOptions="Center"
                       VerticalOptions="Center" />
            </Grid>
        </DataTemplate>
    </ContentPage.Resources>
    <!-- Ao deslizar o dedo, vão surgir 5 novo Quadrados
coloridos -->
    <StackLayout Margin="10,35,10,10">
        <Label Text="Usando o RefreshView"
               FontAttributes="Bold"
               HorizontalOptions="Center" />
        <Label Text="Deslize o dedo para baixo para atualizar
o ScrollView." />
        <Label Text="{Binding Items.Count, StringFormat='Número
```

```
de itens: {0}'}" />
        <RefreshView IsRefreshing="{Binding IsRefreshing}"
                     RefreshColor="Teal"
                     Command="{Binding RefreshCommand}">
            <ScrollView>
                <FlexLayout Direction="Row"
                            Wrap="Wrap"
                            AlignItems="Center"
                            AlignContent="Center"
                            BindableLayout.
ItemsSource="{Binding Items}"
                            BindableLayout.
ItemTemplate="{StaticResource ColorItemTemplate}" />
            </ScrollView>
        </RefreshView>
    </StackLayout>
</ContentPage>
```

Salve seu projeto, conforme vimos nas **figuras 50** e **51**. Vamos entender este código, nas **linhas 8** a **10**, estamos definindo o seu **BindingContext** como uma instância da classe **RefreshViewCores**. Nas **linhas 12** a **23**, estamos definindo o template para os quadrados coloridos. Nas **linhas 25** a **43**, estamos definindo os comandos para que sejam mostrados os novos quadrados coloridos, quando o usuário deslizar o dedo para atualizar o **App**. Agora podemos compilar nosso **App** no **Android**, para isto, repita o procedimento que vimos no **Capítulo 3 – Interface do Usuário do Xamarin.Forms – Páginas e Layouts do volume 01**, os seguintes tópicos: **Criando a Interface do Usuário com C# (C Sharp) – Code-behind**, **Compilando (Debugging) o Aplicativo Android** e **Instalando o Emulador do Android**. Para usar um smartphone **Android**, vejam no **Capítulo 3 – Interface do Usuário do Xamarin.Forms – Páginas e Layouts do volume 01**, o seguinte tópico: **Configurando o Smartphone para Modo Desenvolvedor**, agora o ícone do aplicativo vai aparecer no smartphone, conforme **figura 377**:

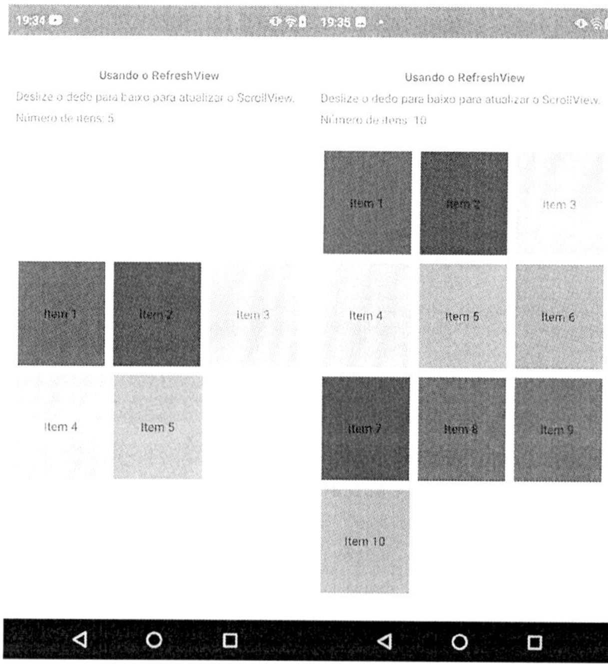

Figura 377

Observem que no primeiro momento, aparecem 5 quadrados coloridos aleatórios, deslize o dedo de cima para baixo, para atualizar o **App**, e vejam que vão aparecer mais cinco quadrados coloridos aleatórios, deslize o dedo novamente e vai se repetindo a sequência. Vamos retornar à **IDE** do **Visual Studio**, vamos parar nossa compilação, conforme vimos nas **figuras 76** e **77**. Agora podemos compilar nosso **App** no **iOS**, para usar um simulador da **Apple**, repita o procedimento que vimos no **Capítulo 3 – Interface do Usuário do Xamarin.Forms – Páginas e Layouts do volume 01**, os seguintes tópicos: **Criando a Interface do Usuário com C# (C Sharp) – Code-behind**, **Compilando (Debugging) o Aplicativo iOS**. Antes de prosseguir, devemos desinstalar o aplicativo do **iPhone**, conforme vimos no **Anexo I**, do **volume 01 – Instalando o Ambiente de Desenvolvimento do Microsoft Visual Studio Community 2022 no MAC**, nos tópicos: **Clonando Repositórios do GitHub** e **Desinstalar um Aplicativo do iPhone**. Para usar um smartphone **iPhone**, repita o procedimento que vimos no **Capítulo 3 – Interface do Usuário do Xamarin.Forms – Páginas**

e Layouts do volume 01, os seguintes tópicos: **Criando a Interface do Usuário com XAML – Zammel**, **Páginas do Xamarin.Forms – (Xamarin.Forms Pages)**, **Páginas do Xamarin.Forms – (Xamarin. Forms Pages)** e **MasterDetailPage**. E no **Anexo I**, do **volume 01 – Instalando o Ambiente de Desenvolvimento do Microsoft Visual Studio Community 2022 no MAC**, os seguintes tópicos: **Provisionamento Gratuito para Aplicativos Xamarin.iOS**, **Testes em Dispositivos com Provisionamento Gratuito** e **Criando Uma Identidade de Assinatura e Um Perfil de Provisionamento Usando o Xcode**, em seguida, vejam o **App** instalado na tela do seu **iPhone**, conforme **figura 378**:

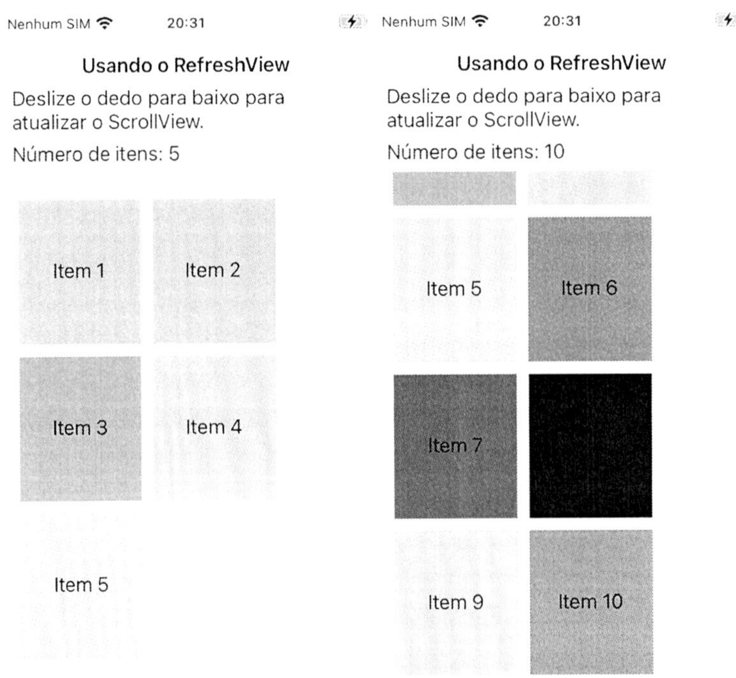

Figura 378

Observem que no primeiro momento, aparece 5 quadrados coloridos aleatórios, deslize o dedo de cima para baixo, para atualizar o **App**, e vejam que vão aparecer mais cinco quadrados coloridos aleatórios, deslize o dedo novamente e vai se repetindo a sequência. Agora vamos compilar o nosso projeto no **UWP**, conforme vimos no

Capítulo 3 – Interface do Usuário do Xamarin.Forms – Páginas e Layouts do volume 01, nos tópicos **Criando a Interface do Usuário com C# (C Sharp) – Code-behind** e **Compilando (Debugging) o Aplicativo UWP**. Este processo é muito rápido, pois estamos instalando o aplicativo direto no computador. Quando o aplicativo for instalado no computador, aparecerá a seguinte mensagem **Ready** com uma tarja laranja, no canto inferior esquerdo, conforme **figura 379**:

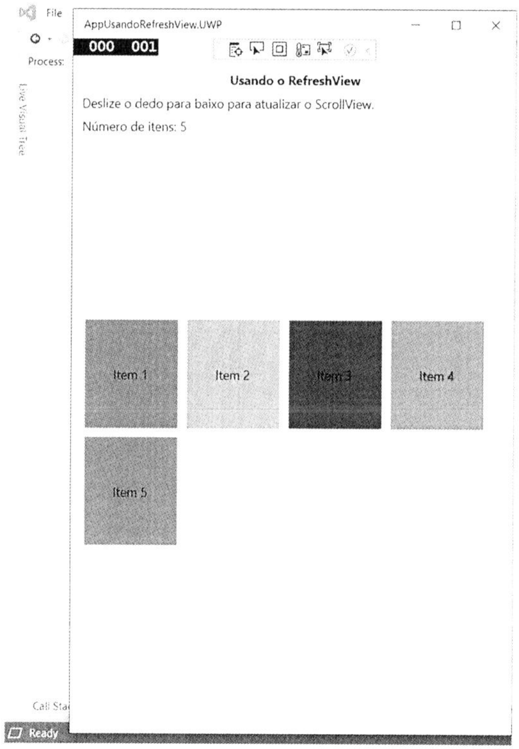

Figura 379

Observem que no primeiro momento, aparecem 5 quadrados coloridos aleatórios, no **UWP** não vai acontecer nada, pois não tem como deslizar o dedo na tela do computador, a não ser que você tenha uma tela sensível ao toque **Touch Screen**. Vamos retornar à **IDE** do **Visual Studio**, vamos parar nossa compilação, conforme vimos nas **figuras 76** e **77**. Observem que a compilação é muita rápida, pois estamos instalando o aplicativo no **Windows**, no computador. Agora vamos fazer um **commit**, que nada mais é do que mandar nosso projeto para o **GitHub**, conforme vimos, nas **figuras 232** a **236**.

SearchBar

É um controle de entrada de usuário usado para iniciar uma pesquisa e vai exibir uma área para o usuário digitar uma cadeia de texto e um botão (ou uma tecla de teclado) que sinaliza o aplicativo para executar uma pesquisa. A propriedade **Text** fornece acesso ao texto e o evento **SearchButtonPressed** indica que o botão foi pressionado. Este controle dá suporte a texto de espaço reservado, entrada de consulta, execução de pesquisa e cancelamento. Possui as seguintes propriedades:

- **CancelButtonColor do tipo Color:** define a cor do botão de cancelamento;
- **CharacterSpacing, do tipo double:** define o espaçamento entre os caracteres do texto do **SearchBar**;
- **FontAttributes, do tipo um FontAttributes:** define o valor de enumeração que determina se a fonte do SearchBar é negrito, itálico ou nenhuma;
- **FontFamily, do tipo string:** determina a família de fontes usada pelo **SearchBar**;
- **FontSize, do tipo NamedSize:** é um valor de enumeração ou um valor double que represente tamanhos de fontes específicos entre plataformas;
- **HorizontalTextAlignment, do tipo TextAlignment:** é um valor de enumeração que define o alinhamento horizontal do texto da consulta;
- **VerticalTextAlignment, do tipo TextAlignment:** é um valor de enumeração que define o alinhamento vertical do texto da consulta;
- **Placeholder, do tipo string:** define o texto do espaço reservado, por exemplo, **"Busca..."**;
- **PlaceholderColor, do tipo Color:** define a cor do texto do espaço reservado;
- **SearchCommand, do tipo ICommand:** permite a vinculação

de ações do usuário, como toques ou cliques de dedos, a comandos definidos em um **ViewModel**;

- **SearchCommandParameter, do tipo object:** especifica o parâmetro que deve ser passado para o **SearchCommand**;
- **Text, do tipo string:** contém o texto da consulta no **SearchBar**;
- **TextColor, do tipo Color:** define a cor do texto da consulta;
- **TextTransform, do tipo TextTransform:** um valor que determina a capitalização do texto do **SearchBar**.

Essas propriedades são apoiadas por objetos **BindableProperty**, o que significa que o controle **SearchBar** pode ser personalizado e ser o destino de associações de dados. Especificar propriedades de fonte no controle **SearchBar** é consistente com a personalização de texto em outros controles **Xamarin.Forms** de texto.

Criar um Controle SearchBar

Um controle **SearchBar** pode ser instanciado em **XAML**. Sua propriedade **Placeholder** opcional pode ser indicada para definir o texto de dica na caixa de entrada de consulta. O valor padrão para a propriedade **Placeholder** é uma cadeia de caracteres vazia, portanto, nenhum espaço reservado será exibido se não estiver definido. Um controle **SearchBar** também pode ser criado no código **C#**, ou **code-behind**.

Propriedades de Aparência do Controle SearchBar

O controle **SearchBar** define muitas propriedades que personalizam a sua aparência, tanto no código em **XAML**, quanto no código **C#**, ou **code-behind**. No **iOS**, a classe **SearchBarRenderer** contém um método substituível chamado **UpdateCancelButton**, que controla quando o botão Cancelar é exibido e pode ser substituído em um renderizador personalizado.

Executar uma Pesquisa com Manipuladores de Eventos

Uma pesquisa pode ser executada usando o controle **SearchBar** anexando um manipulador de eventos a um dos seguintes eventos, listados abaixo:

- **SearchButtonPressed:** é chamado quando o usuário clica no botão de pesquisa ou pressiona a tecla **Enter**;
- **TextChanged:** é chamado sempre que o texto na caixa de consulta é alterado.

Um manipulador de eventos pode ser anexado ao evento **TextChanged** no código **XAML** e também pode ser anexado a um **SearchBar** criado no código **C#**, ou **code-behind**, por exemplo, usando **ListView** para exibir os resultados da pesquisa. Devemos observar que o manipulador de eventos **TextChanged** no arquivo **code-behind** é o mesmo, independentemente de o controle **SearchBar** ser criado via **XAML** ou código **C#**.

Executar uma Pesquisa Usando um ViewModel

Uma pesquisa pode ser executada sem manipuladores de eventos associando **SearchCommand** às propriedades **SearchCommandParameter** e às implementações **Icommand**. Geralmente são usadas em projetos usando o padrão **Model-View-ViewModel - MVVM**, com banco de dados, que não é nosso objeto de estudo neste livro. O **ViewModel** pressupõe a existência de uma classe **DataService** capaz de executar pesquisas.

Criando e Compilando o Projeto

Vamos criar um novo projeto, onde abordaremos todos os itens que comentamos, para entendermos estes conceitos, conforme vimos no tópico **O Ambiente de Desenvolvimento do Microsoft Visual Studio Community 2022,** no **capítulo 2** do **volume 01**, no item **Project name:**, digite **AppUsandoSearchBar**, aguarde e vejam que vai aparecer a nossa **IDE** ou área de desenvolvimento, conforme vimos na **figura 28**. Observem que todo projeto **Xamarin.Forms** que criamos, automaticamente já vem com uma página de visualização ou **View** vinculada, que é o arquivo **MainPage.xaml**, vamos abri-lo, para isto, abra a janela **Solution Explorer**, pressione ao mesmo tempo as teclas **Ctrl+Alt+L**, e deve abrir a janela **Solution Explorer** conforme vimos na **figura 29**. Em seguida, abra o projeto **AppUsandoSearchBar**, para isto, clique na setinha que tem ao lado do projeto **AppUsandoSearchBar**, em seguida, clique duas vezes com o botão esquerdo do mouse sobre o arquivo **MainPage.xaml**, e vai abrir o mesmo, agora pressione ao mesmo tempo as teclas **Ctrl+A** e vai selecionar todo o código, conforme vimos na **figura 160**. Pressione a tecla **Delete** do teclado, no local onde o cursor do mouse está piscando, na **linha 1**, digite o código abaixo:

```
<?xml version="1.0" encoding="utf-8" ?>
<ContentPage xmlns="http://xamarin.com/schemas/2014/forms"
             xmlns:x="http://schemas.microsoft.com/winfx/2009/
xaml"
             x:Class="AppUsandoSearchBar.MainPage"
             BackgroundColor="AliceBlue">

    <StackLayout Orientation="Vertical" Padding="{OnPlatform
iOS=45, Android=30, UWP=30}">
        <Label Text="Procurar Bandas" TextColor="Red"
FontAttributes="Bold" FontSize="18" />
        <SearchBar x:Name="schPesquisar"
TextChanged="tchConteudo"
                   CancelButtonColor="Red"
                   FontAttributes="Bold"
                   FontSize="15"
                   Placeholder="Digite o termo da pesquisa..."
                   PlaceholderColor="BlanchedAlmond" Text=""/>
        <Grid>
            <ListView x:Name="listaBandas"
ItemTapped="itpListaBandas"
                      BackgroundColor="#D6F5FE"/>
        </Grid>
    </StackLayout>
</ContentPage>
```

Salve seu projeto, conforme vimos nas **figuras 50** e **51**. Vamos entender este código, na **linha 5**, estamos definindo uma cor de fundo para o **App**. Na **linha 7** estamos definindo o alinhamento no topo, nas respectivas plataformas. Na **linha 8**, estamos criando um **label** que vai ser o título da pesquisa. Nas **linhas 9** a **15**, estamos criando o controle **SearchBar**, com suas propriedades. Na **linha 10**, temos a propriedade **TextChanged**, que é um manipulador de eventos chamado **tchConteudo** que está localizado no arquivo **code-behind**, ou seja, o arquivo **MainPage.xaml.cs**. Na **linha 17**, estamos definindo nossa lista de bandas. Na **linha 18**, temos a propriedade **ItemTapped**, que é um manipulador de eventos chamado **itpListaBandas** que está localizado no arquivo **code-behind**, ou seja, o arquivo **MainPage.xaml.cs**, que vai selecionar um item da lista. Agora, vamos abrir o arquivo **code-behind**, ou seja, o arquivo **MainPage.xaml.cs**, abra a janela **Solution Explorer**, pressione ao mesmo tempo as teclas **Ctrl+Alt+L**, e deve abrir a janela **Solution Explorer** conforme vimos na **figura 29**. Em seguida, abra o projeto **AppUsandoSearchBar**, para isto, clique na setinha que tem ao lado do projeto **AppUsandoSearchBar**, em seguida, clique na setinha que tem ao lado do arquivo **MainPage.xaml**, em seguida clique com o botão do mouse sobre o arquivo **MainPage.xaml.cs**, selecione o item **View Code** ou pressione a tecla **F7,** conforme vimos na **figura 46**. Clicar duas vezes com o botão do mouse sobre o arquivo **MainPage.xaml.cs**, tem o mesmo efeito. Vai abrir a janela de código do arquivo **MainPage.xaml.cs**, conforme vimos na **figura 48**. Agora, pressione ao mesmo tempo as teclas **Ctrl+A** e vai selecionar todo o código, conforme vimos na **figura 160**. Pressione a tecla **Delete** do teclado, no local onde o cursor do mouse está piscando, na **linha 1**, digite o código abaixo:

```
using System.Collections.Generic;
using System.Linq;
using Xamarin.Forms;

namespace AppUsandoSearchBar
{
    public partial class MainPage : ContentPage
    {
        public MainPage()
        {
            InitializeComponent();
        }

        //Criando a lista
        List<string> bandasRock = new List<string>
        {
            "Led Zeppelin", "Black Sabbath", "Iron Maiden",
"AC/DC", "Beatles",
            "The Rolling Stones", "Kiss"
        };

        //Criamos a regra da pesquisa quando for digitado a
palavra no campo de texto
        private void tchConteudo(object sender,
TextChangedEventArgs e)
        {
```

```
            var keyword = schPesquisar.Text;
            if (keyword.Length >= 1)
            {
                var sugestao = bandasRock.Where(c =>
c.ToLower().Contains(keyword.ToLower()));
                listaBandas.ItemsSource = sugestao;
                listaBandas.IsVisible = true;
            }
            else
            {
                listaBandas.IsVisible = false;
            }
        }

        //Seleciona a banda escolhida, clicando com o dedo
sobre o nome da mesma
        private void itpListaBandas(object sender,
ItemTappedEventArgs e)
        {
            if (e.Item as string == null)
            {
                return;
            }
            else
            {
                listaBandas.ItemsSource = bandasRock.Where(c =>
c.Equals(e.Item as string));
                listaBandas.IsVisible = true;
                schPesquisar.Text = e.Item as string;
            }
        }
    }
}
```

Salve seu projeto, conforme vimos nas **figuras 50** e **51**. Nas **linhas 15** a **19**, estamos definindo, criando e preenchendo com dados a nossa lista **bandasRock**. Nas **linhas 22** a **35**, estamos definindo o manipulador de eventos do controle **tchConteudo**, que criamos no código **XAML** na **linha 9**, que vai executar a pesquisa quando o usuário digitar algo no campo de texto da pesquisa. Nas **linhas 38** a **50**, estamos definindo o manipulador de eventos do controle **itpListaBandas**, que criamos no código **XAML** na **linha 18**, que vai selecionar uma banda quando o usuário clicar com o dedo sobre o nome da mesma. Agora podemos compilar nosso **App** no **Android**, para isto, repita o procedimento que vimos no **Capítulo 3 – Interface do Usuário do Xamarin.**

Forms – Páginas e Layouts do volume 01, os seguintes tópicos: **Criando a Interface do Usuário com C# (C Sharp) – Code-behind**, **Compilando (Debugging) o Aplicativo Android** e **Instalando o Emulador do Android**. Para usar um smartphone **Android**, vejam no **Capítulo 3 – Interface do Usuário do Xamarin.Forms – Páginas e Layouts do volume 01**, o seguinte tópico: **Configurando o Smartphone para Modo Desenvolvedor**, agora o ícone do aplicativo vai aparecer no smartphone, conforme **figura 380**:

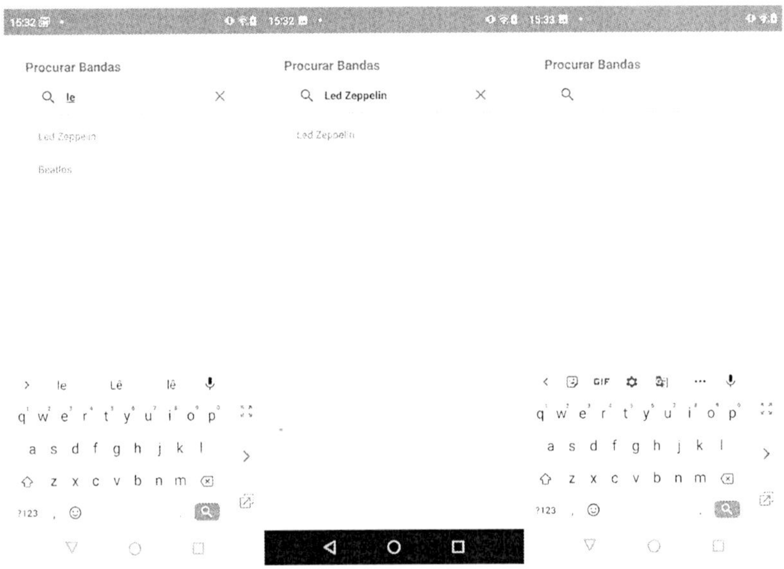

Figura 380

Observem que no primeiro momento aparece um campo de texto vazio com uma lupa no seu lado esquerdo, eu digitei as letras **le**, independentemente de ser maiúscula ou minúscula, vai aparecer na minha lista duas bandas, conforme primeira tela, na segunda tela aparece a banda que foi selecionada pelo usuário com o dedo, vejam que tem um botão do **X**, na cor vermelha, no lado direito do campo, pressione com o dedo este botão **X**, e vejam que o campo vai ser limpo e voltamos para o estado atual quando abrimos o **App**. Vamos retornar à **IDE** do **Visual Studio**, vamos parar nossa compilação, conforme vimos nas **figuras 76** e **77**. Agora podemos compilar nosso **App** no **iOS**, para usar um simulador da **Apple**, repita o procedimento que vimos no **Capítulo 3 – Interface do Usuário do Xamarin.Forms – Páginas e Layouts do volume 01**, os seguintes tópicos: **Criando a Interface do Usuário com C# (C Sharp) – Code-behind**, **Compilando (Debugging) o Aplicativo iOS**. Antes de prosseguir, devemos desinstalar o aplicativo do **iPhone**, conforme vimos no **Anexo I**, do **volume 01 – Instalando o Ambiente de Desenvolvimento do Microsoft Visual Studio Community 2022 no MAC**, nos tópicos: **Clonando Repositórios do GitHub** e **Desinstalar um Aplicativo do iPhone**. Para usar um smartphone **iPhone**, repita o procedimento que vimos no **Capítulo 3 – Interface do Usuário do Xamarin.Forms – Páginas e Layouts do volume 01**, os seguintes tópicos: **Criando a Interface do Usuário com XAML – Zammel**, **Páginas do Xamarin.Forms – (Xamarin.Forms Pages)**, **Páginas do Xamarin.Forms – (Xamarin. Forms Pages)** e **MasterDetailPage**. E no **Anexo I**, do **volume 01 – Instalando o Ambiente de Desenvolvimento do Microsoft Visual Studio Community 2022 no MAC**, os seguintes tópicos: **Provisionamento Gratuito para Aplicativos Xamarin.iOS**, **Testes em Dispositivos com Provisionamento Gratuito** e **Criando Uma Identidade de Assinatura e Um Perfil de Provisionamento Usando o Xcode**, em seguida, vejam o **App** instalado na tela do seu **iPhone**, conforme **figura 381**:

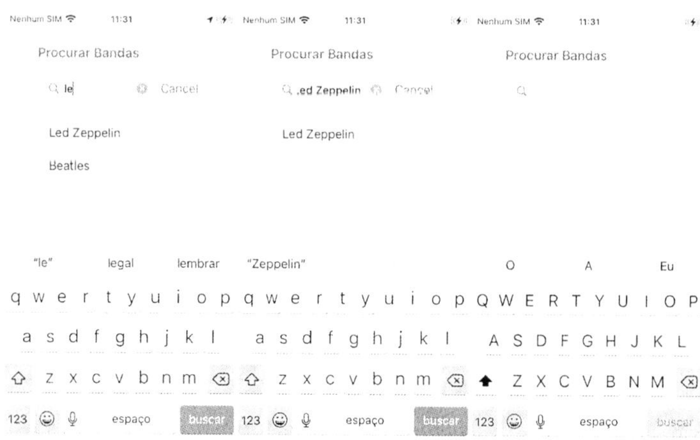

Figura 381

Observem que no primeiro momento aparece um campo de texto vazio com uma lupa no seu lado esquerdo, eu digitei as letras **le**, independentemente de ser maiúscula ou minúscula, vai aparecer na minha lista duas bandas, conforme primeira tela, na segunda tela aparece a banda que foi selecionada pelo usuário com o dedo, vejam que tem um botão do **X**, na cor vermelha, no lado direito do campo, no **iOS** aparece a palavra **Cancel(Cancelar)** ao lado do **X**, pressione com o dedo este botão **X**, e vejam que o campo vai ser limpo e voltamos para o estado atual quando abrimos o **App**. Agora vamos compilar o nosso projeto no **UWP**, conforme vimos no **Capítulo 3 – Interface do Usuário do Xamarin.Forms – Páginas e Layouts do volume 01**, nos tópicos **Criando a Interface do Usuário com C# (C Sharp) – Code-behind** e **Compilando (Debugging) o Aplicativo UWP**. Este processo é muito rápido, pois estamos instalando o aplicativo direto no computador. Quando o aplicativo for instalado no computador, aparecerá a seguinte mensagem **Ready** com uma tarja laranja, no canto inferior esquerdo, conforme **figura 382**:

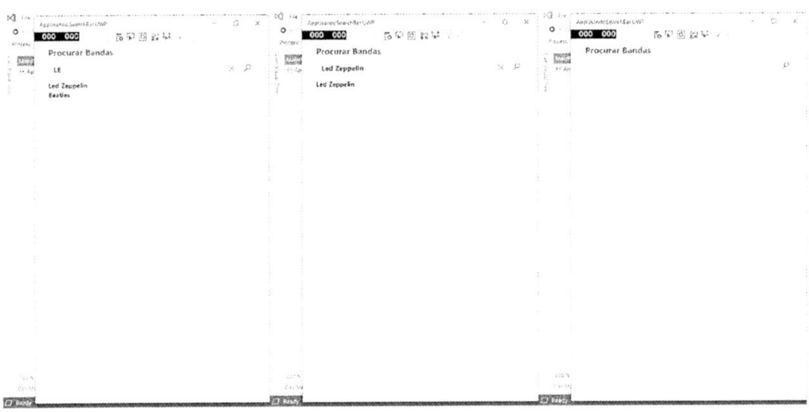

Figura 382

Observem que no primeiro momento aparece um campo de texto vazio com uma lupa no seu lado esquerdo, eu digitei as letras **le**, independentemente de ser maiúscula ou minúscula, vai aparecer na minha lista duas bandas, conforme primeira tela, na segunda tela aparece a banda que foi selecionada pelo usuário com o mouse no **UWP**, vejam que tem um botão do **X**, na cor vermelha, no lado direito do campo, pressione com o mouse este botão **X**, e vejam que o campo vai ser limpo e voltamos para o estado atual quando abrimos o **App**. Vamos retornar à **IDE** do **Visual Studio**, vamos parar nossa compilação, conforme vimos nas **figuras 76** e **77**. Observem que a compilação é muita rápida, pois estamos instalando o aplicativo no **Windows**, no computador. Agora vamos fazer um **commit**, que nada mais é do que mandar nosso projeto para o **GitHub**, conforme vimos, nas **figuras 232** a **236**.

Visualizações que Definem Valores – (Views That Initiate Commands)

CheckBox

É um tipo de botão que permite que o usuário selecione um valor booliano, que pode ser marcado ou desmarcado ou vazio. A propriedade **IsChecked** é o estado do elemento **CheckBox** e o evento **CheckedChanged** é acionado quando o estado é alterado, ou seja, quando uma caixa de seleção é marcada, ela é considerada como ativada ou **on**, e quando está desmarcada ou vazia, ela é considerada como **off**. Por padrão, o elemento **CheckBox** está vazio. O objeto **CheckedChangedEventArgs** que acompanha o evento **CheckedChanged** possui uma única propriedade chamada **Value**, do tipo **bool**. Quando o evento é disparado, o valor da propriedade **Value** é definido como o novo valor da propriedade **IsChecked**.

Responder a um Estado de Alteração do Elemento CheckBox

Quando a propriedade **IsChecked** é alterada, seja por meio da manipulação do usuário ou quando um aplicativo define a propriedade **IsChecked**, o evento **CheckedChanged** é acionado. O argumento **sender** do elemento **CheckBox** é responsável por esse evento. Podemos usar isso para acessar o elemento **CheckBox** ou para distinguir entre vários elementos **CheckBox** que compartilham o mesmo manipulador de eventos **CheckedChanged**.

Vinculação de Dados Usando Data Binding com o Elemento CheckBox

Podemos eliminar o manipulador de eventos **CheckedChanged** usando uma vinculação de dados com **Triggers** para responder a uma caixa de seleção que está sendo marcada ou desmarcada.

Desabilitar um CheckBox

Às vezes, um aplicativo entra em um estado em que um elemento **CheckBox** está sendo verificado, não sendo uma operação válida, nesses casos, podemos desabilitar a propriedade **IsEnabled**, definindo-a como **false**.

Aparência da CheckBox

Além das propriedades que o elemento **CheckBox** herda da classe **View**, também define uma propriedade **Color** que define sua cor.

Estados Visuais do Elemento CheckBox

Este elemento tem uma propriedade **VisualState IsChecked** que pode ser usado para iniciar uma alteração visual, quando ele se torna marcado.

Criando e Compilando o Projeto

Vamos criar um novo projeto, onde abordaremos todos os itens que comentamos, para entendermos estes conceitos, conforme vimos no tópico **O Ambiente de Desenvolvimento do Microsoft Visual Studio Community 2022** no **capítulo 2** do **volume 01**, no item **Project name:**, digite **AppUsandoCheckBox**, aguarde e vejam que vai aparecer a nossa **IDE** ou área de desenvolvimento, conforme vimos na **figura 28**. Observem que todo projeto **Xamarin.Forms** que criamos, automaticamente já vem com uma página de visualização ou **View**, vinculada, que é o arquivo **MainPage.xaml**, vamos abri-lo, para isto, abra a janela **Solution Explorer**, pressione ao mesmo tempo as teclas **Ctrl+Alt+L**, e deve abrir a janela **Solution Explorer** conforme vimos na **figura 29**. Em seguida, abra o projeto **AppUsandoCheckBox**, para isto clique na setinha que tem ao lado do projeto **AppUsandoCheckBox**, em seguida, clique duas vezes com o botão esquerdo do mouse sobre o arquivo **MainPage.xaml**, e vai abrir o mesmo, agora pressione ao mesmo tempo as teclas **Ctrl+A** e vai selecionar todo o código, conforme vimos na **figura 160**. Pressione a tecla **Delete** do teclado, no local onde o cursor do mouse está piscando, na **linha 1**, digite o código abaixo:

```
<?xml version="1.0" encoding="utf-8" ?>
<ContentPage xmlns="http://xamarin.com/schemas/2014/forms"
             xmlns:x="http://schemas.microsoft.com/winfx/2009/
xaml"
             x:Class="AppUsandoCheckBox.MainPage"
             BackgroundColor="Lavender">

    <StackLayout Padding="{OnPlatform Android=30, iOS=30,
UWP=30}">
        <Label Text="Usando CheckBox"/>
        <Label Text="CheckBox Desmarcado - Vazio - off"/>
        <CheckBox />
        <Label Text="Checkbox Marcado - Cheio - on"/>
        <CheckBox IsChecked="true" />
        <Label Text="Checkbox Pink, Magenta e Laranja "/>
        <StackLayout Orientation="Horizontal">
            <CheckBox Color="HotPink" />
            <CheckBox Color="Magenta" />
            <CheckBox Color="Orange" />
        </StackLayout>
        <StackLayout>
            <Label Text="Responder a um Estado de Alteração do
Elemento CheckBox"
                   FontSize="Medium"/>
            <CheckBox x:Name="chkbox1"
CheckedChanged="OnChkbox1CheckedChanged" />
        </StackLayout>
        <StackLayout>
            <Label Text="Vinculação de Dados Usando Data
Binding com o Elemento CheckBox"/>
            <CheckBox x:Name="checkBox" />
            <Label Text="Exemplo de vinculação de dados usando
o elemento checkBox." FontSize="Medium">
                <Label.Triggers>
                    <DataTrigger TargetType="Label"
                     Binding="{Binding Source={x:Reference
checkBox}, Path=IsChecked}"  Value="true">
                        <Setter Property="FontAttributes"
Value="Italic, Bold" />
                        <Setter Property="FontSize"
Value="Large" />
                    </DataTrigger>
                </Label.Triggers>
            </Label>
        </StackLayout>
        <StackLayout>
            <Label Text="Estados Visuais do Elemento Checkbox"
```

```
                FontSize="Large" TextColor="Black"/>
            <CheckBox x:Name="checkbox1" Color="Black">
                <VisualStateManager.VisualStateGroups>
                    <VisualStateGroup x:Name="CommonStates">
                        <VisualState x:Name="Normal">
                            <VisualState.Setters>
                                <Setter Property="Color"
Value="Orange" />
                            </VisualState.Setters>
                        </VisualState>
                        <VisualState x:Name="IsChecked">
                            <VisualState.Setters>
                                <Setter Property="Color"
Value="Black" />
                            </VisualState.Setters>
                        </VisualState>
                    </VisualStateGroup>
                </VisualStateManager.VisualStateGroups>
            </CheckBox>
        </StackLayout>
    </StackLayout>
</ContentPage>
```

Salve seu projeto, conforme vimos nas **figuras 50** e **51**. Vamos entender este código, na **linha 5**, estamos definindo uma cor de fundo para o **App**. Na **linha 7**, estamos definindo o alinhamento no topo nas respectivas plataformas. Na **linha 8**, estamos criando um **label**. Nas **linhas 9** e **10**, estamos criando um controle **CheckBox** desmarcado ou vazio que é o padrão. Nas **linhas 11** e **12**, estamos criando um controle **CheckBox** marcado, ativado ou cheio. Nas **linhas 13** a **18**, estamos definindo as cores para os controles **CheckBox**. Na **linha 22**, temos a propriedade **CheckedChanged**, que é um manipulador de eventos chamado **OnChkbox1CheckedChanged** que está localizado no arquivo **code-behind**, ou seja, o arquivo **MainPage.xaml.cs**. Nas **linhas 24** a **36**, estamos definindo que a **Label** vai usar uma expressão de ligação em um gatilho de dados para monitorar a propriedade **IsChecked** do elemento **CheckBox**. Quando essa propriedade se torna true, as propriedades **FontAttributes** e **FontSize** do **Label** são alteradas. Quando a propriedade **IsChecked** retorna para false, e as propriedades **FontAttributes** e **FontSize** do **Label** são redefinidas para seu estado inicial. Nas **linhas 34** a **56**, estamos definindo o estado visual do elemento **CheckBox**, a propriedade **VisualState IsChecked** especifica que, quando o elemento

CheckBox estiver marcado, sua propriedade **Color** será definida como preto, quando estiver desmarcado ou normal, vai ficar na cor laranja. Agora vamos abrir o arquivo **code-behind**, ou seja, o arquivo **MainPage.xaml.cs**, abra a janela **Solution Explorer**, pressione ao mesmo tempo as teclas **Ctrl+Alt+L**, e deve abrir a janela **Solution Explorer** conforme vimos na **figura 29**. Em seguida, abra o projeto **AppUsandoCheckBox**, para isto, clique na setinha que tem ao lado do projeto **AppUsandoCheckBox**, em seguida, clique na setinha que tem ao lado do arquivo **MainPage.xaml**, em seguida, clique com o botão do mouse sobre o arquivo **MainPage.xaml.cs**, selecione o item **View Code** ou pressione a tecla **F7,** conforme vimos na **figura 46**. Clicar duas vezes com o botão do mouse sobre o arquivo **MainPage.xaml.cs**, tem o mesmo efeito. Vai abrir a janela de código do arquivo **MainPage.xaml.cs**, conforme vimos na **figura 48**. Agora pressione ao mesmo tempo as teclas **Ctrl+A** e vai selecionar todo o código, conforme vimos na **figura 160**. Pressione a tecla **Delete** do teclado, no local onde o cursor do mouse está piscando, na **linha 1**, digite o código abaixo:

```
using Xamarin.Forms;

namespace AppUsandoCheckBox
{
    public partial class MainPage : ContentPage
    {
        public MainPage()
        {
            InitializeComponent();
        }

        private void OnChkbox1CheckedChanged(object sender,
CheckedChangedEventArgs e)
        {
            DisplayAlert("Alerta", "Você clicou no Checkbox,
seu estado agora é :  " + e.Value, "OK");
        }
    }
}
```

Salve seu projeto, conforme vimos nas **figuras 50** e **51**. Nas **linhas 12** a **15**, estamos definindo o manipulador de eventos do controle **OnChkbox1CheckedChanged**, que criamos no código **XAML** na **linha 22**, que vai exibir uma caixa de diálogo, quando o **CheckBox** for marcado e quando for desmarcado. Agora podemos compilar nosso **App** no **Android**, para isto, repita o procedimento que vimos no **Capítulo 3 – Interface do Usuário do Xamarin.Forms – Páginas e Layouts do volume 01**, os seguintes tópicos: **Criando a Interface do Usuário com C# (C Sharp) – Code-behind**, **Compilando (Debugging) o Aplicativo Android** e **Instalando o Emulador do Android**. Para usar um smartphone **Android**, vejam no **Capítulo 3 – Interface do Usuário do Xamarin.Forms – Páginas e Layouts do volume 01**, o seguinte tópico: **Configurando o Smartphone para Modo Desenvolvedor**, agora o ícone do aplicativo vai aparecer no smartphone, conforme **figura 383**:

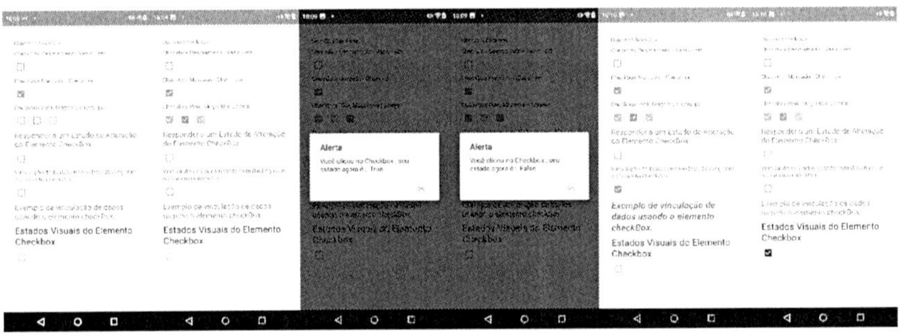

Figura 383

Observem a sequência das telas, e vejam todas as ações que executamos com o elemento **CheckBox**. Vamos retornar à **IDE** do **Visual Studio**, vamos parar nossa compilação, conforme vimos nas **figuras 76** e **77**. Agora podemos compilar nosso **App** no **iOS**, para usar um simulador da **Apple**, repita o procedimento que vimos no **Capítulo 3 – Interface do Usuário do Xamarin.Forms – Páginas e Layouts do volume 01**, os seguintes tópicos: **Criando a Interface do Usuário com C# (C Sharp) – Code-behind**, **Compilando (Debugging) o Aplicativo iOS**. Antes de prosseguir, devemos desinstalar o aplicativo do **iPhone**, conforme vimos no **Anexo I**, do **volume 01 – Instalando o Ambiente de Desenvolvimento do Microsoft Visual Studio Community 2022 no MAC**, nos tópicos: **Clonando Repositórios do GitHub** e **Desinstalar um Aplicativo do iPhone**. Para usar um smartphone **iPhone**, repita o procedimento que vimos no **Capítulo 3 – Interface do Usuário do Xamarin.Forms – Páginas e Layouts do volume 01**, os seguintes tópicos: **Criando a Interface do Usuário**

com XAML – Zammel, **Páginas do Xamarin.Forms – (Xamarin. Forms Pages)**, **Páginas do Xamarin.Forms – (Xamarin.Forms Pages)** e **MasterDetailPage**. E no **Anexo I**, do **volume 01 – Instalando o Ambiente de Desenvolvimento do Microsoft Visual Studio Community 2022 no MAC**, os seguintes tópicos: **Provisionamento Gratuito para Aplicativos Xamarin.iOS**, **Testes em Dispositivos com Provisionamento Gratuito** e **Criando Uma Identidade de Assinatura e Um Perfil de Provisionamento Usando o Xcode**, em seguida vejam o **App** instalado na tela do seu **iPhone**, conforme **figura 384**:

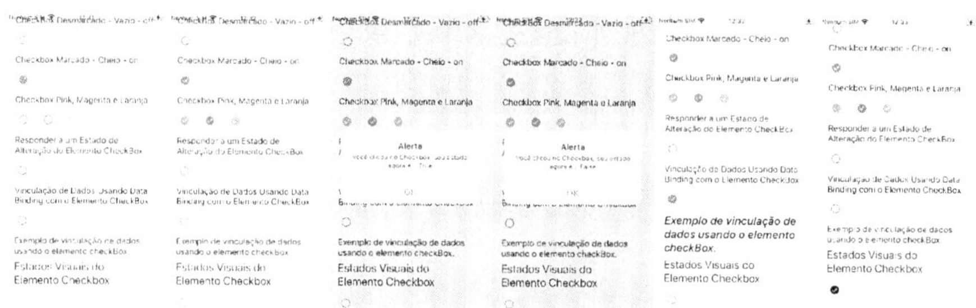

Figura 384

Observem a sequência das telas, e vejam todas as ações que executamos com o elemento **CheckBox**, observe que no **iOS**, os elementos **CheckBox** são redondos e não quadrados. Agora vamos compilar o nosso projeto no **UWP**, conforme vimos no **Capítulo 3 – Interface do Usuário do Xamarin.Forms – Páginas e Layouts do volume 01**, nos tópicos **Criando a Interface do Usuário com C# (C Sharp) – Code-behind** e **Compilando (Debugging) o Aplicativo UWP**. Este processo é muito rápido, pois estamos instalando o aplicativo direto no computador. Quando o aplicativo for instalado no computador, aparecerá a seguinte mensagem **Ready** com uma tarja laranja, no canto inferior esquerdo, conforme **figura 385**:

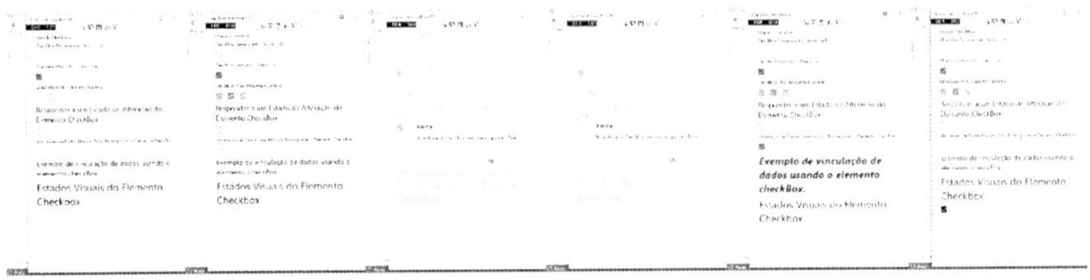

Figura 385

Observem a sequência das telas, e vejam todas as ações que executamos com o elemento **CheckBox**. Vamos retornar à **IDE** do **Visual Studio**, vamos parar nossa compilação, conforme vimos nas **figuras 76** e **77**. Observem que a compilação é muita rápida, pois estamos instalando o aplicativo no **Windows**, no computador. Agora vamos fazer um **commit**, que nada mais é do que mandar nosso projeto para o **GitHub**, conforme vimos, nas **figuras 232** a **236**.

Slider

Este controle deslizante, que exibe uma barra horizontal, que permite que o usuário selecione um valor do tipo **double** de um intervalo contínuo especificado com as propriedades **Minimum** e **Maximum**. Este controle tem três propriedades:

- **Minimum:** é o intervalo mínimo, com um valor padrão de 0, do tipo **Double**;
- **Maximum:** é o intervalo máximo, com um valor padrão de 1, do tipo **Double**;
- **Value:** é o valor do controle deslizante, que pode variar entre Minimum e Maximum e tem um valor padrão de 0, do tipo **Double.**

Todas as propriedades mencionadas acima, são apoiadas por objetos **BindableProperty**. A propriedade **Value** tem um modo de associação padrão de **BindingMode.TwoWay**, o que significa que ele é adequado como uma fonte de associação em um aplicativo que usa a arquitetura **MVVM (Model-View-ViewModel)**, para banco de dados. O controle **Slider**, impõe a propriedade **Value** para que ela fique entre **Minimum** e **Maximum**, inclusive. Se a propriedade **Minimum** for definida como um valor maior que a propriedade **Value**, o controle **Slider** definirá a propriedade **Value** como **Minimum**. Da mesma forma, se a propriedade **Maximum** for definida como um valor menor que a propriedade **Value**, controle **Slider** definirá a propriedade **Value** como **Maximum**. Este controle ainda define um evento **ValueChanged** que é acionado quando as alterações são feitas por meio da manipulação de usuário ou quando o programa define a propriedade **Value** diretamente. O objeto **ValueChangedEventArgs** que acompanha o evento **ValueChanged** tem duas propriedades, ambas do tipo **double**: **OldValue** e **NewValue**. No momento em que o evento é acionado, o valor de **NewValue** é igual à propriedade **Value** do controle **Slider**. O controle **Slider** também define os eventos **DragStarted** e **DragCompleted**, que são acionados no início e no final da ação de arrastar. Ao contrário do evento **ValueChanged**, os eventos **DragStarted** e **DragCompleted** são disparados apenas por meio da manipulação do usuário no controle **Slider**. Quando o evento **DragStarted** é acionado, o comando **DragStartedCommand**, do tipo **ICommand**, é executado. Da mesma forma, quando o evento **DragCompleted** é acionado, o comando **DragCompletedCommand**, do tipo **ICommand**, é executado. Não use opções de layout horizontal irrestrito do controle **Slider**, com os valores **Center**, **Start** ou **End**. No **Android** e no **UWP**, o controle **Slider** gera uma barra de comprimento zero e no projeto **iOS**, a barra é muito curta. Mantenha a configuração **HorizontalOptions** padrão o valor **Fill** e não use a largura com valor **Auto**, quando colocar o controle **Slider** em um **Grid layout**. Este controle tem ainda, várias propriedades que afetam sua aparência:

- **MinimumTrackColor:** é a cor da barra no lado esquerdo do polegar;
- **MaximumTrackColor:** é a cor da barra no lado direito do polegar;
- **ThumbColor:** é a cor da miniatura;
- **ThumbImageSource:** é a imagem a ser usada para o **Thumb(-Miniatura)**, do tipo **ImageSource**.

As propriedades **ThumbColor** e **ThumbImageSource**, são mutuamente exclusivas. Se ambas as propriedades forem definidas, a propriedade **ThumbImageSource** terá precedência.

Criando e Compilando o Projeto

Criando um Controle Slider no Código XAML

Vamos criar um novo projeto, onde abordaremos todos os itens que comentamos, para entendermos estes conceitos, conforme vimos no tópico **O Ambiente de Desenvolvimento do Microsoft Visual Studio Community 2022** no **capítulo 2** do **volume 01**, no item **Project name:**, digite **AppUsandoSlider**, aguarde e vejam que vai aparecer a nossa **IDE** ou área de desenvolvimento, conforme vimos na **figura 28**. Observem que todo projeto **Xamarin.Forms** que criamos, automaticamente já vem com uma página de visualização ou **View**, vinculada, que é o arquivo **MainPage.xaml**, vamos abri-lo, para isto, abra a janela **Solution Explorer**, pressione ao mesmo tempo as teclas **Ctrl+Alt+L**, e deve abrir a janela **Solution Explorer** conforme vimos na **figura 29**. Em seguida, abra o projeto **AppUsandoSlider**, para isto, clique na setinha que tem ao lado do projeto **AppUsandoSlider**, em seguida, clique duas vezes com o botão esquerdo do mouse sobre o arquivo **MainPage.xaml**, e vai abrir o mesmo, agora pressione ao mesmo tempo as teclas **Ctrl+A** e vai selecionar todo o código, conforme vimos na **figura 160**. Pressione a tecla **Delete** do teclado, no local onde o cursor do mouse está piscando, na **linha 1**, digite o código abaixo:

```
<?xml version="1.0" encoding="utf-8" ?>
<ContentPage xmlns="http://xamarin.com/schemas/2014/forms"
             xmlns:x="http://schemas.microsoft.com/winfx/2009/
xaml"
             x:Class="AppUsandoSlider.MainPage"
             BackgroundColor="BlanchedAlmond">

    <StackLayout>
        <Label x:Name="rotacaoLabel"
               Text="TEXTO ROTATIVO"
               FontSize="Large"
               HorizontalOptions="Center"
               VerticalOptions="CenterAndExpand" />
        <Slider Maximum="360"
                ValueChanged="OnSliderValueChanged" />
        <Label x:Name="displayLabel"
               Text="(Não Inicializado)"
               HorizontalOptions="Center"
```

```
                VerticalOptions="CenterAndExpand" />
    </StackLayout>
</ContentPage>
```

Salve seu projeto, conforme vimos nas **figuras 50** e **51**. Na **linha 5**, estamos definindo uma cor de fundo para nosso **App**. Nas **linhas 8** a **12**, estamos definindo o **Label** que vai mostrar o texto rotativo. Na **linha 13**, estamos criando o controle **Slider**. Na **linha 14**, temos a propriedade **CheckedChanged**, que é um manipulador de eventos chamado **OnSliderValueChanged**. Nas **linhas 15** a **18**, estamos definindo o **Label** que vai mostrar o texto fixo. Agora vamos abrir o arquivo **code-behind**, ou seja, o arquivo **MainPage.xaml.cs**, abra a janela **Solution Explorer**, pressione ao mesmo tempo as teclas **Ctrl+Alt+L**, e deve abrir a janela **Solution Explorer** conforme vimos na **figura 29**. Em seguida, abra o projeto **AppUsandoSlider**, para isto, clique na setinha que tem ao lado do projeto **AppUsandoSlider**, em seguida, clique na setinha que tem ao lado do arquivo **MainPage.xaml**, em seguida, clique com o botão do mouse sobre o arquivo **MainPage.xaml.cs**, selecione o item **View Code** ou pressione a tecla **F7,** conforme vimos na **figura 46**. Clicar duas vezes com o botão do mouse sobre o arquivo **MainPage.xaml.cs** tem o mesmo efeito. Vai abrir a janela de código do arquivo **MainPage.xaml.cs**, conforme vimos na **figura 48**. Agora pressione ao mesmo tempo as teclas **Ctrl+A** e vai selecionar todo o código, conforme vimos na **figura 160**. Pressione a tecla **Delete** do teclado, no local ondc o cursor do mouse está piscando, na **linha 1**, digite o código abaixo:

```
using System;
using Xamarin.Forms;

namespace AppUsandoSlider
{
    public partial class MainPage : ContentPage
    {
        public MainPage()
        {
            InitializeComponent();
        }

        private void OnSliderValueChanged(object sender,
ValueChangedEventArgs e)
        {
```

```
            double value = e.NewValue;
            rotacaoLabel.Rotation = value;
            displayLabel.Text = String.Format("O valor do
Slider é {0}", value);
        }
    }
}
```

Salve seu projeto, conforme vimos nas **figuras 50** e **51**. Nas **linhas 13** a **18**, estamos definindo o manipulador de eventos do controle **OnSliderValueChanged**, que criamos no código **XAML** na **linha 14**, que vai exibir um texto rodando na tela do **App**. Agora podemos compilar nosso **App** no **Android**, para isto, repita o procedimento que vimos no **Capítulo 3 – Interface do Usuário do Xamarin.Forms – Páginas e Layouts do volume 01**, os seguintes tópicos: **Criando a Interface do Usuário com C# (C Sharp) – Code-behind**, **Compilando (Debugging) o Aplicativo Android** e **Instalando o Emulador do Android**. Para usar um smartphone **Android**, vejam no **Capítulo 3 – Interface do Usuário do Xamarin.Forms – Páginas e Layouts do volume 01**, o seguinte tópico: **Configurando o Smartphone para Modo Desenvolvedor**, agora o ícone do aplicativo vai aparecer no smartphone, conforme **figura 386**:

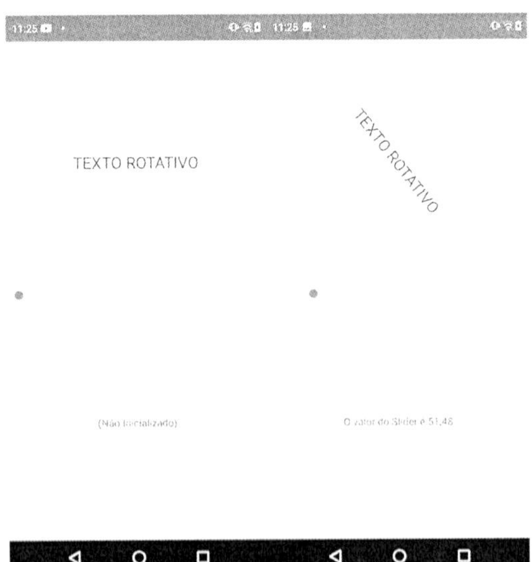

Figura 386

Pressione o botão vermelho com o dedo, segure e arraste e vejam que o texto vai girando, e no texto de baixo, vai aparecer o valor do **Slider** no local onde parou. Vamos retornar à **IDE** do **Visual Studio**, vamos parar nossa compilação, conforme vimos nas **figuras 76** e **77**. Agora podemos compilar nosso **App** no **iOS**, para usar um simulador da **Apple**, repita o procedimento que vimos no **Capítulo 3 – Interface do Usuário do Xamarin.Forms – Páginas e Layouts do volume 01**, os seguintes tópicos: **Criando a Interface do Usuário com C# (C Sharp) – Code-behind**, **Compilando (Debugging) o Aplicativo iOS**. Antes de prosseguir, devemos desinstalar o aplicativo do **iPhone**, conforme vimos no **Anexo I**, do **volume 01 – Instalando o Ambiente de Desenvolvimento do Microsoft Visual Studio Community 2022 no MAC**, nos tópicos: **Clonando Repositórios do GitHub** e **Desinstalar um Aplicativo do iPhone**. Para usar um smartphone **iPhone**, repita o procedimento que vimos no **Capítulo 3 – Interface do Usuário do Xamarin.Forms – Páginas e Layouts do volume 01**, os seguintes tópicos: **Criando a Interface do Usuário com XAML – Zammel**, **Páginas do Xamarin.Forms – (Xamarin.Forms Pages)**, **Páginas do Xamarin.Forms – (Xamarin.Forms Pages)** e **MasterDetailPage**. E no **Anexo I**, do **volume 01 – Instalando o Ambiente de Desenvolvimento do Microsoft Visual Studio Community 2022 no MAC**, os seguintes tópicos: **Provisionamento Gratuito para Aplicativos Xamarin.iOS**, **Testes em Dispositivos com Provisionamento Gratuito** e **Criando Uma Identidade de Assinatura e Um Perfil de Provisionamento Usando o Xcode**, em seguida, vejam o **App** instalado na tela do seu **iPhone**, conforme **figura 387**:

Figura 387

Pressione o botão branco com o dedo, segure e arraste, e vejam que o texto vai girando, e no texto de baixo, vai aparecer o valor do **Slider** no local onde parou. Agora vamos compilar o nosso projeto no **UWP**, conforme vimos no **Capítulo 3 – Interface do Usuário do Xamarin.Forms – Páginas e Layouts do volume 01**, nos tópicos **Criando a Interface do Usuário com C# (C Sharp) – Code-behind** e **Compilando (Debugging) o Aplicativo UWP**. Este processo é muito rápido, pois estamos instalando o aplicativo direto no computador. Quando o aplicativo for instalado no computador, aparecerá a seguinte mensagem **Ready** com uma tarja laranja, no canto inferior esquerdo, conforme **figura 388**:

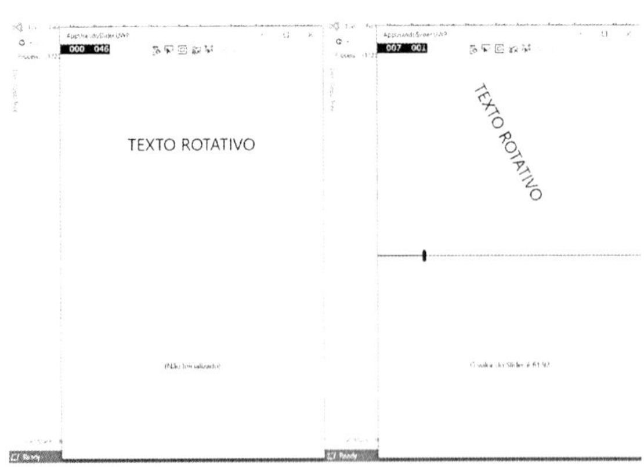

Figura 388

Pressione o botão direito do mouse sobre o botão amarelo, segure e arraste e vejam que o texto vai girando, e no texto de baixo, vai aparecer o valor do **Slider** no local onde parou. Vamos retornar à **IDE** do **Visual Studio**, vamos parar nossa compilação, conforme vimos nas **figuras 76** e **77**. Observem que a compilação é muita rápida, pois estamos instalando o aplicativo no **Windows**, no computador. Agora vamos fazer um **commit**, que nada mais é do que mandar nosso projeto para o **GitHub**, conforme vimos, nas **figuras 232** a **236**.

Stepper

Consiste em dois botões rotulados com sinais de **menos(-)** e **mais(+)**. Esses botões podem ser manipulados pelo usuário para selecionar incrementalmente um valor do tipo **double** de um intervalo de valores. Muito parecido com o controle **Slider**, só diferencia na interface gráfica. Tem as mesmas propriedades, e uma que não tem no **Slider**, que é a propriedade:

- **Increment:** esta propriedade altera o valor selecionado, com um valor padrão de 1.

Criando e Compilando o Projeto

Criando um Controle Stepper no Código XAML

Vamos criar um novo projeto, onde abordaremos todos os itens que comentamos, para entendermos estes conceitos, conforme vimos no tópico **O Ambiente de Desenvolvimento do Microsoft Visual Studio Community 2022** no **capítulo 2** do **volume 01**, no item **Project name:**, digite **AppUsandoStepper**, aguarde e vejam que vai aparecer a nossa **IDE** ou área de desenvolvimento, conforme vimos na **figura 28**. Observem que todo projeto **Xamarin.Forms** que criamos, automaticamente já vem com uma página de visualização ou **View**, vinculada, que é o arquivo **MainPage.xaml**, vamos abri-lo, para isto, abra a janela **Solution Explorer**, pressione ao mesmo tempo as teclas **Ctrl+Alt+L**, e deve abrir a janela **Solution Explorer** conforme vimos na **figura 29**. Em seguida, abra o projeto **AppUsandoStepper**, para isto, clique na setinha que tem ao lado do projeto **AppUsandoStepper**, em seguida, clique duas vezes com o botão esquerdo do mouse sobre o arquivo **MainPage.xaml**, e vai abrir o mesmo, agora pressione ao mesmo tempo as teclas **Ctrl+A** e vai selecionar todo o código, conforme vimos na **figura 160**. Pressione a tecla **Delete** do teclado, no local onde o cursor do mouse está piscando, na **linha 1**, digite o código abaixo:

```
<?xml version="1.0" encoding="utf-8" ?>
<ContentPage xmlns="http://xamarin.com/schemas/2014/forms"
             xmlns:x="http://schemas.microsoft.com/winfx/2009/
xaml"
             x:Class="AppUsandoStepper.MainPage"
             BackgroundColor="BlanchedAlmond">

    <StackLayout>
        <Label x:Name="rotacaoLabel"
               Text="TEXTO ROTATIVO"
               FontSize="Large"
               HorizontalOptions="Center"
               VerticalOptions="CenterAndExpand" />
        <Stepper Maximum="360"
                 Increment="30"
                 HorizontalOptions="Center"
                 ValueChanged="OnStepperValueChanged" />
        <Label x:Name="displayLabel"
               Text="(Não Inicializado)"
               HorizontalOptions="Center"
               VerticalOptions="CenterAndExpand" />
    </StackLayout>
</ContentPage>
```

Salve seu projeto, conforme vimos nas **figuras 50** e **51**. Na **linha 5**, estamos definindo uma cor de fundo para nosso **App**. Nas **linhas 8** a **12**, estamos definindo o **Label** que vai mostrar o texto rotativo. Na **linha 13**, estamos criando o controle **Stepper**. Na **linha 16**, temos a propriedade **ValueChanged**, que é um manipulador de eventos chamado **OnStepperValueChanged**. Nas **linhas 17** a **20**, estamos definindo o **Label** que vai mostrar o texto fixo. Agora vamos abrir o arquivo **code-behind**, ou seja, o arquivo **MainPage.xaml.cs**, abra a janela **Solution Explorer**, pressione ao mesmo tempo as teclas **Ctrl+Alt+L**, e deve abrir a janela **Solution Explorer** conforme vimos na **figura 29**. Em seguida, abra o projeto **AppUsandoStepper**, para isto, clique na setinha que tem ao lado do projeto **AppUsandoStepper**, em seguida, clique na setinha que tem ao lado do arquivo **MainPage.xaml**, em seguida, clique com o botão do mouse sobre o arquivo **MainPage.xaml.cs**, selecione o item **View Code** ou pressione a tecla **F7,** conforme vimos na **figura 46**. Clicar duas vezes com o botão do mouse sobre o arquivo **MainPage.xaml.cs**, tem o mesmo efeito. Vai abrir a janela de código do arquivo **MainPage.xaml.cs**, conforme vimos na **figura 48**. Agora pressione ao mesmo tempo as teclas **Ctrl+A** e vai selecionar todo o código, conforme vimos na **figura 160**. Pressione a tecla **Delete** do teclado, no local onde o cursor do mouse está piscando, na **linha 1**, digite o código abaixo:

```
using Xamarin.Forms;

namespace AppUsandoStepper
{
    public partial class MainPage : ContentPage
    {
        public MainPage()
        {
            InitializeComponent();
        }

        private void OnStepperValueChanged(object sender,
ValueChangedEventArgs e)
        {
            double value = e.NewValue;
            rotacaoLabel.Rotation = value;
            displayLabel.Text = string.Format("O valor do
Stepper é  {0}", value);
        }
    }
}
```

Salve seu projeto, conforme vimos nas **figuras 50** e **51**. Nas **linhas 12** a **17**, estamos definindo o manipulador de eventos do controle **OnStepperValueChanged**, que criamos no código **XAML** na **linha 16**, que vai exibir um texto rodando na tela do **App**. Agora podemos compilar nosso **App** no **Android**, para isto, repita o procedimento que vimos no **Capítulo 3 – Interface do Usuário do Xamarin.Forms – Páginas e Layouts do volume 01**, os seguintes tópicos: **Criando a Interface do Usuário com C# (C Sharp) – Code-behind**, **Compilando (Debugging) o Aplicativo Android** e **Instalando o Emulador**

do Android. Para usar um smartphone **Android**, vejam no **Capítulo 3 – Interface do Usuário do Xamarin.Forms – Páginas e Layouts do volume 01**, o seguinte tópico: **Configurando o Smartphone para Modo Desenvolvedor**, agora o ícone do aplicativo vai aparecer no smartphone, conforme **figura 389**:

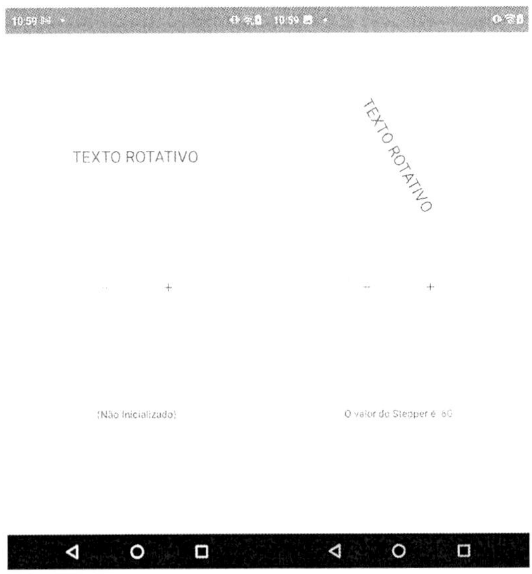

Figura 389

Pressione o botão de **mais(+)**,e vejam que o texto vai girando, clique no botão de menos(-), e o texto vai retornando à posição anterior e no texto de baixo, vai aparecer o valor do **Stepper** no local onde parou. Vamos retornar à **IDE** do **Visual Studio**, vamos parar nossa compilação, conforme vimos nas **figuras 76** e **77**. Agora podemos compilar nosso **App** no **iOS**, para usar um simulador da **Apple**, repita o procedimento que vimos no **Capítulo 3 – Interface do Usuário do Xamarin. Forms – Páginas e Layouts do volume 01**, os seguintes tópicos: **Criando a Interface do Usuário com C# (C Sharp) – Code-behind**, **Compilando (Debugging) o Aplicativo iOS**. Antes de prosseguir, devemos desinstalar o aplicativo do **iPhone**, conforme vimos no **Anexo I**, do **volume 01 – Instalando o Ambiente de Desenvolvimento do Microsoft Visual Studio Community 2022 no MAC**, nos tópicos: **Clonando Repositórios do GitHub** e **Desinstalar um Aplicativo do iPhone**. Para usar um smartphone **iPhone**, repita o procedimento que vimos no **Capítulo 3 – Interface do Usuário do Xamarin.Forms – Páginas e Layouts do volume 01**, os seguintes tópicos: **Criando a Interface do Usuário com XAML – Zammel**, **Páginas do Xamarin. Forms – (Xamarin.Forms Pages)**, **Páginas do Xamarin.Forms – (Xamarin.Forms Pages)** e **MasterDetailPage**. E no **Anexo I**, do **volume 01 – Instalando o Ambiente de Desenvolvimento do Microsoft Visual Studio Community 2022 no MAC**, os seguintes tópicos: **Provisionamento Gratuito para Aplicativos Xamarin.iOS**, **Testes em Dispositivos com Provisionamento Gratuito** e **Criando Uma Identidade de Assinatura e Um Perfil de Provisionamento Usando o Xcode**, em seguida, vejam o **App** instalado na tela do seu **iPhone**, conforme **figura 390**:

Figura 390

Pressione o botão de **mais(+)**,e vejam que o texto vai girando, clique no botão de menos(-), e o texto vai retornando à posição anterior e no texto de baixo, vai aparecer o valor do **Stepper** no local onde parou. Agora vamos compilar o nosso projeto no **UWP**, conforme vimos no **Capítulo 3 – Interface do Usuário do Xamarin.Forms – Páginas e Layouts do volume 01**, nos tópicos **Criando a Interface do Usuário com C# (C Sharp) – Code-behind** e **Compilando (Debugging) o Aplicativo UWP**. Este processo é muito rápido, pois estamos instalando o aplicativo direto no computador. Quando o aplicativo for instalado no computador, aparecerá a seguinte mensagem **Ready** com uma tarja laranja, no canto inferior esquerdo, conforme **figura 391**:

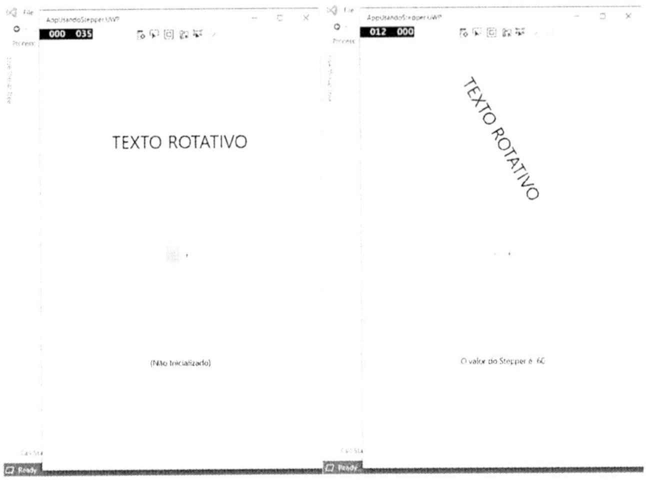

Figura 391

Pressione o botão de **mais(+)**, e vejam que o texto vai girando, clique no botão de menos(-), e o texto vai retornando à posição anterior e no texto de baixo, vai aparecer o valor do **Stepper** no local onde parou. Vamos retornar à **IDE** do **Visual Studio**, vamos parar nossa compilação, conforme vimos nas **figuras 76** e **77**. Observem que a compilação é muita rápida, pois estamos instalando o aplicativo no **Windows**, no computador. Agora vamos fazer um **commit**, que nada mais é do que mandar nosso projeto para o **GitHub**, conforme vimos, nas **figuras 232** a **236**.

Switch

Este controle é um botão de alternância horizontal, que assume a forma de uma opção liga/desliga, permitindo desta forma que o usuário selecione um valor booliano, e define os estados ligado e desligado. A propriedade **IsToggled** é o estado da opção e o evento **Toggled** é acionado quando o estado é alterado. A classe **Switch** é herdada da classe **View**. Este controle define as seguintes propriedades:

- **IsToggled:** é um valor boolean que indica se o controle **Switch** está ativado;
- **OnColor:** é um valor Color que afeta como o controle **Switch** é renderizado no estado ativado ou desativado;

- **ThumbColor:** é um valor Color do **switch Thumb**.

Essas propriedades são apoiadas por um objeto **BindableProperty**, o que significa que o controle **Switch** pode ser estilizado e ser o destino de associações de dados. Este controle define ainda, um evento **Toggled** que é acionado quando a propriedade **IsToggled** é alterada, seja por meio da manipulação do usuário ou quando um aplicativo define a propriedade **IsToggled**. O objeto **ToggledEventArgs** que acompanha o evento **Toggled** tem uma única propriedade chamada **Value**, do tipo **bool**. Quando o evento é acionado, o valor da propriedade **Value** reflete o novo valor da propriedade **IsToggled**.

Criando e Compilando o Projeto

Criando um Controle Switch no Código XAML

Vamos criar um novo projeto, onde abordaremos todos os itens que comentamos, para entendermos estes conceitos, conforme vimos no tópico **O Ambiente de Desenvolvimento do Microsoft Visual Studio Community 2022,** no **capítulo 2** do **volume 01**, no item **Project name:**, digite **AppUsandoSwitch**, aguarde e vejam que vai aparecer a nossa **IDE** ou área de desenvolvimento, conforme vimos na **figura 28**. Observem que todo projeto **Xamarin.Forms** que criamos, automaticamente já vem com uma página de visualização ou **View**, vinculada, que é o arquivo **MainPage.xaml**, vamos abri-lo, para isto abra a janela **Solution Explorer**, pressione ao mesmo tempo as teclas **Ctrl+Alt+L**, e deve abrir a janela **Solution Explorer** conforme vimos na **figura 29**. Em seguida, abra o projeto **AppUsandoSwitch**, para isto, clique na setinha que tem ao lado do projeto **AppUsandoSwitch**, em seguida, clique duas vezes com o botão esquerdo do mouse sobre o arquivo **MainPage.xaml**, e vai abrir o mesmo, agora pressione ao mesmo tempo as teclas **Ctrl+A** e vai selecionar todo o código, conforme vimos na **figura 160**. Pressione a tecla **Delete** do teclado, no local onde o cursor do mouse está piscando, na **linha 1**, digite o código abaixo:

```
<?xml version="1.0" encoding="utf-8" ?>
<ContentPage xmlns="http://xamarin.com/schemas/2014/forms"
             xmlns:x="http://schemas.microsoft.com/winfx/2009/
xaml"
```

```
            x:Class="AppUsandoSwitch.MainPage"
            BackgroundColor="BlanchedAlmond">

    <StackLayout Margin="{OnPlatform Android=25, iOS=25,
UWP=25}">
        <Label x:Name="estadoLabelSwitch"
               Text="O Controle Switch Neste Momento Está Off
- Desligado"
               FontAttributes="Bold"
               VerticalOptions="CenterAndExpand"
               HorizontalOptions="CenterAndExpand" />
        <Switch x:Name="xamlSwitch"
               Toggled="XAMLSwitch_Toggled"
               IsToggled="False"
               OnColor="Yellow"
               ThumbColor="Green"
               VerticalOptions="CenterAndExpand"
               HorizontalOptions="CenterAndExpand" />
    </StackLayout>
</ContentPage>
```

Salve seu projeto, conforme vimos nas **figuras 50** e **51**. Na **linha 5**, estamos definindo uma cor de fundo para nosso **App**. Na **linha 7**, estamos definindo a margem em cada plataforma. Nas **linhas 8** a **12**, estamos definindo o **Label** que vai mostrar um texto dizendo se o controle **Switch** está **Ligado – On** ou **Desligado – Off**. Nas **linhas 13** a **19**, estamos criando o controle **Switch**. Na **linha 14**, temos a propriedade **Toggled**, que é um manipulador de eventos chamado **XAMLSwitch_Toggled**. Na **linha 15**, estamos definindo que o controle **Switch**, vai ser iniciado como off, desligado através da propriedade **IsToggled="False"**. Nas **linhas 16** a **17**, estamos definindo as cores do controle **Switch**, quando o mesmo estiver ligado. Agora vamos abrir o arquivo **code-behind**, ou seja, o arquivo **MainPage.xaml.cs**, abra a janela **Solution Explorer**, pressione ao mesmo tempo as teclas **Ctrl+Alt+L**, e deve abrir a janela **Solution Explorer** conforme vimos na **figura 29**. Em seguida, abra o projeto **AppUsandoSwitch**, para isto, clique na setinha que tem ao lado do projeto **AppUsandoSwitch**, em seguida, clique na setinha que tem ao lado do arquivo **MainPage.xaml**, em seguida, clique com o botão do mouse sobre o arquivo **MainPage.xaml.cs**, selecione o item **View Code** ou pressione a tecla **F7,** conforme vimos na **figura 46**. Clicar duas vezes com o botão do mouse sobre o arquivo **MainPage.xaml.cs**, tem o mesmo efeito. Vai abrir a janela de código do arquivo **MainPage.xaml.cs**, conforme vimos na **figura 48**.

Agora, pressione ao mesmo tempo as teclas **Ctrl+A** e vai selecionar todo o código, conforme vimos na **figura 160**. Pressione a tecla **Delete** do teclado, no local onde o cursor do mouse está piscando, na **linha 1**, digite o código abaixo:

```
using Xamarin.Forms;

namespace AppUsandoSwitch
{
    public partial class MainPage : ContentPage
    {
        public MainPage()
        {
            InitializeComponent();
        }

        private void XAMLSwitch_Toggled(object sender,
ToggledEventArgs e)
        {
            string estadoNome = e.Value ? "Ligado" :
"Desligado";
            estadoLabelSwitch.Text = $"O Controle switch está:
{estadoNome}";
        }
    }
}
```

Salve seu projeto, conforme vimos nas **figuras 50** e **51**. Nas **linhas 12** a **17**, estamos definindo o manipulador de eventos do controle **XAMLSwitch_Toggled**, que criamos no código **XAML** na **linha 14**, que vai exibir o texto dizendo se o controle **Switch** está ligado ou desligado, de acordo com a opção escolhida, ou seja, ser for verdadeiro, ou seja se o controle estiver **On - Ligado**, vai exibir **Ligado**, se estive **Off – Desligado**, vai exibir Desligado. Agora podemos compilar nosso **App** no **Android**, para isto, repita o procedimento que vimos no **Capítulo 3 – Interface do Usuário do Xamarin.Forms – Páginas e Layouts do volume 01**, os seguintes tópicos: **Criando a Interface do Usuário com C# (C Sharp) – Code-behind**, **Compilando (Debugging) o Aplicativo Android** e **Instalando o Emulador do Android**. Para usar um smartphone **Android**, vejam no **Capítulo 3 – Interface do Usuário do Xamarin.Forms – Páginas e Layouts do volume 01**, o seguinte tópico: **Configurando o Smartphone para Modo Desenvolvedor**, agora o ícone do aplicativo vai aparecer no smartphone, conforme **figura 392**:

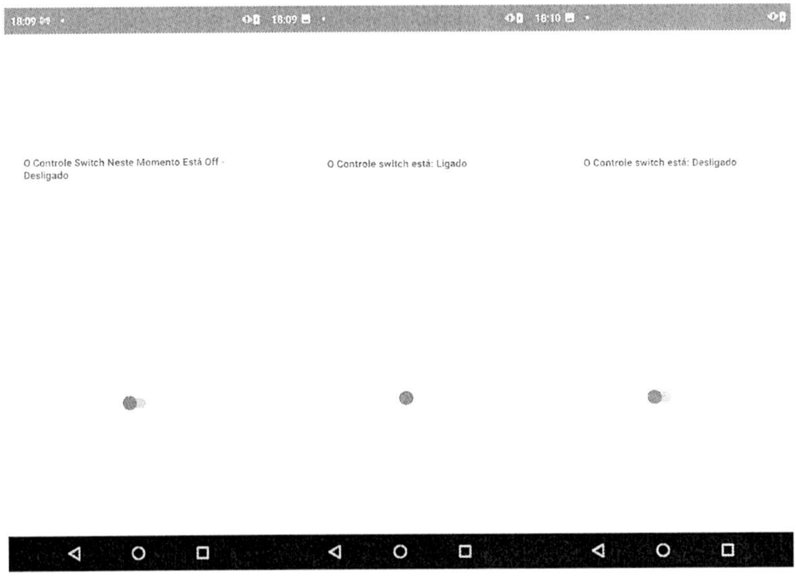

Figura 392

Pressione o botão verde e arraste para a direita, em seguida, repita o procedimento e arraste para a esquerda. Vamos retornar à **IDE** do **Visual Studio**, vamos parar nossa compilação, conforme vimos nas **figuras 76** e **77**. Agora podemos compilar nosso **App** no **iOS**, para usar um simulador da **Apple**, repita o procedimento que vimos no **Capítulo 3 – Interface do Usuário do Xamarin.Forms – Páginas e Layouts do volume 01**, os seguintes tópicos: **Criando a Interface do Usuário com C# (C Sharp) – Code-behind**, **Compilando Debugging) o Aplicativo iOS**. Antes de prosseguir, devemos desinstalar o aplicativo do **iPhone**, conforme vimos no **Anexo I**, do **volume 01 – Instalando o Ambiente de Desenvolvimento do Microsoft Visual Studio Community 2022 no MAC**, nos tópicos: **Clonando Repositórios do GitHub** e **Desinstalar um Aplicativo do iPhone**. Para usar um smartphone **iPhone**, repita o procedimento que vimos no **Capítulo 3 – Interface do Usuário do Xamarin.Forms – Páginas e Layouts do volume 01**, os seguintes tópicos: **Criando a Interface do Usuário com XAML – Zammel**, **Páginas do Xamarin.Forms – (Xamarin.Forms Pages)**, **Páginas do Xamarin.Forms – (Xamarin. Forms Pages)** e **MasterDetailPage**. E no **Anexo I**, do **volume 01 – Instalando o Ambiente de Desenvolvimento do Microsoft Visual**

Studio Community 2022 no MAC, os seguintes tópicos: **Provisionamento Gratuito para Aplicativos Xamarin.iOS**, **Testes em Dispositivos com Provisionamento Gratuito** e **Criando Uma Identidade de Assinatura e Um Perfil de Provisionamento Usando o Xcode**, em seguida, vejam o **App** instalado na tela do seu **iPhone**, conforme **figura 393**:

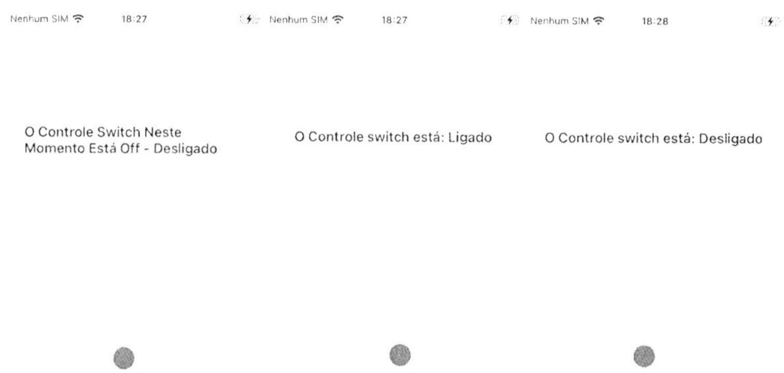

Figura 393

Pressione o botão verde e arraste para a direita, em seguida, repita o procedimento e arraste para a esquerda. Agora vamos compilar o nosso projeto no **UWP**, conforme vimos no **Capítulo 3 – Interface do Usuário do Xamarin.Forms – Páginas e Layouts do volume 01**, nos tópicos **Criando a Interface do Usuário com C# (C Sharp) – Code-behind** e **Compilando (Debugging) o Aplicativo UWP**. Este processo é muito rápido, pois estamos instalando o aplicativo direto no computador. Quando o aplicativo for instalado no computador, aparecerá a seguinte mensagem **Ready** com uma tarja laranja, no canto inferior esquerdo, conforme **figura 394**:

Figura 394

Pressione o botão verde com o mouse e arraste para a direita, em seguida, repita o procedimento e arraste para a esquerda. Observem que no **UWP**, aparece a palavra **On** e **Off** ao lado do controle. Vamos retornar à **IDE** do **Visual Studio**, vamos parar nossa compilação, conforme vimos nas **figuras 76** e **77**. Observem que a compilação é muita rápida, pois estamos instalando o aplicativo no **Windows**, no computador. Agora vamos fazer um **commit**, que nada mais é do que mandar nosso projeto para o **GitHub**, conforme vimos, nas **figuras 232** a **236**.

DatePicker

Muitas vezes, em aplicativos móveis, haverá um motivo para utilizarmos datas. Ao trabalhar com datas, provavelmente precisaremos de algum tipo de entrada do usuário para selecioná-la. Isso pode ocorrer ao trabalhar com um aplicativo de agendamento ou calendário, por exemplo. Nesse caso, é melhor fornecer aos usuários um controle especializado que lhes permita escolher interativamente uma data, em vez de exigir que os usuários digitem uma data manualmente. É aqui que o controle **DatePicker** é realmente útil. Este controle permite que o usuário selecione uma data com o seletor de data da plataforma. Podemos definir um intervalo de datas permitidas com as Propriedades **MinimumDate** e **MaximumDate**. A propriedade **Date** é a data selecionada e o evento **DateSelected** é acionado quando essa propriedade é alterada, para isto acontecer, será chamado o controle seletor de data da plataforma e vai permitir que o usuário selecione uma data. O controle **DatePicker** define oito propriedades:

- **MinimumDate do tipo DateTime:** que usa como padrão o primeiro dia do ano de 1900;
- **MaximumDate do tipo DateTime:** que usa como padrão o último dia do ano 2100;
- **Date do tipo DateTime:** a data selecionada, que usa como padrão o valor **DateTime.Today**;
- **Format do tipo string:** uma cadeia de caracteres de formatação padrão **.NET** ou personalizada, que usa como padrão a letra **"D"**, que nada mais é do que a data por extenso;
- **TextColor do tipo Color:** a cor usada para exibir a data selecionada, para a qual o padrão será **Color.Default**;
- **FontAttributes do tipo FontAttributes:** que usa como padrão **FontAtributes.None**;
- **FontFamily do tipo string:** que usa como padrão **null**;
- **FontSize do tipo double:** que usa como padrão **-1,0**;
- **CharacterSpacing, do tipo double:** é o espaçamento entre os caracteres do texto do contolr **DatePicker**.

O controle **DatePicker** dispara um evento **DateSelected** quando o usuário seleciona uma data. Devemos tomar cuidado ao definir as propriedades **MinimumDate** e **MaximumDate**, sempre verifique se a propriedade **MinimumDate** é sempre menor ou igual à propriedade **MaximumDate**, caso contrário, será gerado um erro de exceção. Todas as oito propriedades são apoiadas por objetos **BindableProperty**, o que significa que elas podem ser estilizadas e as propriedades podem ser destinos de associações de dados. A propriedade **Date** tem um modo de associação padrão de **BindingMode.TwoWay**, o que significa que ele pode ser um destino de uma associação de dados em um aplicativo que usa a arquitetura **MVVM (Model-View-ViewModel)**, ou seja, banco de dados.

Criando e Compilando o Projeto

Criando um Controle DatePicker no Código XAML

Vamos criar um novo projeto, onde abordaremos todos os itens que comentamos, para entendermos estes conceitos, conforme vimos no tópico **O Ambiente de Desenvolvimento do Microsoft Visual Studio Community 2022,** no **capítulo 2** do **volume 01**, no item **Project name:**, digite **AppUsandoDatePicker**, aguarde e vejam que vai aparecer a nossa **IDE** ou área de desenvolvimento, conforme vimos na **figura 28**. Observem que todo projeto **Xamarin.Forms** que criamos, automaticamente já vem com uma página de visualização ou **View** vinculada, que é o arquivo **MainPage.xaml**, vamos abri-lo, para isto, abra a janela **Solution Explorer**, pressione ao mesmo tempo as teclas **Ctrl+Alt+L**, e deve abrir a janela **Solution Explorer** conforme vimos na **figura 29**. Em seguida, abra o projeto **AppUsandoDatePicker**, para isto, clique na setinha que tem ao lado do projeto **AppUsandoDatePicker**, em seguida, clique duas vezes com o botão esquerdo do mouse sobre o arquivo **MainPage.xaml**, e vai abrir o mesmo, agora pressione ao mesmo tempo as teclas **Ctrl+A** e vai selecionar todo o código, conforme vimos na **figura 160**. Pressione a tecla **Delete** do teclado, no local onde o cursor do mouse está piscando, na **linha 1**, digite o código abaixo:

```
<?xml version="1.0" encoding="utf-8" ?>
<ContentPage xmlns="http://xamarin.com/schemas/2014/forms"
             xmlns:x="http://schemas.microsoft.com/winfx/2009/
xaml"
             x:Class="AppUsandoDatePicker.MainPage"
             BackgroundColor="AliceBlue">

    <StackLayout Margin="{OnPlatform iOS=20, Android=20,
UWP=20}">
        <Label Text="Cálculo de dias"
               Style="{DynamicResource TitleStyle}"
               Margin="0, 20"
               FontAttributes="Bold"
               HorizontalTextAlignment="Center" />
        <Label Text="Data Inicial:" FontAttributes="Bold" />
        <DatePicker x:Name="inicialDatePicker"
                    Format="dd/MM/yyyy"
                    Margin="20, 0, 0, 30"
```

```
                DateSelected="OnDateSelected" />
        <Label Text="Data Final:" FontAttributes="Bold" />
        <DatePicker x:Name="finalDatePicker"
                    MinimumDate="{Binding Source={x:Reference
inicialDatePicker}, Path=Date}"
                    Format="dd/MM/yyyy"
                    Margin="20, 0, 0, 30"
                    DateSelected="OnDateSelected" />
        <StackLayout Orientation="Horizontal" Margin="0, 0, 0,
20">
            <Label Text="Incluir a Data Inicial no Total: "
                   FontAttributes="Bold"
                   VerticalOptions="Center" />
            <Switch x:Name="incluirSwitch"
                    OnColor="Orange"
                    ThumbColor="Magenta"
                    Toggled="OnSwitchToggled" />
        </StackLayout>
        <Label x:Name="resultadoLabel"
               FontAttributes="Bold"
               HorizontalTextAlignment="Center" />
        <StackLayout Margin="0, 0, 0, 20">
            <Label Text="Data por Extenso"
                   FontSize="25"
                   FontAttributes="Bold"
                   HorizontalOptions="Center"
                   TextColor="Black" />
            <DatePicker
                MinimumDate="01/01/2000"
                MaximumDate="01/01/2100"
                Format="D" />
        </StackLayout>
    </StackLayout>
</ContentPage>
```

Salve seu projeto, conforme vimos nas **figuras 50** e **51**. Na **linha 5**, estamos definindo uma cor de fundo para nosso **App**. Na **linha 7**, estamos definindo a margem em cada plataforma. Nas **linhas 8** a **12**, estamos definindo o **Label** que vai mostrar um texto com um estilo dinâmico. Na **linha 13**, estamos criando outro objeto **Label**. Nas **linhas 14** a **17**, estamos criando o controle **DatePicker**. A propriedade **x:Name="inicialDatePicker"** vai ser utilizada como referência dinâmica. A propriedade **Format="dd/MM/yyyy"**, vai mostrar a data no formato dia, mês e ano. Temos a propriedade **DateSelected**, que é um manipulador de eventos chamado **OnDateSelected**. Na **linha 18**, estamos criando outro objeto **Label**. Nas **linhas 19** a **23**, estamos criando outro controle **DatePicker**. A propriedade **x:Name="finalDatePicker"**, vai ser utilizada como referência dinâmica. A propriedade **Format=" dd/MM/yyyy"** vai mostrar a data no formato dia, mês e ano. Temos a propriedade **DateSelected**, que é um manipulador de eventos chamado **OnDateSelected**. Nas **linhas 24** a **32**, estamos criando um **StackLayout**, com posicionamento horizontal e margens de 20 pixels em ambos os lados. Nas **linhas 25** a **27**, estamos criando outro objeto **Label**. Nas **linhas 28** a **31**, estamos criando o controle **Switch**, e temos a propriedade **Toggled**, que é um manipulador de eventos chamado **OnSwitchToggled**. Estamos definindo as cores do controle **Switch**, quando o mesmo estiver ligado. Nas **linhas 33** a **35**, estamos criando outro objeto **Label**. Nas **linhas 36** a **46**, estamos criando um **StackLayout**, com margens de 20 pixels em ambos os lados. Nas **linhas 37** a **41**, estamos criando outro objeto **Label**. Nas **linhas 12** a **45**, estamos criando outro controle **DatePicker**. A propriedade **Format="D"**, vai mostrar a data por extenso. Agora vamos abrir o arquivo **code-behind**, ou seja, o arquivo **MainPage.xaml.cs**, abra a janela **Solution Explorer**, pressione ao mesmo tempo as teclas **Ctrl+Alt+L**, e deve abrir a janela **Solution Explorer** conforme vimos na **figura 29**. Em seguida, abra o projeto **AppUsandoDatePicker**, para isto, clique na setinha que tem ao lado do projeto **AppUsandoDatePicker**, em seguida clique na setinha que tem ao lado do arquivo **MainPage.xaml**, em seguida, clique com o botão do mouse sobre o arquivo **MainPage.xaml.cs**, selecione o item **View Code** ou pressione a tecla **F7,** conforme vimos na **figura 46**. Clicar duas vezes com o botão do mouse sobre o arquivo **MainPage.xaml.cs** tem o mesmo efeito. Vai abrir a janela de código do arquivo **MainPage.xaml.cs**, conforme vimos na **figura 48**. Agora pressione ao mesmo tempo as teclas **Ctrl+A** e vai selecionar todo o código, conforme vimos na **figura 160**. Pressione a tecla **Delete** do teclado, no local onde o cursor do mouse está piscando, na **linha 1**, digite o código abaixo:

```
using System;
using Xamarin.Forms;

namespace AppUsandoDatePicker
{
    public partial class MainPage : ContentPage
    {
        public MainPage()
        {
```

```
            InitializeComponent();
        }
        void OnDateSelected(object sender, DateChangedEventArgs
e)
        {
            Recalculate();
        }

        void OnSwitchToggled(object sender, ToggledEventArgs e)
        {
            Recalculate();
        }

        void Recalculate()
        {
            TimeSpan timeSpan = finalDatePicker.Date -
inicialDatePicker.Date +
                (incluirSwitch.IsToggled ? TimeSpan.FromDays(1)
: TimeSpan.Zero);

            resultadoLabel.Text = String.Format("{0} dia(s){1}
no Total.",
                                              timeSpan.Days,
timeSpan.Days == 1 ? "" : "s");
        }
    }
}
```

Salve seu projeto, conforme vimos nas **figuras 50** e **51**. Nas **linhas 12** a **16**, estamos definindo o manipulador de eventos do controle **OnDateSelected**, que criamos no código **XAML** na **linha 17**, que vai chamar a função **Recalculte()**, que vai fazer o cálculo das datas. Nas **linhas 17** a **21**, estamos definindo o manipulador de eventos do controle **OnSwitchToggled**, que criamos no código **XAML** na **linha 31**, que vai chamar a função **Recalculte()**, que vai fazer o cálculo das datas. Nas **linhas 22** a **29**, estamos definindo o método **Recalculte**, que vai fazer o cálculo das datas e incluir o dia atual quando for pressionado o objeto **Switch**. Agora podemos compilar nosso **App** no **Android**, para isto, repita o procedimento que vimos no **Capítulo 3 – Interface do Usuário do Xamarin.Forms – Páginas e Layouts do volume 01**, os seguintes tópicos: **Criando a Interface do Usuário com C# (C Sharp) – Code-behind**, **Compilando (Debugging) o Aplicativo Android** e **Instalando o Emulador do Android**. Para usar um smartphone **Android**, vejam no **Capítulo 3 – Interface do**

Usuário do Xamarin.Forms – Páginas e Layouts do volume 01, o seguinte tópico: **Configurando o Smartphone para Modo Desenvolvedor**, agora o ícone do aplicativo vai aparecer no smartphone, conforme **figura 395**:

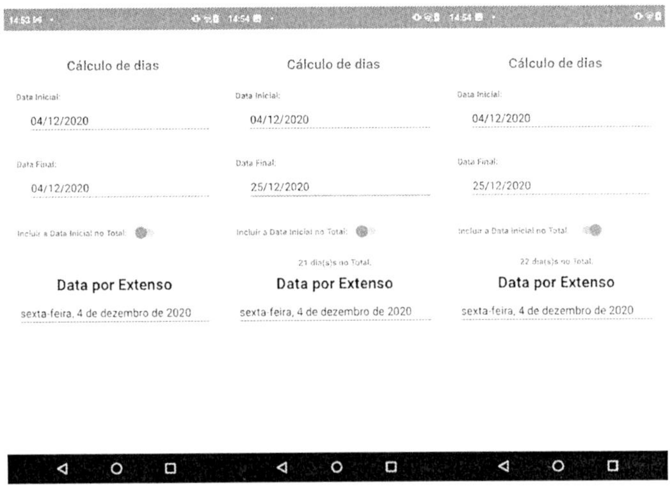

Figura 395

Clique na data inicial para escolher uma data, em seguida, clique na data final para escolher uma data, e clique no botão **Switch**, para incluir a data inicial no cálculo. Vamos retornar à **IDE** do **Visual Studio**, vamos parar nossa compilação, conforme vimos nas **figuras 76** e **77**. Agora podemos compilar nosso **App** no **iOS**, para usar um simulador da **Apple**, repita o procedimento que vimos no **Capítulo 3 – Interface do Usuário do Xamarin.Forms – Páginas e Layouts do volume 01**, os seguintes tópicos: **Criando a Interface do Usuário com C# (C Sharp) – Code-behind**, **Compilando (Debugging) o Aplicativo iOS**. Antes de prosseguir, devemos desinstalar o aplicativo do **iPhone**, conforme vimos no **Anexo I**, do **volume 01 – Instalando o Ambiente de Desenvolvimento do Microsoft Visual Studio Community 2022 no MAC**, nos tópicos: **Clonando Repositórios do GitHub** e **Desinstalar um Aplicativo do iPhone**. Para usar um smartphone **iPhone** repita o procedimento que vimos no **Capítulo 3 – Interface do Usuário do Xamarin.Forms – Páginas e Layouts do volume 01**, os seguintes tópicos: **Criando a Interface do Usuário com XAML – Zammel**, **Páginas do Xamarin.Forms – (Xamarin.Forms Pages)**, **Páginas do**

Xamarin.Forms – (Xamarin.Forms Pages) e **MasterDetailPage**. E no **Anexo I**, do **volume 01 – Instalando o Ambiente de Desenvolvimento do Microsoft Visual Studio Community 2022 no MAC**, os seguintes tópicos: **Provisionamento Gratuito para Aplicativos Xamarin.iOS**, **Testes em Dispositivos com Provisionamento Gratuito** e **Criando Uma Identidade de Assinatura e Um Perfil de Provisionamento Usando o Xcode**, em seguida vejam o **App** instalado na tela do seu **iPhone**, conforme **figura 396**:

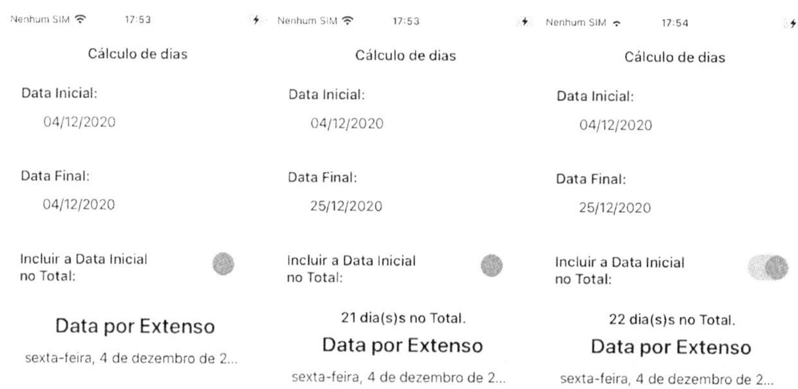

Figura 396

Clique na data inicial para escolher uma data, em seguida, clique na data final para escolher uma data, e clique no botão **Switch**, para incluir a data inicial no cálculo. Agora vamos compilar o nosso projeto no **UWP**, conforme vimos no **Capítulo 3 – Interface do Usuário do Xamarin.Forms – Páginas e Layouts do volume 01**, nos tópicos **Criando a Interface do Usuário com C# (C Sharp) – Code-behind** e **Compilando (Debugging) o Aplicativo UWP**. Este processo é muito rápido, pois estamos instalando o aplicativo direto no computador. Quando o aplicativo for instalado no computador, aparecerá a seguinte mensagem **Ready** com uma tarja laranja, no canto inferior esquerdo, conforme **figura 397**:

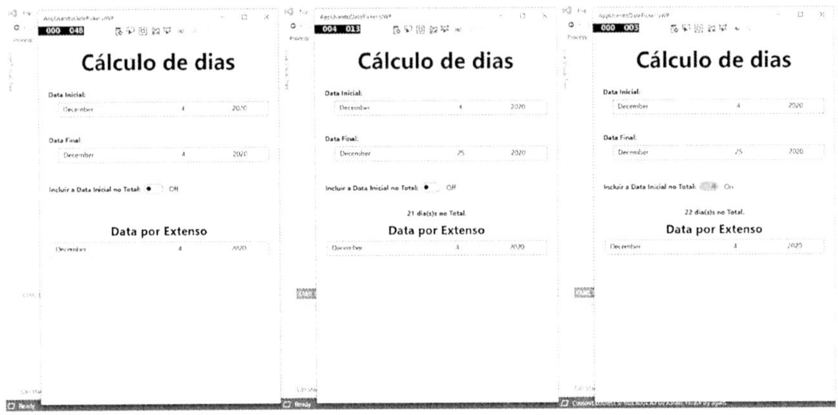

Figura 397

Observem que a propriedade **Format**, do objeto **DatePicker**, não funciona no **UWP**. Clique na data inicial para escolher uma data, em seguida, clique na data final para escolher uma data, e clique no botão **Switch**, para incluir a data inicial no cálculo. Vamos retornar à **IDE** do **Visual Studio**, vamos parar nossa compilação, conforme vimos nas **figuras 76** e **77**. Observem que a compilação é muita rápida, pois estamos instalando o aplicativo no **Windows**, no computador. Agora vamos fazer um **commit**, que nada mais é do que mandar nosso projeto para o **GitHub**, conforme vimos, nas **figuras 232** a **236**.

TimePicker

Este objeto permite que o usuário selecione uma hora com o seletor de tempo da plataforma. A propriedade **Time** é a hora selecionada, um aplicativo pode monitorar alterações nesta propriedade instalando um manipulador de evento chamado **PropertyChanged**. Este objeto define as seguintes propriedades:

- **Time do tipo TimeSpan:** a hora selecionada, cujo padrão é **TimeSpan** igual 0. O **TimeSpan** tipo indica uma duração de tempo desde a meia-noite;
- **Format do tipo string:** uma cadeia de caracteres de formatação padrão **.NET** ou personalizada, cujo padrão é **"t"**, o padrão de tempo curto;

- **TextColor do tipo Color:** a cor usada para exibir a hora selecionada, para a qual o padrão será **Color.Default**;
- **FontAttributes do tipo FontAttributes:** que usa como padrão **FontAtributes.None**;
- **FontFamily do tipo string:** que usa como padrão **null**;
- **FontSize do tipo double:** que usa como padrão -1.0;
- **CharacterSpacing, do tipo double:** é o espaçamento entre os caracteres do texto do objeto **TimePicker**.

Todas essas propriedades são apoiadas por objetos **BindableProperty**, o que significa que elas podem ser estilizadas e as propriedades podem ser destinos de associações de dados. A propriedade **Time** tem um modo de associação padrão chamado **BindingMode.TwoWay**, o que significa que ele pode ser um destino de uma associação de dados em um aplicativo que usa a arquitetura **MVVM (Model-View-ViewModel)**. O objeto **TimePicker** não inclui um evento para indicar um novo valor para propriedade **Time**, o que podemos fazer é adicionar um manipulador de evento **PropertyChanged**.

Criando e Compilando o Projeto

Criando um Controle TimePicker no Código XAML

Vamos criar um novo projeto, onde abordaremos todos os itens que comentamos, para entendermos estes conceitos, conforme vimos no tópico **O Ambiente de Desenvolvimento do Microsoft Visual Studio Community 2022** no **capítulo 2** do **volume 01**, no item **Project name:**, digite **AppUsandoTimePicker**, aguarde e vejam que vai aparecer a nossa **IDE** ou área de desenvolvimento, conforme vimos na **figura 28**. Observem que todo projeto **Xamarin.Forms** que criamos, automaticamente já vem com uma página de visualização ou **View** vinculada, que é o arquivo **MainPage.xaml**, vamos abri-lo, para isto, abra a janela **Solution Explorer**, pressione ao mesmo tempo as teclas **Ctrl+Alt+L**, e deve abrir a janela **Solution Explorer** conforme vimos na **figura 29**. Em seguida, abra o projeto **AppUsandoTimePicker**, para isto, clique na setinha que tem ao lado do projeto **AppUsandoTimePicker**, em seguida, clique duas vezes com o botão esquerdo do mouse sobre o arquivo **MainPage.xaml**, e vai abrir o mesmo, agora pressione ao mesmo tempo as teclas **Ctrl+A** e vai selecionar todo o código, conforme vimos na **figura 160**. Pressione a tecla **Delete** do teclado, no local onde o cursor do mouse está piscando, na **linha 1**, digite o código abaixo:

```
<?xml version="1.0" encoding="utf-8" ?>
<ContentPage xmlns="http://xamarin.com/schemas/2014/forms"
                     xmlns:x="http://schemas.microsoft.com/
winfx/2009/xaml"
                     x:Class="AppUsandoTimePicker.MainPage"
                     BackgroundColor="Wheat">

    <StackLayout Spacing="20" Margin="{OnPlatform iOS=30,
Android=25, UWP=30}" VerticalOptions="StartAndExpand">
        <Label Text="Usando TimePicker" FontAttributes="Bold"
/>
        <TimePicker
            TextColor="Violet"
            FontAttributes="Bold"
            x:Name="chegadaTimePicker"
            Time="11:00:00"
            Format="T"/>
        <Label Text="Tempo de Chegada"
               Margin="0,1"
               FontAttributes="Bold" />
        <Button
            Text="Enviar"
            FontAttributes="Bold"
            Clicked="btnEnviar_Click"/>
        <Entry
            x:Name="entrada"
            FontSize = "12"
            FontAttributes="Bold"
            TextColor="Violet" />
    </StackLayout>
</ContentPage>
```

Salve seu projeto, conforme vimos nas **figuras 50** e **51**. Na **linha 5**, estamos definindo uma cor de fundo para nosso **App**. Na **linha 7**, estamos definindo a margem em cada plataforma. Na **linha 8**, estamos definindo o **Label** que vai mostrar um texto com um estilo dinâmico. Nas **linhas 9** a **14**, estamos criando o controle **TimePicker**. A propriedade **x:Name="chegadaTimePicker"**, vai ser utilizada como referência dinâmica. A propriedade **Format="T"**, vai mostrar a hora longa. Temos a propriedade **DateSelected**, que é um manipulador de eventos chamado **OnDateSelected**. Nas **linhas 15** a **17**, estamos criando outro objeto **Label**. Nas **linhas 18** a **21**, estamos criando um controle **Button**. Temos a propriedade **Clicked**, que é um manipulador de eventos chamado **btnEnviar_Click**. Nas **linhas 22** a **26**, estamos criando um **Entry**, que vai receber a resposta de acordo com a hora marcada pelo usuário. Agora vamos abrir o arquivo **code-behind**, ou seja, o arquivo **MainPage.xaml.cs**, abra a janela **Solution Explorer**, pressione ao mesmo tempo as teclas **Ctrl+Alt+L**, e deve abrir a janela **Solution Explorer** conforme vimos na **figura 29**. Em seguida, abra o projeto **AppUsandoTimePicker**, para isto clique na setinha que tem ao lado do projeto **AppUsandoTimePicker**, em seguida, clique na setinha que tem ao lado do arquivo **MainPage.xaml**, em seguida, clique com o botão do mouse sobre o arquivo **MainPage.xaml.cs**, selecione o item **View Code** ou pressione a tecla **F7,** conforme vimos na **figura 46**. Clicar duas vezes com o botão do mouse sobre o arquivo **MainPage.xaml.cs**, tem o mesmo efeito. Vai abrir a janela de código do arquivo **MainPage.xaml.cs**, conforme vimos na **figura 48**. Agora pressione ao mesmo tempo as teclas **Ctrl+A** e vai selecionar todo o código, conforme vimos na **figura 160**. Pressione a tecla **Delete** do teclado, no local onde o cursor do mouse está piscando, na **linha 1**, digite o código abaixo:

```
using System;
using Xamarin.Forms;

namespace AppUsandoTimePicker
{
    public partial class MainPage : ContentPage
    {
        public MainPage()
        {
            InitializeComponent();
        }

        private void btnEnviar_Click(object sender, EventArgs
e)
        {
            if (VerificarHorarioDisponivel(chegadaTimePicker.
Time) == true)
            {
                entrada.Text = string.Format("Obrigado. Seu
compromisso está marcado para {0}.",
```

```
                chegadaTimePicker.Time.ToString());
            }
            else
            {
                entrada.Text = "Desculpe, estamos abertos
apenas das 8h da manhã às 17h da tarde.";
            }
        }

        private bool VerificarHorarioDisponivel(TimeSpan time)
        {
            // Horário abertura (8AM)
            TimeSpan horaAbertura = new TimeSpan(8, 0, 0);
            //Horário fechamento (5PM)
            TimeSpan horaFechamento = new TimeSpan(17, 0, 0);

            if (time >= horaAbertura && time < horaFechamento)
            {
                return true; // Se estiver no horário de
abertura
            }
            return false; // Se estiver no horário de
fechamento
        }
    }
}
```

Salve seu projeto, conforme vimos nas **figuras 50** e **51**. Nas **linhas 13** a **24**, estamos definindo o manipulador de eventos do controle **btnEnviar_Click**, que criamos no código **XAML** na **linha 21**, que vai verificar se o horário de abertura e fechamento está dentro do horário selecionado pelo usuário. Nas **linhas 26** a **38**, estamos definindo o método **VerificarHorarioDisponivel**, que vai definir a hora de abrir e fechar. Agora podemos compilar nosso **App** no **Android**, para isto, repita o procedimento que vimos no **Capítulo 3 – Interface do Usuário do Xamarin.Forms – Páginas e Layouts do volume 01**, os seguintes tópicos: **Criando a Interface do Usuário com C# (C Sharp) – Code-behind**, **Compilando (Debugging) o Aplicativo Android** e **Instalando o Emulador do Android**. Para usar um smartphone **Android**, vejam no **Capítulo 3 – Interface do Usuário do Xamarin. Forms – Páginas e Layouts do volume 01**, o seguinte tópico: **Configurando o Smartphone para Modo Desenvolvedor**, agora o ícone do aplicativo vai aparecer no smartphone, conforme **figura 398**:

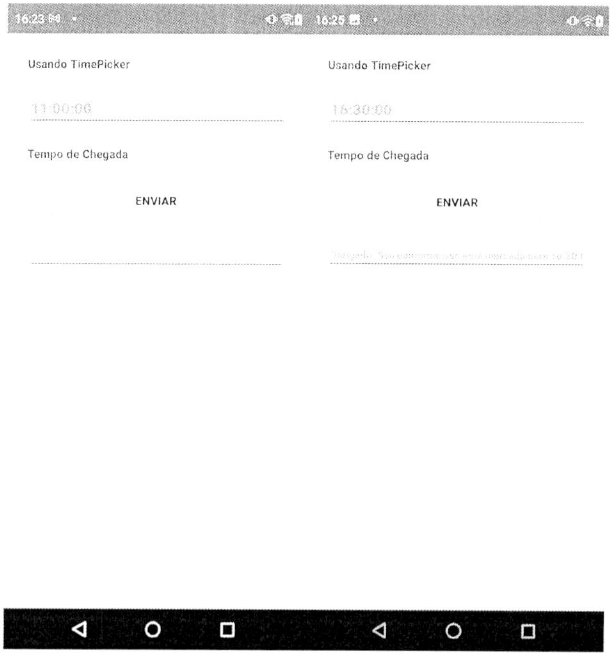

Figura 398

Clique na hora inicial para escolher uma nova hora, em seguida, clique no botão **Enviar** e vejam o resultado na caixa de texto. Vamos retornar à **IDE** do **Visual Studio**, vamos parar nossa compilação, conforme vimos nas **figuras 76** e **77**. Agora podemos compilar nosso **App** no **iOS**, para usar um simulador da **Apple**, repita o procedimento que vimos no **Capítulo 3 – Interface do Usuário do Xamarin.Forms – Páginas e Layouts** do **volume 01**, os seguintes tópicos: **Criando a Interface do Usuário com C# (C Sharp) – Code-behind**, **Compilando (Debugging) o Aplicativo iOS**. Antes de prosseguir, devemos desinstalar o aplicativo do **iPhone**, conforme vimos no **Anexo I**, do **volume 01 – Instalando o Ambiente de Desenvolvimento do Microsoft Visual Studio Community 2022 no MAC**, nos tópicos: **Clonando Repositórios do GitHub** e **Desinstalar um Aplicativo do iPhone**. Para usar um smartphone **iPhone**, repita o procedimento que vimos no **Capítulo 3 – Interface do Usuário do Xamarin.Forms – Páginas e Layouts do volume 01**, os seguintes tópicos: **Criando a Interface do Usuário com XAML – Zammel**, **Páginas do Xamarin.Forms – (Xamarin.Forms Pages)**, **Páginas do Xamarin.**

Forms – (Xamarin.Forms Pages) e **MasterDetailPage**. E no **Anexo I**, do **volume 01 – Instalando o Ambiente de Desenvolvimento do Microsoft Visual Studio Community 2022 no MAC**, os seguintes tópicos: **Provisionamento Gratuito para Aplicativos Xamarin.iOS**, **Testes em Dispositivos com Provisionamento Gratuito** e **Criando Uma Identidade de Assinatura e Um Perfil de Provisionamento Usando o Xcode**, em seguida, vejam o **App** instalado na tela do seu **iPhone**, conforme **figura 399**:

Figura 399

Clique na hora inicial para escolher uma nova hora, em seguida, clique no link **Enviar** e vejam o resultado na caixa de texto. Agora vamos compilar o nosso projeto no **UWP**, conforme vimos no **Capítulo 3 – Interface do Usuário do Xamarin.Forms – Páginas e Layouts do volume 01**, nos tópicos **Criando a Interface do Usuário com C# (C Sharp) – Code-behind** e **Compilando (Debugging) o Aplicativo UWP**. Este processo é muito rápido, pois estamos instalando o aplicativo direto no computador. Quando o aplicativo for instalado no computador, aparecerá a seguinte mensagem **Ready** com uma tarja laranja, no canto inferior esquerdo, conforme **figura 400**:

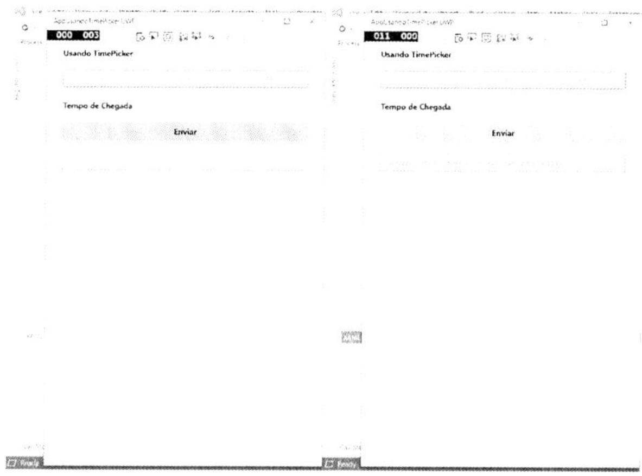

Figura 400

Clique na hora inicial para escolher uma nova hora, em seguida, clique no botão **Enviar** e vejam o resultado na caixa de texto. Vamos retornar à **IDE** do **Visual Studio**, vamos parar nossa compilação, conforme vimos nas **figuras 76** e **77**. Observem que a compilação é muita rápida, pois estamos instalando o aplicativo no **Windows**, no computador. Agora vamos fazer um **commit**, que nada mais é do que mandar nosso projeto para o **GitHub**, conforme vimos, nas **figuras 232** a **236**.

Visualizações para Edição de Texto – (Views for Editing Text)

Entry

Este objeto permite que o usuário insira e edite uma única linha de texto. O texto está disponível como a propriedade **Text** e os eventos **TextChanged** e **Completed** são acionados quando o texto é alterado ou o usuário sinaliza a conclusão tocando na tecla **Enter**. Com a opção **Editor** dá suporte a vários tipos de teclado. Além disso, pode ser usado como um campo de senha.

Definir e Ler Texto

O objeto **Entry**, como outras exibições de apresentação de texto, mostra a propriedade **Text**. Essa propriedade pode ser usada para definir e ler o texto apresentado pelo objeto **Entry**. O exemplo a seguir demonstra como definir a propriedade **Text** em **XAML**:

```
<Entry Text="Eu sou um objeto Entry" />
```

O exemplo a seguir demonstra como definir a propriedade **Text** no **C#**, no arquivo **code-behind**:

```
var MeuEntry = new Entry {Text = "Eu sou um objeto Entry"};
```

O exemplo a seguir demonstra como ler o texto, acessando a propriedade **Text** no **C#**, no arquivo **code-behind**:

```
var Meutexto = MeuEntry.Text;
```

Veremos mais adiante os exemplos de uso.

Definir Texto do Placeholder – (Espaço Reservado)

O objeto **Entry** pode ser definido para mostrar o texto do **placeholder** quando não estiver armazenando a entrada do usuário. Isso é feito definindo a propriedade **Placeholder** como **string**, e geralmente é usado para indicar o tipo de conteúdo apropriado para o objeto **Entry**. Além disso, a cor do texto do **placeholder** pode ser controlada definindo a propriedade **PlaceholderColor** como **Color**. O exemplo a seguir demonstra como definir a cor do **Placeholder** em **XAML**:

```
Entry Placeholder="Username" PlaceholderColor="Olive" />
```

O exemplo a seguir demonstra como definir a cor do **Placeholder** no **C#**, no arquivo **code-behind**:

```
var MeuEntry = new Entry {Placeholder = "Username",
PlaceholderColor = Color.Olive};
```

Devemos observar que a largura de um objeto **Entry** pode ser determinada definindo sua propriedade **WidthRequest**. Não depende da largura de um objeto **Entry** que está sendo definido com base no valor de sua propriedade **Text**. Veremos mais adiante exemplos de uso.

Inibindo Entrada de Texto

Os usuários podem ser impedidos de modificar o texto em um objeto **Entry**, para isto, devemos definir a propriedade **IsReadOnly**, que tem um valor padrão de **false** para **true**. O exemplo a seguir demonstra como inibir o texto do objeto **Entry** em **XAML**:

```
<Entry Text = "Esta é uma entrada somente leitura"
IsReadOnly="true" />
```

O exemplo a seguir demonstra como inibir o texto do objeto **Entry** no **C#**, no arquivo **code-behind**:

```
var MeuEntry = new Entry {Text = "Esta é uma entrada somente
leitura", IsReadOnly = true};
```

Devemos observar que a propriedade **IsReadonly** não altera a aparência visual de um objeto **Entry**, diferente da propriedade **IsEnabled** que também altera a aparência visual do objeto **Entry** para cinza. Veremos mais adiante exemplos de uso.

Transformação de Texto

Um objeto **Entry** pode transformar a capitalização de seu texto, armazenado na propriedade **Text**, definindo a propriedade **TextTransform** como um valor de enumeração, essa enumeração tem quatro valores:

- **None:** indica que o texto não será transformado;
- **Default:** indica que o comportamento padrão para a plataforma será usado. Este é o valor padrão da propriedade **TextTransform**;
- **Lowercase:** indica que o texto será transformado em letras minúsculas;
- **Uppercase:** indica que o texto será transformado em letras maiúsculas.

O exemplo a seguir demonstra como transformar o texto do objeto **Entry** em **XAML**:

```
<Entry Text="Este texto será exibido em letras maiúsculas."
TextTransform="Uppercase" />
```

O exemplo a seguir demonstra como transformar o texto do objeto **Entry** no **C#**, no arquivo **code-behind**:

```
Entry MeuEntry = new Entry
{
    MeuTexto = "Este texto será exibido em letras maiúsculas.",
    TextTransform = TextTransform.Uppercase
};
```

Veremos mais adiante exemplos de uso.

Limitando o Comprimento da Entrada de Texto

A propriedade **MaxLength** pode ser usada para limitar o comprimento do texto de entrada permitido para o objeto **Entry**. Essa propriedade deve ser definida como um inteiro positivo. O exemplo a seguir demonstra como limitar o comprimento do texto do objeto **Entry** em **XAML**:

```
<Entry Text="Este texto tem o comprimento limitado."
MaxLength="10" />
```

O exemplo a seguir demonstra como limitar o comprimento do texto do objeto **Entry** no **C#**, no arquivo **code-behind**:

```
var MeuEntry = new Entry {Text = "Este texto tem o comprimento
limitado." MaxLength="10"};
```

Quando a propriedade **MaxLength** tiver valor igual a **0**, isto indica que nenhuma entrada será permitida e um valor de **int.MaxValue**, que é o valor padrão de um objeto **Entry**, indica que não há um limite efetivo no número de caracteres que podem ser inseridos. Veremos mais adiante exemplos de uso.

Espaçamento Entre Caracteres

O espaçamento entre caracteres pode ser aplicado a um objeto **Entry**, para isto, basta definirmos a propriedade **Entry.CharacterSpacing** com um valor do tipo **double**. O exemplo a seguir demonstra como utilizar o espaçamento de caracteres no objeto **Entry** em **XAML**:

```
<Entry Text="Este texto tem espaçamento entre caracteres."
CharacterSpacing="10" />
```

O exemplo a seguir demonstra como utilizar o espaçamento de caracteres no objeto **Entry** no **C#**, no arquivo **code-behind**:

```
var MeuEntry = new Entry {Text = " Este texto tem espaçamento
entre caracteres." CharacterSpacing = 10 };
```

Devemos observar que o valor da propriedade **CharacterSpacing** é aplicado ao texto exibido pelas propriedades **Text** e **Placeholder**. Veremos mais adiante exemplos de uso.

Campos de Senha

O objeto **Entry** fornece a propriedade **IsPassword**, com o valor **true**, o conteúdo do campo será apresentado como círculos pretos.

O exemplo a seguir demonstra como utilizar senha no objeto **Entry** em **XAML**:

```
<Entry IsPassword="true" />
```

O exemplo a seguir demonstra como utilizar senha no objeto **Entry** no **C#**, no arquivo **code-behind**:

```
var MeuEntry = new Entry {IsPassword = true};
```

Podemos utilizar também o **Placeholder** para o campo de senha. O exemplo a seguir demonstra como definir senha com **Placeholder** em **XAML**:

```
<Entry IsPassword="true" Placeholder="Senha" />
```

O exemplo a seguir demonstra como definir senha com **Placeholder** no **C#**, no arquivo **code-behind**:

```
var MeuEntry = new Entry {IsPassword = true, Placeholder =
"Senha"};
```

Veremos mais adiante exemplos de uso.

Definir a Posição do Cursor e o Comprimento da Seleção de Texto

A propriedade **CursorPosition** pode ser usada para retornar ou definir a posição na qual o próximo caractere será inserido na cadeia de caracteres armazenada na Propriedade **Text**. O exemplo a seguir demonstra como definir a propriedade **CursorPosition** em **XAML**:

```
<Entry Text="Posição do cursor definida" CursorPosition="5" />
```

O exemplo a seguir demonstra como definir a propriedade **CursorPosition** no **C#**, no arquivo **code-behind**:

```
var MeuEntry = new Entry {Text = "Posição do cursor definida",
CursorPosition = 5};
```

O valor padrão da propriedade **CursorPosition** é 0, o que indica que o texto será inserido no início do objeto **Entry**. Além desta propriedade, temos a propriedade **SelectionLength** que pode ser usada para retornar ou definir o comprimento da seleção de texto dentro do objeto **Entry**. O exemplo a seguir demonstra como definir a propriedade **SelectionLength** em **XAML**:

```
<Entry Text="Posição do cursor e comprimento de seleção
definidos" CursorPosition="2" SelectionLength="10" />
```

O exemplo a seguir demonstra como definir a propriedade **SelectionLength** no **C#**, no arquivo **code-behind**:

```
var MeuEntry = new Entry {Text = "Posição do cursor e
comprimento de seleção definidos", CursorPosition = 2,
SelectionLength = 10 };
```

O valor padrão da propriedade **SelectionLength** é 0, o que indica que nenhum texto está selecionado. Veremos mais adiante exemplos de uso.

Exibir um Botão Limpar

A propriedade **ClearButtonVisibility** pode ser usada para controlar se um objeto **Entry** vai exibir um botão limpar, no formato de um **X**, que permite ao usuário limpar o texto. Essa propriedade deve ser definida como um membro de enumeração **ClearButtonVisibility**, conforme visto na lista:

- **Never:** indica que um botão limpar nunca será exibido. Este é o valor padrão para a propriedade de **Entry.ClearButtonVisibility**;
- **WhileEditing:** indica que um botão limpar será exibido no objeto **Entry**, enquanto ele tem o foco e o texto.

O exemplo a seguir demonstra como definir a propriedade **ClearButtonVisibility** em **XAML**:

```
<Entry Text=":::Xamarin.Forms:::"
ClearButtonVisibility="WhileEditing" />
```

O exemplo a seguir demonstra como definir a propriedade **ClearButtonVisibility** no **C#**, no arquivo **code-behind**:

```
var MeuEntry = new Entry {Text = ":::Xamarin.Forms:::",
ClearButtonVisibility = ClearButtonVisibility.WhileEditing}
```

Veremos mais adiante exemplos de uso.

Personalizando o Teclado

O teclado apresentado quando os usuários interagem com um objeto **Entry**, pode ser definido através de programação, por meio da propriedade **Keyboard**, para uma das seguintes propriedades da classe **Keyboard**:

- Chat: usado para texto e locais em que emojis são úteis;
- Default: o teclado padrão;
- Email: usado ao inserir endereços de e-mail;
- Numeric: usado ao inserir números;
- Plain: usado ao inserir texto, sem nenhum KeyboardFlags especificado;
- Telephone: usado ao inserir números de telefone;
- Text: usado ao inserir texto;
- Url: usado para inserir caminhos de arquivo e endereços da Web.

O exemplo a seguir demonstra como definir a propriedade **Keyboard** em **XAML**:

```
<Entry Text="" Keyboard="Chat" />
```

O exemplo a seguir demonstra como definir a propriedade **Keyboard** no **C#**, no arquivo **code-behind**:

```
var MeuEntry = new Entry { Text = "", Keyboard = Keyboard.Chat}
```

A classe **Keyboard** também tem um método **Create**, que pode ser usado para personalizar um teclado especificando a capitalização, a verificação ortográfica e o comportamento de sugestão. Os valores de enumeração **KeyboardFlags** são especificados como argumentos para o método, retornando um **Keyboard** personalizado. A enumeração **KeyboardFlags** contém os seguintes valores:

- **None:** nenhum recurso é adicionado ao teclado;
- **CapitalizeSentence:** indica que a primeira letra da primeira palavra de cada sentença inserida será automaticamente capitalizada;
- **Spellcheck:** indica que a verificação ortográfica será executada no texto inserido;
- **Suggestions:** indica que o **Word** vai oferecer sugestão de preenchimento de palavras no texto inserido;
- **CapitalizeWord:** indica que a primeira letra de cada palavra será automaticamente capitalizada;
- **CapitalizeCharacter:** indica que cada caractere será colocado em maiúscula automaticamente;
- **CapitalizeNone:** indica que nenhuma capitalização automática ocorrerá;
- **All:** indica que a verificação ortográfica, os preenchimentos de palavras e a capitalização de frase ocorrerão no texto inserido.

O exemplo a seguir demonstra como personalizar o teclado usando o método **Create**, para oferecer sugestão de preenchimentos de palavras e colocar todos os caracteres inseridos em maiúsculas, em **XAML**:

```
<Entry Placeholder="Insira o texto aqui">
    <Entry.Keyboard>
        <Keyboard x:FactoryMethod="Create">
            <x:Arguments>

<KeyboardFlags>Suggestions,CapitalizeCharacter</KeyboardFlags>
            </x:Arguments>
```

```
        </Keyboard>
    </Entry.Keyboard>
</Entry>
```

O exemplo a seguir demonstra como personalizar o teclado usando o método **Create**, para oferecer sugestão de preenchimentos de palavras e colocar todos os caracteres inseridos em maiúsculas, no **C#**, no arquivo **code-behind**:

```
var MeuEntry = new Entry {Placeholder = "Insira o texto aqui"};
MeuEntry.Keyboard = Keyboard.Create(KeyboardFlags.Suggestions |
KeyboardFlags.CapitalizeCharacter);
```

Veremos mais adiante exemplos de uso.

Personalizar a Chave de Retorno

A aparência da chave de retorno no teclado, que é exibida quando um objeto **Entry** tem foco, pode ser personalizada definindo a propriedade **ReturnType** como um valor da enumeração **ReturnType**, conforme lista a seguir:

- **Default:** indica que nenhuma chave de retorno específica é necessária e que o padrão da plataforma será usado;
- **Done:** indica uma chave de retorno **"Done – Done"**;
- **Go:** indica uma chave de retorno **"Go - Ir"**;
- **Next:** indica uma chave de retorno **"Next – Próxima"**;
- **Search:** indica uma chave de retorno **"Search – Pesquisa"**;
- **Send:** indica uma chave de retorno **"Send – Enviar"**.

O exemplo a seguir demonstra como personalizar o teclado usando a propriedade **ReturnType**, em **XAML**:

```
<Entry Placeholder="Insira o texto aqui" ReturnType="Send" />
```

O exemplo a seguir demonstra como personalizar o teclado usando a propriedade **ReturnType**, no **C#**, no arquivo **code-behind**:

```
var MeuEntry = new Entry {Placeholder = "Insira o texto aqui"
ReturnType = ReturnType.Send};
```

A aparência exata da chave de retorno depende da plataforma. No **iOS**, a chave de retorno é um botão baseado em texto. No entanto, nas plataformas **Android** e **UWP**, a chave de retorno é um botão baseado em ícone. Quando a tecla de retorno é pressionada, o evento **Completed** é acionado e qualquer **ICommand** especificado pela propriedade **ReturnCommand** é executado. Além disso, qualquer object especificado pela propriedade **ReturnCommandParameter** será passado para o **ICommand** como um parâmetro. Veremos mais adiante exemplos de uso.

Habilitar e Desabilitar a Verificação Ortográfica

A propriedade **IsSpellCheckEnabled** controla se a verificação ortográfica está habilitada. Por padrão, a propriedade é definida como **true**. Conforme o usuário digita o texto, erros de ortografia são indicados. No entanto, para alguns cenários de entrada de texto, como inserir um nome de usuário, a verificação ortográfica fornece uma experiência negativa e deve ser desabilitada definindo a propriedade **IsSpellCheckEnabled** como false. O exemplo a seguir demonstra como personalizar o teclado usando a propriedade **ReturnType**, em **XAML**:

```
<Entry Placeholder="Insira o texto aqui"
IsSpellCheckEnabled="false" />
```

O exemplo a seguir demonstra como personalizar o teclado usando a propriedade **ReturnType**, no **C#**, no arquivo **code-behind**:

```
var MeuEntry = new Entry {Placeholder = "Insira o texto aqui"
IsSpellCheckEnabled = false};
```

Quando a propriedade **IsSpellCheckEnabled** é definida como **false** e um teclado personalizado não está sendo usado, o verificador ortográfico nativo será desabilitado. No entanto, se um teclado tiver sido definido para desabilitar a verificação ortográfica, como **Keyboard.Chat**, a propriedade **IsSpellCheckEnabled** será ignorada. Portanto, a propriedade não pode ser usada para habilitar a verificação ortográfica para um teclado que a desabilita explicitamente. Veremos mais adiante exemplos de uso.

Habilitar e Desabilitar a Previsão de Texto

A propriedade **IsTextPredictionEnabled** controla se a previsão de texto e a correção automática de texto estão habilitadas. Por padrão, a propriedade é definida como **true**. À medida que o usuário insere texto, as previsões de palavras são apresentadas. No entanto, para alguns cenários de entrada de texto, como inserir um nome de usuário, a previsão de texto e a correção automática de texto fornecem uma experiência negativa e devem ser desabilitadas definindo a propriedade **IsTextPredictionEnabled** como **false**. O exemplo a seguir demonstra como **Habilitar e Desabilitar a Previsão de Texto**, em **XAML**:

```
<Entry Placeholder="Insira o texto aqui"
IsTextPredictionEnabled="false" />
```

O exemplo a seguir demonstra como **Habilitar e Desabilitar a Previsão de Texto**, no **C#**, no arquivo **code-behind**:

```
var MeuEntry = new Entry {Placeholder = "Insira o texto aqui"
IsTextPredictionEnabled = false};
```

Quando a propriedade **IsTextPredictionEnabled** é definida como false, e um teclado personalizado não está sendo usado, a previsão de texto e a correção automática de texto são desabilitadas. No entanto, se um teclado tiver sido definido para desabilitar a previsão de texto, a propriedade **IsTextPredictionEnabled** será ignorada. Portanto, a propriedade não pode ser usada para habilitar a previsão de texto para um teclado que a desabilita explicitamente. Veremos mais adiante exemplos de uso.

Usando Cores

O objeto **Entry** pode ser definido para usar um plano de fundo personalizado e cores de texto por meio das seguintes propriedades vinculáveis:

- **TextColor:** define a cor do texto;
- **BackgroundColor:** define a cor de fundo do elemento.

É necessário ter cuidado especial para garantir que as cores sejam utilizáveis em cada plataforma. Como cada plataforma tem padrões diferentes para cores de texto e de plano de fundo, temos que ter cuidado nestas definições. O exemplo a seguir demonstra como definir a cor do texto, em **XAML**:

```
<Entry Placeholder="Insira o texto aqui" TextColor="Green" />
```

O exemplo a seguir demonstra como definir a cor do texto, no **C#**, no arquivo **code-behind**:

```
var MeuEntry = new Entry();
MeuEntry.TextColor = Color.Green;
```

Observem que o espaço reservado não é afetado pelo especificado na propriedade **TextColor**. O exemplo a seguir demonstra como definir a cor de fundo do objeto, em **XAML**:

```
<Entry Placeholder="Insira o texto aqui"
BackgroundColor="#2c3e50" />
```

O exemplo a seguir demonstra como definir a cor de fundo do objeto, no **C#**, no arquivo **code-behind**:

```
var MeuEntry = new Entry();
MeuEntry.BackgroundColor = Color.FromHex("#2c3e50");
```

Temos que tomar cuidado para certificarmos de que as cores de plano de fundo e de texto escolhidas sejam utilizáveis em cada plataforma e não oculte nenhum texto de espaço reservado. Veremos mais adiante exemplos de uso.

Eventos e Interatividade

O objeto **Entry**, trabalha com dois eventos:

- **TextChanged:** gerado quando o texto é alterado na entrada. Fornece o texto antes e depois da alteração;
- **Completed:** gerado quando o usuário termina a entrada pressionando a tecla de retorno no teclado.

A classe **VisualElement**, da qual **Entry** herda, também tem os eventos **Focused** e **Unfocused**. O evento **Completed** é usado para reagir à conclusão de uma interação com uma entrada, e é gerado quando o usuário termina a entrada de um campo pressionando a tecla de retorno (**Enter**) no teclado, ou pressionando a tecla **Tab** no **UWP**. O manipulador para o evento é um manipulador de eventos genérico. O exemplo a seguir demonstra como usar o evento **Completed**, em **XAML**:

```
<Entry Completed="Entry_Completed" />
```

Em seguida, declarar o evento `Entry_Completed`, no arquivo **code-behind**, ao pressionar a tecla **F7**:

```
void Entry_Completed (object sender, EventArgs e)
{
    var text = ((Entry)sender).Text; //Vai acessar a
propriedade do objeto Entry
}
```

O exemplo a seguir demonstra como usar o evento **Completed**, no **C#**, no arquivo **code-behind**:

```
var MeuEntry = new Entry ();
MeuEntry.Completed += Entry_Completed;
```

Depois que o evento **Completed** é acionado, qualquer ICommand especificado pela propriedade **ReturnCommand** é executado, com o objeto especificado pela propriedade **ReturnCommandParameter** que está sendo passada para o **ICommand**. O evento **TextChanged** é usado para reagir a uma alteração no conteúdo de um campo, e é gerado sempre que o texto dentro do objeto **Entry** sofre alguma alteração. O manipulador para o evento usa uma instância do **TextChangedEventArgs**, que fornece acesso aos valores novos e antigos do texto do objeto **Entry** através das propriedades **OldTextValue** e **NewTextValue**. O exemplo a seguir demonstra como usar o evento **TextChanged**, em **XAML**:

```
<Entry TextChanged="Entry_TextChanged" />
```

Em seguida, declarar o evento `Entry_TextChanged`, no arquivo **code-behind**, ao pressionar a tecla **F7**:

```
void Entry_TextChanged (object sender, TextChangedEventArgs e)
{
    var oldText = e.OldTextValue;
    var newText = e.NewTextValue;

}
```

O exemplo a seguir demonstra como usar o evento **TextChanged**, no **C#**, no arquivo **code-behind**:

```
var MeuEntry = new Entry ();
MeuEntry.TextChanged += Entry_TextChanged;
```

Veremos mais adiante exemplos de uso.

Criando e Compilando o Projeto

Criando um Controle Entry no Código XAML

Vamos criar um novo projeto, onde abordaremos todos os itens que comentamos, para entendermos estes conceitos, conforme vimos no tópico **O Ambiente de Desenvolvimento do Microsoft Visual Studio Community 2022,** no **capítulo 2** do **volume 01**, no item **Project name:**, digite **AppUsandoEntry**, aguarde e vejam que vai aparecer a nossa **IDE** ou área de desenvolvimento, conforme vimos na **figura 28**. Observem que todo projeto **Xamarin.Forms** que criamos, automaticamente já vem com uma página de visualização ou **View**, vinculada, que é o arquivo **MainPage.xaml**, vamos abri-lo, para isto, abra a janela **Solution Explorer**, pressione ao mesmo tempo as teclas **Ctrl+Alt+L**, e deve abrir a janela **Solution Explorer** conforme vimos na **figura 29**. Em seguida, abra o projeto **AppUsandoEntry**, para isto, clique na setinha que tem ao lado do projeto **AppUsandoEntry**, em seguida, clique duas vezes com o botão esquerdo do mouse sobre o arquivo **MainPage.xaml**, e vai abrir o mesmo, agora pressione ao mesmo tempo as teclas **Ctrl+A** e vai selecionar todo o código, conforme vimos na **figura 160**. Pressione a tecla **Delete** do teclado, no local onde o cursor do mouse está piscando, na **linha 1**, digite o código abaixo:

```
<?xml version="1.0" encoding="utf-8" ?>
<ContentPage xmlns="http://xamarin.com/schemas/2014/forms"
             xmlns:x="http://schemas.microsoft.com/winfx/2009/
xaml"
             x:Class="AppUsandoEntry.MainPage"
             BackgroundColor="CadetBlue">

    <StackLayout Spacing="20" Margin="{OnPlatform iOS=30,
Android=25, UWP=30}">
```

```
        <Label Text="O objeto Entry é usado para coletar texto
que deve ocupar uma linha." />
        <Label Text="Ao contrário do objeto Editor, o Entry
suporta formatação e personalização mais avançadas." />
        <ScrollView VerticalOptions="StartAndExpand">
            <StackLayout>
                <Entry Text="Xamarin Forms"
TextColor="IndianRed" ClearButtonVisibility="WhileEditing" />
                <Entry Placeholder="Usuário"  TextColor="White"
FontAttributes="Bold" BackgroundColor="Orange" />
                <Entry Placeholder="Senha" IsPassword="true"
/>
                <Entry Text="Apresentação padrão" />
                <Entry Placeholder="Insira o texto aqui"
IsSpellCheckEnabled="true" IsTextPredictionEnabled="true">
                    <Entry.Keyboard>
                        <Keyboard x:FactoryMethod="Create">
                            <x:Arguments>

<KeyboardFlags>Suggestions,CapitalizeCharacter</KeyboardFlags>
                            </x:Arguments>
                        </Keyboard>
                    </Entry.Keyboard>
                </Entry>
                <Entry IsEnabled="false" Text="Este é o objeto
Entry desativado" />
                <Entry Text="Tipo de retorno especificado,
pesquisa" ReturnType="Search" />
                <Entry Text="Posição do cursor e comprimento da
seleção definidos" CursorPosition="5" SelectionLength="10" />
                <Entry Text="Esta é uma entrada somente
leitura" IsReadOnly="true" />
            </StackLayout>
        </ScrollView>
    </StackLayout>
</ContentPage>
```

Salve seu projeto, conforme vimos nas **figuras 50** e **51**. Na **linha 5**, estamos definindo uma cor de fundo para nosso **App**. Na **linha 7**, estamos definindo a margem em cada plataforma. Na **linha 8**, estamos definindo um objeto **Label**, que vai exibir um texto. Na **linha** 9, estamos definindo um objeto **Label**, que vai exibir um texto. Na **linha 10**, estamos definindo uma barra de rolagem vertical com o objeto **ScrollView**. Na **linha 12**, estamos definindo um objeto **Entry**, que vai exibir um botão **X**, para limpar o texto, quando tiver o foco. Na **linha**

13, estamos definindo um objeto **Entry**, que vai receber um texto normal, quando tiver o foco. Na **linha 14**, estamos definindo um objeto **Entry**, que vai receber um texto encriptado para a senha, quando tiver o foco. Na **linha 15**, estamos definindo um objeto **Entry**, que vai receber um texto padrão, quando tiver o foco. Nas **linhas 16** a **24**, estamos definindo um objeto **Entry**, que vai ter um texto que vai tentar completar a palavra ou adivinhar a palavra que está sendo digitada, e todo o conteúdo vai estar em caixa alta, ou seja, maiúsculas. Na **linha 25**, estamos definindo um objeto **Entry**, que vai estar desativado, não recebe foco. Na **linha 26**, estamos definindo um objeto **Entry**, que vai receber um texto padrão, quando tiver o foco, e vai mostrar no teclado o símbolo da lupa, ou seja, pesquisa. Na **linha 27**, estamos definindo um objeto **Entry**, que vai selecionar o texto de acordo com a posição do curso e o tamanho do texto definidos nas propriedades **CursorPosition** e **SelectionLength**, quando tiver o foco. Na **linha 28**, estamos definindo um objeto **Entry**, somente leitura, vai ser mostrado o texto, mas não aceita o foco. Agora podemos compilar nosso **App** no **Android**, para isto, repita o procedimento que vimos no **Capítulo 3 – Interface do Usuário do Xamarin.Forms – Páginas e Layouts do volume 01**, os seguintes tópicos: **Criando a Interface do Usuário com C# (C Sharp) – Code-behind**, **Compilando (Debugging) o Aplicativo Android** e **Instalando o Emulador do Android**. Para usar um smartphone **Android**, vejam no **Capítulo 3 – Interface do Usuário do Xamarin.Forms – Páginas e Layouts do volume 01**, o seguinte tópico: **Configurando o Smartphone para Modo Desenvolvedor**, agora o ícone do aplicativo vai aparecer no smartphone, conforme **figura 401**:

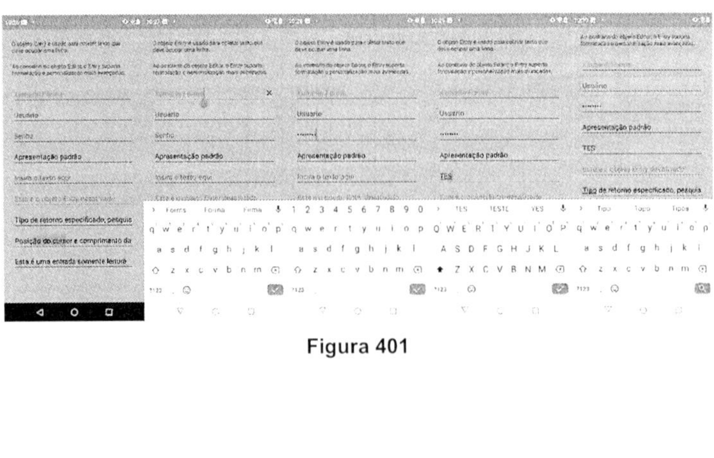

Figura 401

Clique no primeiro campo e vejam que vai aparecer um botão no formato de **X**, clique nele e vejam que o texto será apagado. No segundo campo, temos uma cor de fundo diferente. No terceiro campo, digite um valor qualquer e vejam que vão aparecer caracteres criptografados. No quarto campo, temos uma apresentação padrão, sem nenhuma propriedade ativa. No quinto campo, vá digitando uma palavra e vejam que vai aparecer um alto completar. No sexto campo, não conseguimos digitar nada, pois o mesmo está desabilitado. No sétimo campo, posicione o cursor do mouse sobre o mesmo, e vejam que no teclado vai aparecer uma tecla com uma lupa, portanto, é um campo para pesquisa. No oitavo campo, observe que o texto vai estar selecionado quando o **App** abre a primeira vez, quando começamos a usar o mesmo, estas marcações desaparecem e temos um campo com entrada de texto. No nono campo, estamos trabalhando com um campo somente leitura, a diferença deste para desabilitado é que conseguimos ler o que tem dentro do campo. Vamos retornar à **IDE** do **Visual Studio**, vamos parar nossa compilação, conforme vimos nas **figuras 76** e **77**. Agora podemos compilar nosso **App** no **iOS**, para usar um simulador da **Apple**, repita o procedimento que vimos no **Capítulo 3 – Interface do Usuário do Xamarin.Forms – Páginas e Layouts do volume 01**, os seguintes tópicos: **Criando a Interface do Usuário com C# (C Sharp) – Code-behind**, **Compilando (Debugging) o Aplicativo iOS**. Antes de prosseguir, devemos desinstalar o aplicativo do **iPhone**, conforme vimos no **Anexo I**, do **volume 01 – Instalando o Ambiente de Desenvolvimento do Microsoft Visual Studio Community 2022 no MAC**, nos tópicos: **Clonando Repositórios do GitHub** e **Desinstalar um Aplicativo do iPhone**. Para usar um smartphone **iPhone**, repita o procedimento que vimos no **Capítulo 3 – Interface do Usuário do Xamarin.Forms – Páginas e Layouts do volume 01**, os seguintes tópicos: **Criando a Interface do Usuário com XAML – Zammel**, **Páginas do Xamarin.Forms – (Xamarin.Forms Pages)**, **Páginas do Xamarin.Forms – (Xamarin.Forms Pages)** e **MasterDetailPage**. E no **Anexo I**, do **volume 01 – Instalando o Ambiente de Desenvolvimento do Microsoft Visual Studio Community 2022 no MAC**, os seguintes tópicos: **Provisionamento Gratuito para Aplicativos Xamarin.iOS**, **Testes em Dispositivos com Provisionamento Gratuito** e **Criando Uma Identidade de Assinatura e Um Perfil de Provisionamento Usando o Xcode**, em seguida, vejam o **App** instalado na tela do seu **iPhone**, conforme **figura 402**:

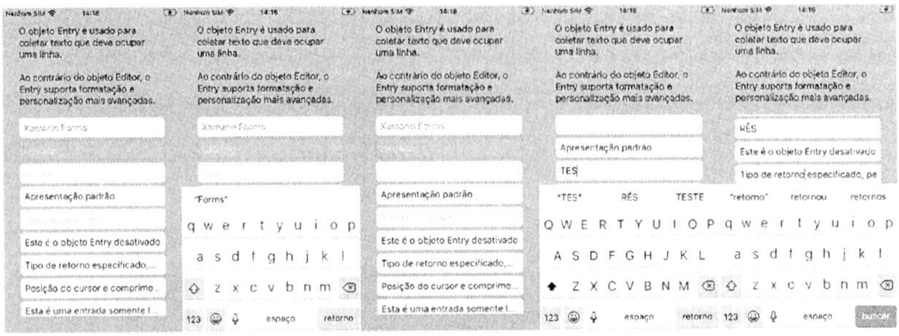

Figura 402

Clique no primeiro campo e vejam que vai aparecer um botão redondo com um **X** dentro, clique nele e vejam que o texto vai ser apagado. No segundo campo, temos uma cor de fundo diferente. No terceiro campo, digite um valor qualquer e vejam que vão aparecer caracteres criptografados. No quarto campo, temos uma apresentação padrão, sem nenhuma propriedade ativa. No quinto campo, vá digitando uma palavra e vejam que vai aparecer um alto completar. No sexto campo, não conseguimos digitar nada, pois o mesmo está desabilitado, vejam que no **iOS** o campo não fica ofuscado. No sétimo campo, posicione o cursor do mouse sobre o mesmo, e vejam que no teclado vai aparecer um botão azul com o texto **buscar**, portanto, é um campo para pesquisa. No oitavo campo, as propriedades **CursorPosition** e **SelectionLength**, não funcionam. No nono campo, estamos trabalhando com um campo somente leitura, a diferença deste para desabilitado é que conseguimos ler o que tem dentro do campo. Agora vamos compilar o nosso projeto no **UWP**, conforme vimos no **Capítulo 3 – Interface do Usuário do Xamarin.Forms – Páginas e Layouts do volume 01**, nos tópicos **Criando a Interface do Usuário com C# (C Sharp) – Code-behind** e **Compilando (Debugging) o Aplicativo UWP**. Este processo é muito rápido, pois estamos instalando o aplicativo direto no computador. Quando o aplicativo for instalado no computador, aparecerá a seguinte mensagem **Ready** com uma tarja laranja, no canto inferior esquerdo, conforme **figura 403**:

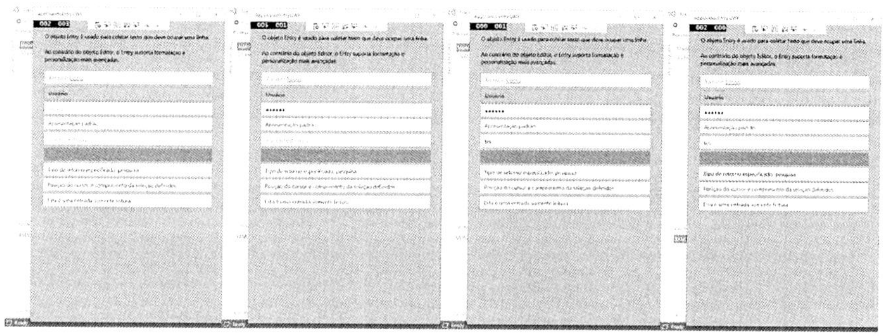

Figura 403

Clique no primeiro campo, clique no **x** que fica do lado direito do campo, desta forma vai apagar o texto que está dentro. No segundo campo, temos uma cor de fundo diferente. No terceiro campo, digite um valor qualquer e vejam que vão aparecer caracteres criptografados. No quarto campo, temos uma apresentação padrão, sem nenhuma propriedade ativa. No quinto campo, as propriedades **IsSpellCheckEnabled** e **IsTextPredictionEnabled**, não funcionam no **UWP**. No sexto campo, não conseguimos digitar nada, pois o mesmo está desabilitado. No sétimo campo, a propriedade **ReturnType** não funciona no **UWP**. No oitavo campo, as propriedades **CursorPosition** e **SelectionLength**, não funcionam no **UWP**. No nono campo, estamos trabalhando com um campo somente leitura, a diferença deste para desabilitado é que conseguimos ler o que tem dentro do campo. Vamos retornar à **IDE** do **Visual Studio**, vamos parar nossa compilação, conforme vimos nas **figuras 76** e **77**. Observem que a compilação é muita rápida, pois estamos instalando o aplicativo no **Windows**, no computador. Agora vamos fazer um **commit**, que nada mais é do que mandar nosso projeto para o **GitHub**, conforme vimos, nas **figuras 232** a **236**.

Editor

Este controle permite que o usuário insira e edite várias linhas de texto. O texto fica disponível com a propriedade **Text**, e os eventos **TextChanged** e **Completed** são acionados quando o texto é alterado ou o usuário sinaliza a conclusão.

Definir e Ler Texto

Da mesma forma que vimos no objeto **Entry**, veremos mais adiante exemplos de uso.

Definir Texto do Placeholder – (Espaço Reservado)

Da mesma forma que vimos no objeto **Entry**, veremos mais adiante exemplos de uso.

Inibindo Entrada de Texto

Da mesma forma que vimos no objeto **Entry**. Devemos observar que a propriedade **IsReadonly** não altera a aparência visual de um objeto **Entry**, diferente da propriedade **IsEnabled** que também altera a aparência visual do objeto **Entry** para cinza. Veremos mais adiante exemplos de uso.

Transformação de Texto

Da mesma forma que vimos no objeto **Entry**, veremos mais adiante exemplos de uso.

Limitando o Comprimento da Entrada de Texto

Da mesma forma que vimos no objeto **Entry**, veremos mais adiante exemplos de uso.

Espaçamento Entre Caracteres

Da mesma forma que vimos no objeto **Entry**, veremos mais adiante exemplos de uso.

Dimensionar Automaticamente um Objeto Editor

É possível fazer o dimensionamento automático para o conteúdo definido no objeto **Editor**, para isto, basta definirmos a propriedade **AutoSize** com o valor **TextChanges**, que é um valor da enumeração **EditorAutoSizeOption**. Essa enumeração tem dois valores:

- **Disabled:** indica que o redimensionamento automático está desabilitado e é o valor padrão.
- **TextChanges:** indica que o redimensionamento automático está habilitado.

O exemplo a seguir demonstra como dimensionar o objeto **Editor**, em **XAML**:

```
<Editor Text="Entre com o texto aqui...."
AutoSize="TextChanges" />
```

O exemplo a seguir demonstra como dimensionar o objeto **Editor**, no **C#**, no arquivo **code-behind**:

```
var meuEditor = new Editor {Text = "Entre com o texto
aqui....", AutoSize = EditorAutoSizeOption.TextChanges };
```

Quando o redimensionamento automático estiver habilitado, a altura do objeto **Editor** será aumentada quando o usuário preencher com texto e a altura diminuirá à medida que o usuário excluir o texto. Devemos ficar atentos, pois o objeto **Editor** não será dimensionado automaticamente se a propriedade **HeightRequest** tiver sido definida. Veremos mais adiante exemplos de uso.

Personalizando o Teclado

Da mesma forma que vimos no objeto **Entry**, veremos mais adiante exemplos de uso.

Habilitar e Desabilitar a Verificação Ortográfica

Da mesma forma que vimos no objeto **Entry**, veremos mais adiante exemplos de uso.

Habilitar e Desabilitar a Previsão de Texto

Da mesma forma que vimos no objeto **Entry**, veremos mais adiante exemplos de uso.

Usando Cores

Da mesma forma que vimos no objeto **Entry**, veremos mais adiante exemplos de uso.

Eventos e Interatividade

Da mesma forma que vimos no objeto **Entry**, veremos mais adiante exemplos de uso.

Criando e Compilando o Projeto

Criando um Controle Editor no Código XAML

Vamos criar um novo projeto, onde abordaremos todos os itens que comentamos, para entendermos estes conceitos, conforme vimos no tópico **O Ambiente de Desenvolvimento do Microsoft Visual Studio Community 2022,** no **capítulo 2** do **volume 01**, no item **Project name:**, digite **AppUsandoEditor**, aguarde e vejam que vai aparecer a nossa **IDE** ou área de desenvolvimento, conforme vimos na **figura 28**. Observem que todo projeto **Xamarin.Forms** que criamos, automaticamente já vem com uma página de visualização ou **View**, vinculada, que é o arquivo **MainPage.xaml**, vamos abri-lo, para isto, abra a janela **Solution Explorer**, pressione ao mesmo tempo as teclas **Ctrl+Alt+L**, e deve abrir a janela **Solution Explorer** conforme vimos na **figura 29**. Em seguida, abra o projeto **AppUsandoEditor**, para isto, clique na setinha que tem ao lado do projeto **AppUsandoEntry**, em seguida, clique duas vezes com o botão esquerdo do mouse sobre o arquivo **MainPage.xaml**, e vai abrir o mesmo, agora pressione ao mesmo tempo as teclas **Ctrl+A** e vai selecionar todo o código, conforme vimos na **figura 160**. Pressione a tecla **Delete** do teclado, no local onde o cursor do mouse está piscando, na **linha 1**, digite o código abaixo:

```
<?xml version="1.0" encoding="utf-8" ?>
<ContentPage xmlns="http://xamarin.com/schemas/2014/forms"
             xmlns:x="http://schemas.microsoft.com/
winfx/2009/xaml"
             x:Class="AppUsandoEditor.MainPage"
             BackgroundColor="AliceBlue"
             Title="Usando Editor">
```

```
    <ContentPage.Content>
        <StackLayout Spacing="20" Margin="{OnPlatform iOS=30,
Android=25, UWP=30}">
            <Label Text="Usando Editor" FontSize="18"
FontAttributes="Bold"/>
            <Editor
                Placeholder="Digite o texto aqui"
PlaceholderColor="White"
                BackgroundColor="{OnPlatform iOS=#a4eaff,
Android=#2c3e50, UWP=#836FFF}"
                TextColor="{OnPlatform iOS=White,
Android=White, UWP=Black}"
                TextTransform="Uppercase"
                CharacterSpacing="5"
                AutoSize="TextChanges"
                IsSpellCheckEnabled="true"/>
        </StackLayout>
    </ContentPage.Content>
</ContentPage>
```

Salve seu projeto, conforme vimos nas **figuras 50** e **51**. Na **linha 5**, estamos definindo uma cor de fundo para nosso **App**. Na **linha 9**, estamos definindo a margem em cada plataforma. Na **linha 10**, estamos definindo um objeto **Label**, que vai exibir um texto. Na **linha 11**, estamos definindo um objeto **Editor**, que vai receber um **Placeholder**, uma cor de fundo diferente para **iOS** e **Android**, o texto vai ter a cor branca no **iOS** e no **Android**, e preta no **UWP**, todo em caixa alta, com um espaçamento de caractere de 5 pontos, e a caixa de texto vai se expandir automaticamente, à medida que o texto vai sendo digitado, e a verificação ortográfica está habilitada. Agora podemos compilar nosso **App** no **Android**, para isto, repita o procedimento que vimos no **Capítulo 3 – Interface do Usuário do Xamarin.Forms – Páginas e Layouts do volume 01**, os seguintes tópicos: **Criando a Interface do Usuário com C# (C Sharp) – Code-behind**, **Compilando (Debugging) o Aplicativo Android** e **Instalando o Emulador do Android**. Para usar um smartphone **Android**, vejam no **Capítulo 3 – Interface do Usuário do Xamarin.Forms – Páginas e Layouts do volume 01**, o seguinte tópico: **Configurando o Smartphone para Modo Desenvolvedor**, agora o ícone do aplicativo vai aparecer no smartphone, conforme **figura 404**:

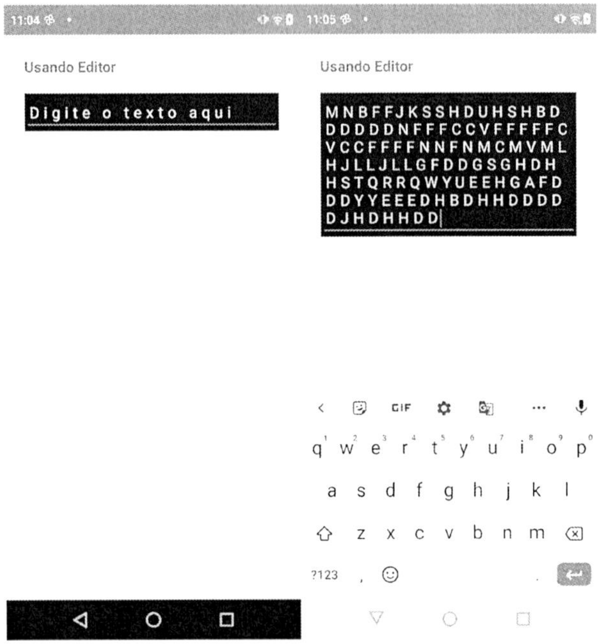

Figura 404

Vejam que vai aparecer o texto do **placeholder**, e a cor de fundo no campo do objeto **Editor**, digite um texto qualquer, e observe que à medida que o texto vai sendo digitado, o objeto **Editor** vai expandindo, com o texto na cor branca, e com espaçamento de 5 pontos, observe também que no teclado as palavras vão aparecendo com a verificação ortográfica. Vamos retornar à **IDE** do **Visual Studio**, vamos parar nossa compilação, conforme vimos nas **figuras 76** e **77**. Agora podemos compilar nosso **App** no **iOS**, para usar um simulador da **Apple**, repita o procedimento que vimos no **Capítulo 3 – Interface do Usuário do Xamarin.Forms – Páginas e Layouts do volume 01**, os seguintes tópicos: **Criando a Interface do Usuário com C# (C Sharp) – Code-behind**, **Compilando (Debugging) o Aplicativo iOS**. Antes de prosseguir, devemos desinstalar o aplicativo do **iPhone**, conforme vimos no **Anexo I**, do **volume 01 – Instalando o Ambiente de Desenvolvimento do Microsoft Visual Studio Community 2022 no MAC**, nos tópicos: **Clonando Repositórios do GitHub** e **Desinstalar um Aplicativo do iPhone**. Para usar um smartphone **iPhone**, repita o procedimento que vimos no **Capítulo 3 – Interface do Usuário do Xamarin.**

Forms – Páginas e Layouts do volume 01, os seguintes tópicos: **Criando a Interface do Usuário com XAML – Zammel**, **Páginas do Xamarin.Forms – (Xamarin.Forms Pages)**, **Páginas do Xamarin. Forms – (Xamarin.Forms Pages)** e **MasterDetailPage**. E no **Anexo I**, do **volume 01 – Instalando o Ambiente de Desenvolvimento do Microsoft Visual Studio Community 2022 no MAC**, os seguintes tópicos: **Provisionamento Gratuito para Aplicativos Xamarin.iOS**, **Testes em Dispositivos com Provisionamento Gratuito** e **Criando Uma Identidade de Assinatura e Um Perfil de Provisionamento Usando o Xcode**, em seguida, vejam o **App** instalado na tela do seu **iPhone**, conforme **figura 405**:

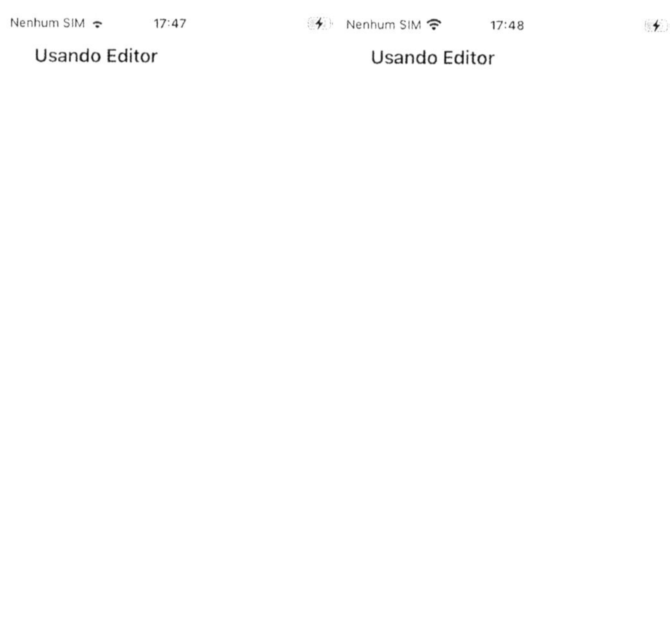

Figura 405

Vejam que vai aparecer o texto do **placeholder**, e a cor de fundo no campo do objeto **Editor**, digite um texto qualquer, e observe que à medida que o texto vai sendo digitado, o objeto **Editor** vai expandindo, com o texto na cor branca, e com espaçamento de 5 pontos, observe também que no teclado as palavras vão aparecendo com a verificação ortográfica. Agora vamos compilar o nosso projeto no **UWP**, conforme vimos no **Capítulo 3 – Interface do Usuário do Xamarin.**

Forms – Páginas e Layouts do volume 01, nos tópicos **Criando a Interface do Usuário com C# (C Sharp) – Code-behind** e **Compilando (Debugging) o Aplicativo UWP**. Este processo é muito rápido, pois estamos instalando o aplicativo direto no computador. Quando o aplicativo for instalado no computador, aparecerá a seguinte mensagem **Ready** com uma tarja laranja, no canto inferior esquerdo, conforme **figura 406**:

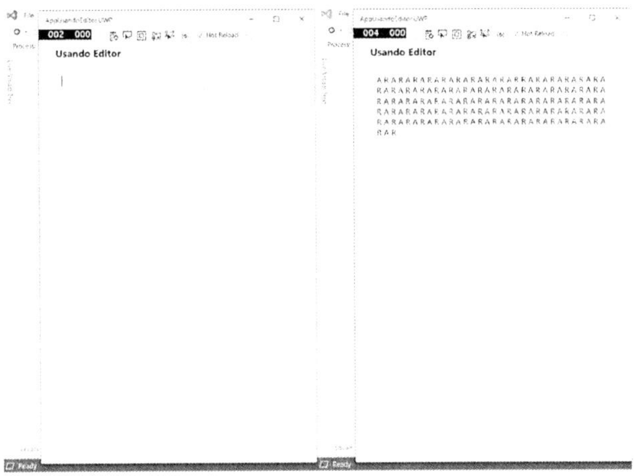

Figura 406

O **placeholder** não funciona no **UWP**, a cor de fundo do objeto **Editor** não funciona no **UWP**, digite um texto qualquer, e observe que à medida que o texto vai sendo digitado, o objeto **Editor** vai expandindo, com o texto na cor preta, e com espaçamento de 5 pontos, observe também que a verificação ortográfica não funciona no **UWP**. Vamos retornar à **IDE** do **Visual Studio**, vamos parar nossa compilação, conforme vimos nas **figuras 76** e **77**. Observem que a compilação é muita rápida, pois estamos instalando o aplicativo no **Windows**, no computador. Agora vamos fazer um **commit**, que nada mais é do que mandar nosso projeto para o **GitHub**, conforme vimos, nas **figuras 232** a **236**.

Visualizações Que Indicam Atividade – (Views To Indicate Activity)

ActivityIndicator

O controle **ActivityIndicator** vai exibir uma animação para mostrar que o aplicativo está demorando para abrir ou executar uma atividade. Ao contrário do controle **ProgressBar**, o controle **ActivityIndicator** não fornece nenhuma indicação de progresso, ele herda da classe **View**. Este controle define as seguintes propriedades:

- **Color:** define a cor de exibição do controle **ActivityIndicator**;
- **IsRunning:** é um valor booleano que indica se o controle **ActivityIndicator** deve estar visível e animado ou oculto. Quando o valor é false, o controle **ActivityIndicator** não está visível.

Essas propriedades são acessadas por objetos **BindableProperty**, o que significa que o controle **ActivityIndicator** pode ser estilizado e ser o destino de associações de dados. O exemplo a seguir demonstra como utilizar o controle **ActivityIndicator**, em **XAML**:

```
<ActivityIndicator IsRunning="true" />
```

O exemplo a seguir demonstra como utilizar o controle **ActivityIndicator**, no **C#**, no arquivo **code-behind**:

```
ActivityIndicator activityIndicator = new ActivityIndicator
{IsRunning = true};
```

Propriedades para Aparência do controle ActivityIndicator

A propriedade **Color** define a cor do controle **ActivityIndicator**. O exemplo a seguir demonstra como utilizar a propriedade Color do controle **ActivityIndicator**, em **XAML**:

```
<ActivityIndicator Color="Orange" />
```

O exemplo a seguir demonstra como utilizar a propriedade Color do controle **ActivityIndicator**, no **C#**, no arquivo **code-behind**:

```
ActivityIndicator activityIndicator = new ActivityIndicator
{Color = Color.Orange};
```

Criando e Compilando o Projeto

Criando um Controle ActivityIndicator no Código XAML

Vamos criar um novo projeto, onde abordaremos todos os itens que comentamos, para entendermos estes conceitos, conforme vimos no tópico **O Ambiente de Desenvolvimento do Microsoft Visual Studio Community 2022,** no **capítulo 2** do **volume 01**, no item **Project name:**, digite **AppUsandoActivityIndicator**, aguarde e vejam que vai aparecer a nossa **IDE** ou área de desenvolvimento, conforme vimos na **figura 28**. Observem que todo projeto **Xamarin. Forms** que criamos, automaticamente já vem com uma página de visualização ou **View** vinculada, que é o arquivo **MainPage.xaml**, vamos abri-lo, para isto, abra a janela **Solution Explorer**, pressione ao mesmo tempo as teclas **Ctrl+Alt+L**, e deve abrir a janela **Solution Explorer** conforme vimos na **figura 29**. Em seguida, abra o projeto **AppUsandoActivityIndicator**, para isto, clique na setinha que tem ao lado do projeto **AppUsandoActivityIndicator**, em seguida, clique duas vezes com o botão esquerdo do mouse sobre o arquivo **MainPage.xaml**, e vai abrir o mesmo, agora pressione ao mesmo tempo as teclas **Ctrl+A** e vai selecionar todo o código, conforme vimos na **figura 160**. Pressione a tecla **Delete** do teclado, no local onde o cursor do mouse está piscando, na **linha 1**, digite o código abaixo:

```
<?xml version="1.0" encoding="utf-8" ?>
<ContentPage xmlns="http://xamarin.com/schemas/2014/forms"
             xmlns:x="http://schemas.microsoft.com/winfx/2009/
xaml"
             x:Class="AppUsandoActivityIndicator.MainPage"
             BackgroundColor="CornflowerBlue"
             Title="Usando ActivityIndicator">

    <StackLayout>
        <Label x:Name="statusExecucaoTarefa"
               Text="Todas as tarefas foram concluídas !!!!"
               VerticalOptions="CenterAndExpand"
               HorizontalOptions="CenterAndExpand"
               FontAttributes="Bold"
               FontSize="18"/>
        <ActivityIndicator x:Name="padraoActivityIndicator"
                           VerticalOptions="CenterAndExpand"
                           HorizontalOptions="Fill" />
```

```
        <ActivityIndicator x:Name="estilizadoActivityIndicator"
                           Color="{OnPlatform iOS=Orange,
Android=Green, UWP=Blue}"
                           VerticalOptions="CenterAndExpand"
                           HorizontalOptions="Fill" />
        <Button Text="Alternar status da tarefa"
                Clicked="OnButtonClicked"
                VerticalOptions="CenterAndExpand"
                HorizontalOptions="CenterAndExpand" />
    </StackLayout>
</ContentPage>
```

Salve seu projeto, conforme vimos nas **figuras 50** e **51**. Na **linha 5**, estamos definindo uma cor de fundo para nosso **App**. Na **linha 9**, estamos definindo um objeto **Label**, que vai exibir um texto. Observem que criamos uma variável com o nome **statusExecucaoTarefa**. Na **linha 15**, estamos definindo um objeto **ActivityIndicator**, como padrão de cada **SO**. Observem que criamos uma variável com o nome **padraoActivityIndicator**. Na **linha 18**, estamos definindo outro objeto **ActivityIndicator**, com uma cor vermelha para **iOS**, uma cor verde para **Android** e uma cor azul para **UWP**. Observem que criamos uma variável com o nome **estilizadoActivityIndicator**. Na **linha 22**, estamos definindo um objeto **Button**. Na **linha 23**, estamos definindo o evento **Clicked** como um manipulador de eventos chamado **OnButtonClicked** que está localizado no arquivo **code-behind**, ou seja, o arquivo **MainPage.xaml.cs**. Agora vamos abrir o arquivo **code-behind**, ou seja, o arquivo **MainPage.xaml.cs**, abra a janela **Solution Explorer**, pressione ao mesmo tempo as teclas **Ctrl+Alt+L**, e deve abrir a janela **Solution Explorer** conforme vimos na **figura 29**. Em seguida, abra o projeto **AppUsandoActivityIndicator**, para isto, clique na setinha que tem ao lado do projeto **AppUsandoActivityIndicator**, em seguida, clique na setinha que tem ao lado do arquivo **MainPage.xaml**, em seguida, clique com o botão do mouse sobre o arquivo **MainPage.xaml.cs**, selecione o item **View Code** ou pressione a tecla **F7,** conforme vimos na **figura 46**. Clicar duas vezes com o botão do mouse sobre o arquivo **MainPage.xaml.cs**, tem o mesmo efeito. Vai abrir a janela de código do arquivo **MainPage.xaml.cs**, conforme vimos na **figura 48**. Agora pressione ao mesmo tempo as teclas **Ctrl+A** e vai selecionar todo o código, conforme vimos na **figura 160**. Pressione a tecla **Delete** do teclado, no local onde o cursor do mouse está piscando, na **linha 1**, digite o código abaixo:

```
using System;
using Xamarin.Forms;

namespace AppUsandoActivityIndicator
{
    public partial class MainPage : ContentPage
    {
        bool executarTarefa;
        public MainPage()
        {
            InitializeComponent();
        }

        void OnButtonClicked(object sender, EventArgs e)
        {
            executarTarefa = !executarTarefa;
            AtualizarEstado();
        }

        void AtualizarEstado()
        {
            statusExecucaoTarefa.Text = executarTarefa ? "A
tarefa está em andamento." : "Todas as tarefas foram concluídas
!!!!";
            padraoActivityIndicator.IsRunning = executarTarefa;
            estilizadoActivityIndicator.IsRunning =
executarTarefa;
        }
    }
}
```

Salve seu projeto, conforme vimos nas **figuras 50** e **51**. Na **linha 8**, criamos uma variável boolena que chamamos de **executarTarefa**. Nas **linhas 14** a **18**, estamos definindo o manipulador de eventos do controle **OnButtonClicked**, que criamos no código **XAML** na **linha 23**, que vai verificar se a tarefa está sendo executada, se sim, vai abrir o método **AtualizarEstado**. Nas **linhas 20** a **25**, estamos definindo o método **AtualizarEstado**, que vai mostrar o primeiro controle **ActivityIndicator**, sendo executado com a cor padrão de cada **SO** e no segundo controle, vamos mostrar as cores definidas para cada **SO**. Ao clicar no botão **Alternar status da tarefa**, os controles vão ser executados. Ao clicar novamente, iremos retornar para a tela inicial, com os controles sem execução. Agora podemos compilar nosso **App** no **Android**, para isto, repita o procedimento que vimos no **Capítulo 3 – Interface do Usuário do Xamarin.Forms – Páginas e Layouts do volume 01**, os seguintes tópicos: **Criando a Interface**

do Usuário com C# (C Sharp) – Code-behind, **Compilando (Debugging) o Aplicativo Android** e **Instalando o Emulador do Android**. Para usar um smartphone **Android**, vejam no **Capítulo 3 – Interface do Usuário do Xamarin.Forms – Páginas e Layouts do volume 01**, o seguinte tópico: **Configurando o Smartphone para Modo Desenvolvedor**, agora o ícone do aplicativo vai aparecer no smartphone, conforme **figura 407**:

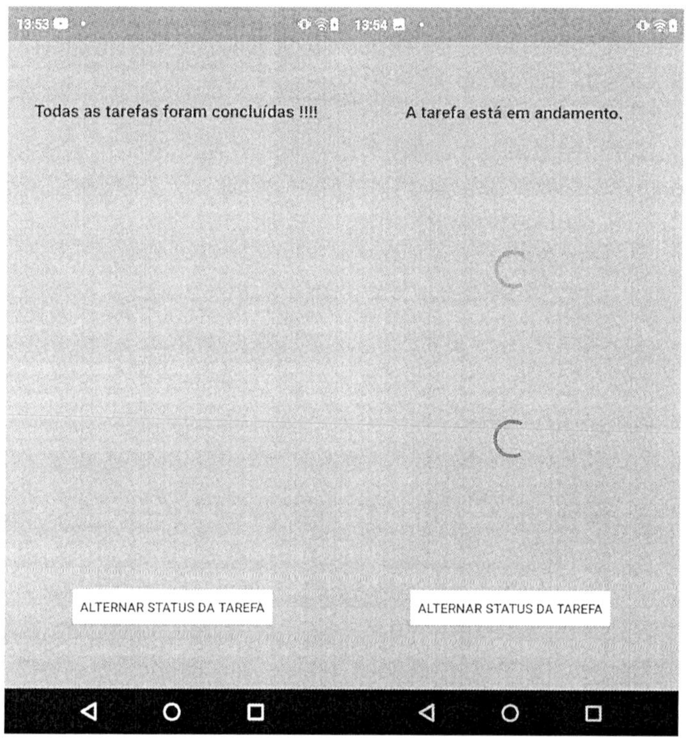

Figura 407

Vejam que vai aparecer a tela inicial, com a frase **Todas as tarefas foram concluídas !!!!**, e o botão **ALTERNAR STATUS DA TAREFA**, clique neste botão e vejam que o primeiro controle **ActivityIndicator** vai aparecer na cor padrão do **Android**, e o segundo controle na cor verde, conforme foi pedido no código, vejam que o controle é um meio círculo. Agora podemos compilar nosso **App** no **iOS**, para usar um simulador da **Apple**, repita o procedimento que vimos no **Capítulo 3 – Interface do Usuário do Xamarin.Forms – Páginas e Layouts do volume 01**, os seguintes tópicos: **Criando a Interface do Usuário**

com C# (C Sharp) – Code-behind, **Compilando (Debugging) o Aplicativo iOS**. Antes de prosseguir, devemos desinstalar o aplicativo do **iPhone**, conforme vimos no **Anexo I**, do **volume 01 – Instalando o Ambiente de Desenvolvimento do Microsoft Visual Studio Community 2022 no MAC**, nos tópicos: **Clonando Repositórios do GitHub** e **Desinstalar um Aplicativo do iPhone**. Para usar um smartphone **iPhone**, repita o procedimento que vimos no **Capítulo 3 – Interface do Usuário do Xamarin.Forms – Páginas e Layouts do volume 01**, os seguintes tópicos: **Criando a Interface do Usuário com XAML – Zammel**, **Páginas do Xamarin.Forms – (Xamarin. Forms Pages)**, **Páginas do Xamarin.Forms – (Xamarin.Forms Pages)** e **MasterDetailPage**. E no **Anexo I**, do **volume 01 – Instalando o Ambiente de Desenvolvimento do Microsoft Visual Studio Community 2022 no MAC**, os seguintes tópicos: **Provisionamento Gratuito para Aplicativos Xamarin.iOS**, **Testes em Dispositivos com Provisionamento Gratuito** e **Criando Uma Identidade de Assinatura e Um Perfil de Provisionamento Usando o Xcode**, em seguida vejam, o **App** instalado na tela do seu **iPhone**, conforme **figura 408**:

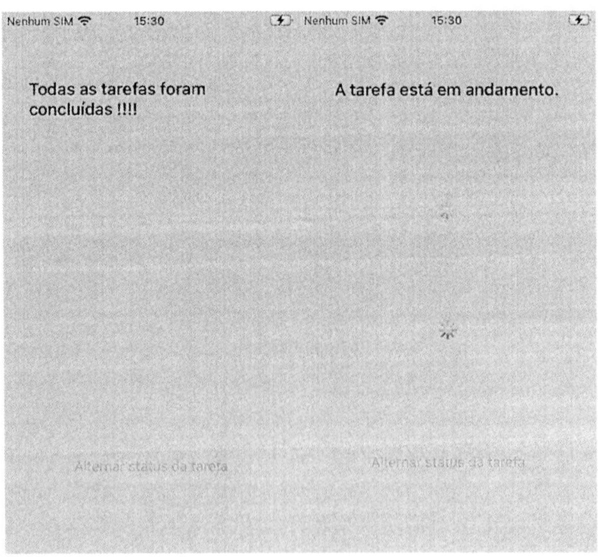

Figura 408

Vejam que vai aparecer a tela inicial, com a frase **Todas as tarefas foram concluídas !!!!**, e o link **ALTERNAR STATUS DA TAREFA**, clique neste link e vejam que o primeiro controle **ActivityIndicator** vai aparecer na cor padrão do **iOS**, e o segundo controle na cor vermelha, conforme foi pedido no código, vejam que o controle é um círculo formado por um tipo de vareta. Agora vamos compilar o nosso projeto no **UWP**, conforme vimos no **Capítulo 3 – Interface do Usuário do Xamarin.Forms – Páginas e Layouts do volume 01**, nos tópicos **Criando a Interface do Usuário com C# (C Sharp) – Code-behind** e **Compilando (Debugging) o Aplicativo UWP**. Este processo é muito rápido, pois estamos instalando o aplicativo direto no computador. Quando o aplicativo for instalado no computador, aparecerá a seguinte mensagem **Ready** com uma tarja laranja, no canto inferior esquerdo, conforme **figura 409**:

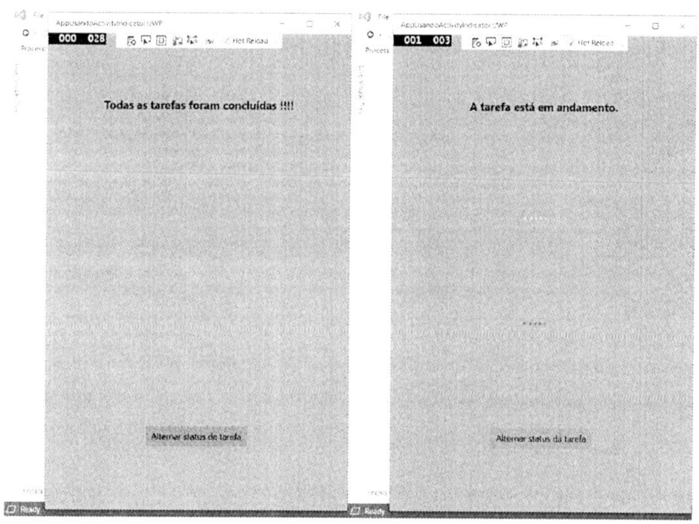

Figura 409

Vejam que vai aparecer a tela inicial, com a frase **Todas as tarefas foram concluídas !!!!**, e o botão **ALTERNAR STATUS DA TAREFA**, clique neste botão e vejam que o primeiro controle **ActivityIndicator** vai aparecer na cor padrão do **UWP**, e o segundo controle na cor azul, conforme foi pedido no código, vejam que o controle são várias bolinhas alinhadas. Vamos retornar à **IDE** do **Visual Studio**, vamos parar nossa compilação, conforme vimos nas **figuras 76** e **77**. Observem que a compilação é muita rápida, pois estamos instalando o aplicativo no **Windows**, no computador. Agora vamos fazer um **commit**, que nada mais é do que mandar nosso projeto para o **GitHub**, conforme vimos, nas **figuras 232** a **236**.

ProgressBar

O controle **ProgressBar** representa visualmente o progresso com uma barra horizontal que é preenchida com um valor percentual representado por um valor do tipo **float**, ele herda da classe **View**. Este controle define as seguintes propriedades:

- **Progress:** é um valor float que representa o andamento atual com um valor de 0 a 1. Os valores menores que 0 serão preenchidos com 0, os valores maiores que 1 serão preenchidos com 1;
- **ProgressColor:** é a cor da barra interna que representa o andamento atual.

Essas propriedades são acessadas por objetos **BindableProperty**, o que significa que o controle **ProgressBar** pode ser estilizado e ser o destino de associações de dados. O exemplo a seguir demonstra como utilizar o controle **ProgressBar**, em **XAML**:

```
<ProgressBar Progress="0.5" />
```

O exemplo a seguir demonstra como utilizar o controle **ProgressBar**, no **C#**, no arquivo **code-behind**:

```
ProgressBar progressBar = new ProgressBar {Progress = 0.5f};
```

Não devemos utilizar as opções de layout horizontal irrestrito, como **Center**, **Start** ou **End** com o controle **ProgressBar**. No **UWP**, o controle **ProgressBar** tem a aparência de uma barra de largura zero. Mantenha o valor padrão **Fill** para a propriedade **HorizontalOptions** e não devemos utilizar a largura **Auto** quando colocarmos um controle **ProgressBar** em um **Grid layout**.

Propriedades para Aparência do controle ProgressBar

A propriedade **ProgressColor** define a cor da barra interna quando a mesma for maior que zero. O exemplo a seguir demonstra como utilizar a propriedade Color do controle **ProgressColor**, em **XAML**:

```
<ProgressBar ProgressColor="Orange" />
```

O exemplo a seguir demonstra como utilizar a propriedade Color do controle **ProgressColor**, no **C#**, no arquivo **code-behind**:

```
ProgressBar progressBar = new ProgressBar {ProgressColor =
Color.Orange};
```

Criando e Compilando o Projeto

Criando um Controle ProgressBar no Código XAML

Vamos criar um novo projeto, onde abordaremos todos os itens que comentamos, para entendermos estes conceitos, conforme vimos no tópico **O Ambiente de Desenvolvimento do Microsoft Visual Studio Community 2022,** no **capítulo 2** do **volume 01**, no item **Project name:**, digite **AppUsandoProgressBar**, aguarde e vejam que vai aparecer a nossa **IDE** ou área de desenvolvimento, conforme vimos na **figura 28**. Observem que todo projeto **Xamarin.Forms** que criamos, automaticamente já vem com uma página de visualização ou **View**, vinculada, que é o arquivo **MainPage.xaml**, vamos abri-lo, para isto, abra a janela **Solution Explorer**, pressione ao mesmo tempo as teclas **Ctrl+Alt+L**, e deve abrir a janela **Solution Explorer** conforme vimos na **figura 29**. Em seguida, abra o projeto **AppUsandoProgressBar**, para isto, clique na setinha que tem ao lado do projeto **AppUsandoProgressBar**, em seguida, clique duas vezes com o botão esquerdo do mouse sobre o arquivo **MainPage.xaml**, e vai abrir o mesmo, agora pressione ao mesmo tempo as teclas **Ctrl+A** e vai selecionar todo o código, conforme vimos na **figura 160**. Pressione a tecla **Delete** do teclado, no local onde o cursor do mouse está piscando, na **linha 1**, digite o código abaixo:

```
<?xml version="1.0" encoding="utf-8" ?>
<ContentPage xmlns="http://xamarin.com/schemas/2014/forms"
             xmlns:x="http://schemas.microsoft.com/winfx/2009/
xaml"
             x:Class="AppUsandoProgressBar.MainPage"
             BackgroundColor="AntiqueWhite"
             Title="Usando ProgressBar">

    <StackLayout Spacing="20" Margin="{OnPlatform iOS=30,
Android=25, UWP=30}">
        <Label Text="Usando ProgressBar"
               VerticalOptions="CenterAndExpand"
               HorizontalOptions="CenterAndExpand"
               FontAttributes="Bold"
               FontSize="18"/>
        <ProgressBar x:Name="padraoProgressBar"
                     WidthRequest="500"
                     VerticalOptions="CenterAndExpand"
                     HorizontalOptions="Fill" />
        <ProgressBar x:Name="estilizadoProgressBar"
                     WidthRequest="500"
                     ProgressColor="{OnPlatform iOS=Red,
Android=Green, UWP=Blue}"
                     VerticalOptions="CenterAndExpand"
                     HorizontalOptions="Fill" />
        <Button Text="Clique para ver o progresso"
                VerticalOptions="CenterAndExpand"
                HorizontalOptions="CenterAndExpand"
                Clicked="OnButtonClicked" />
    </StackLayout>
</ContentPage>
```

Salve seu projeto, conforme vimos nas **figuras 50** e **51**. Vamos entender este código, na **linha 5**, estamos definindo uma cor de fundo para nosso **App**. Na **linha 8**, estamos definindo a margem em cada plataforma. Na **linha 9**, estamos definindo um objeto **Label**, que vai exibir um texto. Na **linha 14**, estamos definindo um objeto **ProgressBar**, como padrão de cada **SO**. Observem que criamos uma variável com o nome **padraoProgressBar**. Na **linha 18**, estamos definindo outro objeto **ProgressBar**, com uma cor vermelha para **iOS**, uma cor verde para **Android** e uma cor azul para **UWP**. Observem que criamos uma variável com o nome **estilizadoProgressBar**. Na **linha 23**, estamos definindo um objeto **Button**. Na **linha 26**, estamos definindo o evento **Clicked** como um manipulador de eventos chamado **OnButtonClicked** que está localizado no arquivo **code-behind**, ou seja, o arquivo **MainPage.xaml.cs**. Agora vamos abrir o arquivo **code-behind**, ou seja, o arquivo **MainPage.xaml.cs**, abra a janela **Solution Explorer**, pressione ao mesmo tempo as teclas **Ctrl+Alt+L**, e deve abrir a janela **Solution Explorer** conforme vimos na **figura 29**. Em seguida, abra o projeto **AppUsandoProgressBar**, para isto, clique na setinha que tem ao lado do projeto **AppUsandoProgressBar**, em seguida, clique na setinha que tem ao lado do arquivo **MainPage.xaml**, em seguida, clique com o botão do mouse sobre o arquivo **MainPage.xaml.cs**, selecione o item **View Code** ou pressione a tecla **F7,** conforme vimos na **figura 46**. Clicar duas vezes com o botão do mouse sobre o arquivo **MainPage.xaml.cs**, tem o mesmo efeito. Vai abrir a janela de código do arquivo **MainPage.xaml.cs**, conforme vimos na **figura 48**. Agora pressione ao mesmo tempo as teclas **Ctrl+A** e vai selecionar todo o código, conforme vimos na **figura 160**. Pressione a tecla **Delete** do teclado, no local onde o cursor do mouse está piscando, na **linha 1**, digite o código abaixo:

```
using System;
using Xamarin.Forms;

namespace AppUsandoProgressBar
{
    public partial class MainPage : ContentPage
    {
        float progresso = 0f;

        public MainPage()
        {
            InitializeComponent();
        }

        async void OnButtonClicked(object sender, EventArgs e)
        {
            progresso += 0.2f;

            if (progresso > 1)
            {
                progresso = 0;
            }
```

```
            // definir diretamente o novo valor de progresso
            padraoProgressBar.Progress = progresso;

            // animação para um novo valor por mais 750
milissegundos usando atenuação linear
            await estilizadoProgressBar.ProgressTo(progresso,
750, Easing.Linear);
        }
    }
}
```

Salve seu projeto, conforme vimos nas **figuras 50** e **51**. Vamos entender este código, na **linha 8**, criamos uma variável do tipo **float** ou decimal que chamamos de **progresso**. Nas **linhas 15** a **29**, estamos definindo o manipulador de eventos do controle **OnButtonClicked**, que criamos no código **XAML** na **linha 26**, que vai executar o progresso na barra a cada 20%, que vai mostrar o primeiro controle **ProgressBar**, sendo executado com a com a cor padrão de cada **SO** e no segundo controle, vamos mostrar as cores definidas para cada **SO**. Ao clicar no botão **Alternar status da tarefa**, os controles vão ser executados, quando o usuário continuar clicando até o final do preenchimento da barra de progresso, o mesmo vai retornar a zero. Agora podemos compilar nosso **App** no **Android**, para isto, repita o procedimento que vimos no **Capítulo 3 – Interface do Usuário do Xamarin. Forms – Páginas e Layouts do volume 01**, os seguintes tópicos: **Criando a Interface do Usuário com C# (C Sharp) – Code-behind**, **Compilando (Debugging) o Aplicativo Android** e **Instalando o Emulador do Android**. Para usar um smartphone **Android**, vejam no **Capítulo 3 – Interface do Usuário do Xamarin.Forms – Páginas e Layouts do volume 01**, o seguinte tópico: **Configurando o Smartphone para Modo Desenvolvedor**, agora o ícone do aplicativo vai aparecer no smartphone, conforme **figura 410**:

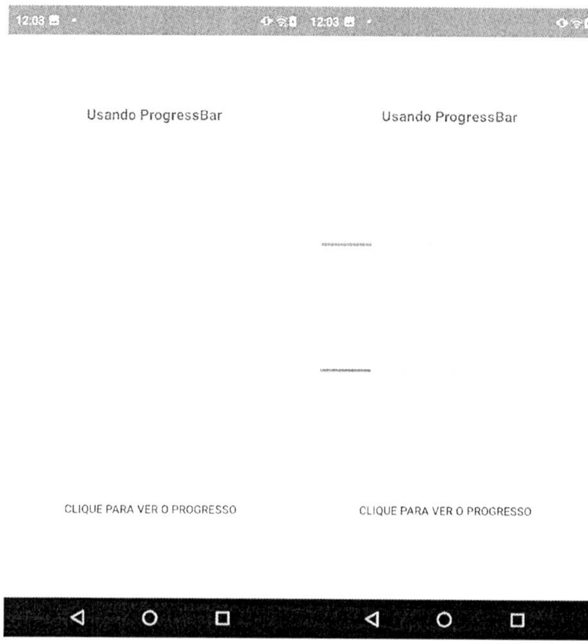

Figura 410

Vejam que vai aparecer a tela inicial, com a frase **Usando ProgressBar** e o botão **CLIQUE PARA VER O PROGRESSO**, clique neste botão e vejam que o primeiro controle **ProgressBar** vai aparecer na cor padrão do **Android**, e o segundo controle na cor verde, conforme foi pedido no código, observe que se o usuário continuar clicando no botão, a barra vai ficando colorida até chegar no final e voltar à tela inicial, ou seja, quando ela for zerada. Agora podemos compilar nosso **App** no **iOS**, para usar um simulador da **Apple**, repita o procedimento que vimos no **Capítulo 3 – Interface do Usuário do Xamarin.Forms – Páginas e Layouts do volume 01**, os seguintes tópicos: **Criando a Interface do Usuário com C# (C Sharp) – Code-behind**, **Compilando (Debugging) o Aplicativo iOS**. Antes de prosseguir, devemos desinstalar o aplicativo do **iPhone**, conforme vimos no **Anexo I**, do **volume 01 – Instalando o Ambiente de Desenvolvimento do Microsoft Visual Studio Community 2022 no MAC**, nos tópicos: **Clonando Repositórios do GitHub** e **Desinstalar um Aplicativo do iPhone**. Para usar um smartphone **iPhone**, repita o procedimento que vimos no **Capítulo 3 – Interface do Usuário do Xamarin.Forms – Páginas**

e Layouts do volume 01, os seguintes tópicos: **Criando a Interface do Usuário com XAML – Zammel**, **Páginas do Xamarin.Forms – (Xamarin.Forms Pages)**, **Páginas do Xamarin.Forms – (Xamarin. Forms Pages)** e **MasterDetailPage**. E no **Anexo I**, do **volume 01 – Instalando o Ambiente de Desenvolvimento do Microsoft Visual Studio Community 2022 no MAC**, os seguintes tópicos: **Provisionamento Gratuito para Aplicativos Xamarin.iOS**, **Testes em Dispositivos com Provisionamento Gratuito** e **Criando Uma Identidade de Assinatura e Um Perfil de Provisionamento Usando o Xcode**, em seguida, vejam o **App** instalado na tela do seu **iPhone**, conforme **figura 411**:

Figura 411

Vejam que vai aparecer a tela inicial, com a frase **Usando ProgressBar**, e o link **CLIQUE PARA VER O PROGRESSO**, clique neste link e vejam que o primeiro controle **ProgressBar** vai aparecer na cor padrão do **iOS**, e o segundo controle na cor vermelha, conforme foi pedido no código, observe que se o usuário continuar clicando no botão, a barra vai ficando colorida até chegar no final e voltar à tela inicial, ou seja, quando ela for zerada. Agora vamos compilar o nosso projeto no **UWP**, conforme vimos no **Capítulo 3 – Interface do Usuário do**

Xamarin.Forms – Páginas e Layouts do volume 01, nos tópicos **Criando a Interface do Usuário com C# (C Sharp) – Code-behind** e **Compilando (Debugging) o Aplicativo UWP**. Este processo é muito rápido, pois estamos instalando o aplicativo direto no computador. Quando o aplicativo for instalado no computador, aparecerá a seguinte mensagem **Ready** com uma tarja laranja, no canto inferior esquerdo, conforme **figura 412**:

Figura 412

Vejam que vai aparecer a tela inicial, com a frase **Usando ProgressBar**, e o botão **CLIQUE PARA VER O PROGRESSO**, clique neste botão e vejam que o primeiro controle **ProgressBar** vai aparecer na cor padrão do **UWP**, e o segundo controle na cor azul, conforme foi pedido no código, observe que se o usuário continuar clicando no botão, a barra vai ficando colorida até chegar no final e voltar à tela inicial, ou seja, quando ela for zerada. Vamos retornar à **IDE** do **Visual Studio**, vamos parar nossa compilação, conforme vimos nas **figuras 76** e **77**. Observem que a compilação é muita rápida, pois estamos instalando o aplicativo no **Windows**, no computador. Agora vamos fazer um **commit**, que nada mais é do que mandar nosso projeto para o **GitHub**, conforme vimos, nas **figuras 232** a **236**.

Visualizações que Mostram Coleções – (Views that display collections)

CarouselView

Este controle exibe uma lista rolável de itens de dados, para isto, devemos definir a propriedade **ItemsSource** como uma coleção de objetos e a propriedade **ItemTemplate** como um objeto **DataTemplate**, que vai descrever como os itens devem ser formatados. O evento **CurrentItemChanged** vai sinalizar que o item exibido no momento foi alterado, e que estará disponível através da propriedade **CurrentItem**. Este controle define as seguintes propriedades que controlam o layout:

- **ItemsLayout:** do tipo **LinearItemsLayout**, especifica o layout a ser utilizado;
- **PeekAreaInsets:** do tipo **Thickness**, especifica o quanto tornar os itens adjacentes parcialmente visíveis.

Essas propriedades são acessadas por objetos **BindableProperty**, o que significa que o controle **CarouselView** pode ser estilizado e ser o destino de associações de dados. Por padrão, o controle **CarouselView** vai exibir seus itens em uma orientação horizontal. Um único item será exibido na tela, com gestos de passar o dedo, resultando em navegação retroativos por meio da coleção de itens. No entanto, também é possível uma orientação vertical, para isto, devemos mudar o valor da propriedade **LinearItemsLayout**, para **Vertical**, dentro da classe **ItemsLayout**, que define as seguintes propriedades:

- **Orientation:** do tipo **ItemsLayoutOrientation**, especifica a direção na qual o controle **CarouselView** expande os itens são adicionados;
- **SnapPointsAlignment:** do tipo **SnapPointsAlignment**, especifica como os pontos de ajuste são alinhados com os itens;
- **SnapPointsType:** do tipo **SnapPointsType**, especifica o comportamento dos pontos de ajuste ao rolar.

A enumeração **ItemsLayoutOrientation** define os seguintes membros:

- **Vertical:** indica que o controle **CarouselView** será expandido verticalmente à medida que os itens forem adicionados;

- **Horizontal:** é o padrão, indica que o controle **CarouselView** será expandido horizontalmente conforme os itens são adicionados, e não precisa ser especificado no código.

A classe **LinearItemsLayout** herda da classe **ItemsLayout** e define uma propriedade **ItemSpacing**, do tipo double, que representa o espaço vazio em volta de cada item. O valor padrão dessa propriedade é 0 e seu valor sempre deve ser maior ou igual a 0. Este controle usa os mecanismos de layout nativos para executar o layout. Por padrão, o controle **CarouselView** exibe itens completos ao mesmo tempo, mas este comportamento pode ser alterado definindo a propriedade **PeekAreaInsets** com um valor **Thickness** que especifica o quanto de espaço deve ter os itens adjacentes para que sejam parcialmente visíveis. Isso pode ser útil para indicar aos usuários que há itens adicionais a serem exibidos. Por padrão, não há nenhum espaço entre cada item em um controle **CarouselView**. Esse comportamento pode ser alterado definindo a propriedade **ItemSpacing** no layout de itens deste controle, mas o controle **CarouselView** define sua propriedade **ItemsLayout** para um objeto **LinearItemsLayout**, a propriedade **LinearItemsLayout.ItemSpacing** pode ser definida como um valor double que representa o espaço entre os itens. Estes itens podem ainda ser redimensionados dinamicamente em tempo de execução alterando as propriedades relacionadas ao layout de elementos no **DataTemplate**, ou seja, podemos exibir uma mensagem quando o usuário tocar na imagem, usando o manipulador de eventos **Tapped** para executar esta ação. Veremos no próximo tópico, como implementar este controle.

Criando e Compilando o Projeto

Criando um Controle CarouselView no Código XAML

Vamos criar um novo projeto, onde abordaremos todos os itens que comentamos, para entendermos estes conceitos, conforme vimos no tópico **O Ambiente de Desenvolvimento do Microsoft Visual Studio Community 2022,** no **capítulo 2** do **volume 01**, no item **Project name:**, digite **AppUsandoCarouselView**, aguarde e vejam que vai aparecer a nossa **IDE** ou área de desenvolvimento, conforme vimos na **figura 28**. Observem que todo projeto **Xamarin.Forms** que criamos, automaticamente já vem com uma página de visualização ou **View** vinculada, que é o arquivo **MainPage.xaml**, vamos abri-lo, para isto, abra a janela **Solution Explorer**, pressione ao mesmo tempo as teclas **Ctrl+Alt+L**, e deve abrir a janela **Solution Explorer** conforme vimos na **figura 29**. Em seguida, abra o projeto **AppUsandoCarouselView**, para isto, clique na setinha que tem ao lado do projeto **AppUsandoCarouselView**, em seguida, clique duas vezes com o botão esquerdo do mouse sobre o arquivo **MainPage.xaml**, e vai abrir o mesmo, agora pressione ao mesmo tempo as teclas **Ctrl+A** e vai selecionar todo o código, conforme vimos na **figura 160**. Pressione a tecla **Delete** do teclado, no local onde o cursor do mouse está piscando, na **linha 1**, digite o código abaixo:

```
<?xml version="1.0" encoding="utf-8" ?>
<ContentPage xmlns="http://xamarin.com/schemas/2014/forms"
             xmlns:x="http://schemas.microsoft.com/winfx/2009/
xaml"
             x:Class="AppUsandoCarouselView.MainPage">

    <Frame Margin="15" Padding="0"
VerticalOptions="StartAndExpand"
           BackgroundColor="AntiqueWhite" CornerRadius="5">
        <StackLayout>
            <StackLayout VerticalOptions="Center"
                         HorizontalOptions="FillAndExpand"
Orientation="Horizontal">
                <Label Margin="10,10,10,10" Text="Imagens"
FontAttributes="Bold" />
            </StackLayout>
            <CarouselView ItemsSource="{Binding .}"
x:Name="ImagensCarouselView">
                <CarouselView.ItemsLayout>
                    <LinearItemsLayout Orientation="Vertical"
SnapPointsType="MandatorySingle" SnapPointsAlignment="Center"
/>
                </CarouselView.ItemsLayout>
                <CarouselView.ItemTemplate>
                    <DataTemplate >
                        <StackLayout>
                            <Frame HasShadow="True"
                               BorderColor="DarkGray"
                               CornerRadius="5"
                               Margin="10"
                               HorizontalOptions="Center"
```

```
VerticalOptions="CenterAndExpand">
                                    <StackLayout>
                                        <Image Source="{Binding .}"
                                              HeightRequest="400"
                                              WidthRequest="400">
                                            <Image.
GestureRecognizers>
                                            <TapGestureRecognizer

Tapped="OnImageTapped" />
                                            </Image.
GestureRecognizers>
                                        </Image>
                                        <Label Text="{Binding .}"
FontAttributes="Bold" HorizontalOptions="Center" />
                                    </StackLayout>
                                </Frame>
                            </StackLayout>
                        </DataTemplate>
                    </CarouselView.ItemTemplate>
                </CarouselView>
            </StackLayout>
        </Frame>
</ContentPage>
```

Salve seu projeto, conforme vimos nas **figuras 50** e **51**. Vamos entender este código, na **linha 6**, estamos definindo um frame, uma moldura, que vai envolver cada item deste controle. Na **linha** 11, estamos definindo um objeto **Label**, que vai exibir um texto. Na **linha 13**, estamos definindo um objeto **CarouselView**, e sua propriedade **ItemsSource** para vincular os dados das imagens. Nas **linhas 14** a **16**, estamos definindo que o layout vai aparecer na vertical, caso queira o padrão, basta mudar para horizontal ou deletar estas linhas. Nas **linhas 17** a **40**, estamos definindo um **ItemTemplate** e um **DataTemplate** e aplicando um **Frame** onde vamos exibir as imagens. Nas **linhas 30** a **33**, estamos definindo o evento **Tapped**, um manipulador de eventos chamado **OnImageTapped** que está localizado no arquivo **code-behind**, ou seja, o arquivo **MainPage.xaml.cs**. Observem que na **linha 27**, temos a definição das 4 imagens do tipo **jpg**, baixe estas imagens no seu computador. Para baixar, copiar, colar e editar as imagens, trabalhar com ícones vejam os tópicos **Trabalhando com Imagens no Android**, **Trabalhando com Imagens no iOS**, e **Trabalhando com Imagens no UWP** no **capítulo 3** do **volume 01.** Lembre-se que nas imagens, temos que adicionar uma propriedade chamada **Build Action**, para cada plataforma, conforme o seguinte:

- **Android:** os arquivos de imagens devem ser armazenados na pasta **drawable**, que fica dentro da pasta **Resources** do projeto **Android**, e todas as imagens devem ter um **Build Action** do tipo **AndroidResource**, conforme vimos na **figura 335**;
- **iOS:** os arquivos de imagens devem ser armazenados na pasta **Resources**, e todas as imagens devem ter um **Build Action** do tipo **BundleResource**, conforme vimos na **figura 336**;
- **UWP:** os arquivos de imagens devem ser armazenados na raiz do projeto, e todas as imagens devem ter um **BuildAction** do tipo **Content (Conteúdo)**, conforme vimos na **figura 337**.

Feitas estas alterações, salve seu projeto, conforme vimos nas **figuras 50** e **51**. Agora vamos abrir o arquivo **code-behind**, ou seja, o arquivo **MainPage.xaml.cs**, abra a janela **Solution Explorer**, pressione ao mesmo tempo as teclas **Ctrl+Alt+L**, e deve abrir a janela **Solution Explorer** conforme vimos na **figura 29**. Em seguida, abra o projeto **AppUsandoCarouselView**, para isto, clique na setinha que tem ao lado do projeto **AppUsandoCarouselView**, em seguida, clique na setinha que tem ao lado do arquivo **MainPage.xaml**, em seguida, clique com o botão do mouse sobre o arquivo **MainPage.xaml.cs**, selecione o item **View Code** ou pressione a tecla **F7,** conforme vimos na **figura 46**. Clicar duas vezes com o botão do mouse sobre o arquivo **MainPage.xaml.cs**, tem o mesmo efeito. Vai abrir a janela de código do arquivo **MainPage.xaml.cs**, conforme vimos na **figura 48**. Agora pressione ao mesmo tempo as teclas **Ctrl+A** e vai selecionar todo o código, conforme vimos na **figura 160**. Pressione a tecla **Delete** do teclado, no local onde o cursor do mouse está piscando, na **linha 1**, digite o código abaixo:

```
using System;
using System.Collections.Generic;
using Xamarin.Forms;

namespace AppUsandoCarouselView
{
    public partial class MainPage : ContentPage
    {
        public MainPage()
```

```
        {
            InitializeComponent();

            var listaImagens = new List<String>
            {
                "atletismo.jpg",
                "basquete.jpg",
                "futebol.jpg",
                "tenis.jpg"
            };

            ImagensCarouselView.ItemsSource = listaImagens;
        }

        async void OnImageTapped(object sender, EventArgs e)
        {
            await DisplayAlert("Alerta", "Ao tocar na imagem,
esta mensagem vai ser exibida....", "OK", "Cancelar");
        }
    }
}
```

Salve seu projeto, conforme vimos nas **figuras 50** e **51**. Vamos entender este código, nas **linhas 13** a **21**, criamos uma variável do tipo **List** que chamamos de **listaImagens**, que é a nossa fonte de dados, onde vamos apresentar as imagens que baixamos da internet na tela do smartphone, através do controle **Binding**. Nas **linhas 24** a **28**, estamos definindo o manipulador de eventos do controle **OnImageTapped**, que criamos no código **XAML** na **linha 32**, que vai exibir uma mensagem na tela ao tocar na imagem. Agora podemos compilar nosso **App** no **Android**, para isto, repita o procedimento que vimos no **Capítulo 3 – Interface do Usuário do Xamarin.Forms – Páginas e Layouts do volume 01**, os seguintes tópicos: **Criando a Interface do Usuário com C# (C Sharp) – Code-behind**, **Compilando (Debugging) o Aplicativo Android** e **Instalando o Emulador do Android**. Para usar um smartphone **Android**, vejam no **Capítulo 3 – Interface do Usuário do Xamarin.Forms – Páginas e Layouts do volume 01**, o seguinte tópico: **Configurando o Smartphone para Modo Desenvolvedor**, agora o ícone do aplicativo vai aparecer no smartphone, conforme **figura 413**:

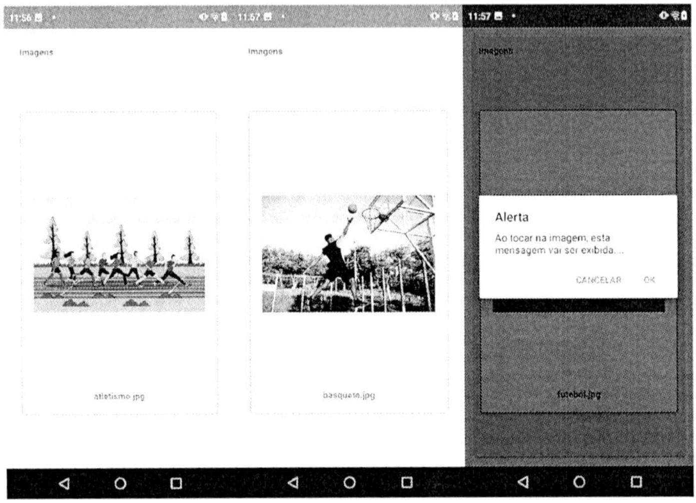

Figura 413

Vejam que vai aparecer a tela inicial, com a primeira imagem, para ver as outras, toque com o dedo no sentido vertical, para ver a mensagem, toque sobre a imagem, para sair, clique no botão **Cancelar**. Agora podemos compilar nosso **App** no **iOS**, para usar um simulador da **Apple**, repita o procedimento que vimos no **Capítulo 3 – Interface do Usuário do Xamarin.Forms – Páginas e Layouts do volume 01**, os seguintes tópicos: **Criando a Interface do Usuário com C# (C Sharp) – Code-behind**, **Compilando (Debugging) o Aplicativo iOS**. Antes de prosseguir, devemos desinstalar o aplicativo do **iPhone**, conforme vimos no **Anexo I**, do **volume 01**, do **volume 01 – Instalando o Ambiente de Desenvolvimento do Microsoft Visual Studio Community 2022 no MAC**, nos tópicos: **Clonando Repositórios do GitHub** e **Desinstalar um Aplicativo do iPhone**. Para usar um smartphone **iPhone**, repita o procedimento que vimos no **Capítulo 3 – Interface do Usuário do Xamarin.Forms – Páginas e Layouts do volume 01**, os seguintes tópicos: **Criando a Interface do Usuário com XAML – Zammel**, **Páginas do Xamarin.Forms – (Xamarin.Forms Pages)**, **Páginas do Xamarin.Forms – (Xamarin.Forms Pages)** e **MasterDetailPage**. E no **Anexo I**, do **volume 01 – Instalando o Ambiente de Desenvolvimento do Microsoft Visual Studio Community 2022 no MAC**, os seguintes tópicos: **Provisionamento Gratuito para Aplicativos Xamarin.iOS**, **Testes em Dispositivos**

com Provisionamento Gratuito e **Criando Uma Identidade de Assinatura e Um Perfil de Provisionamento Usando o Xcode**, em seguida, vejam o **App** instalado na tela do seu **iPhone**, conforme **figura 414**:

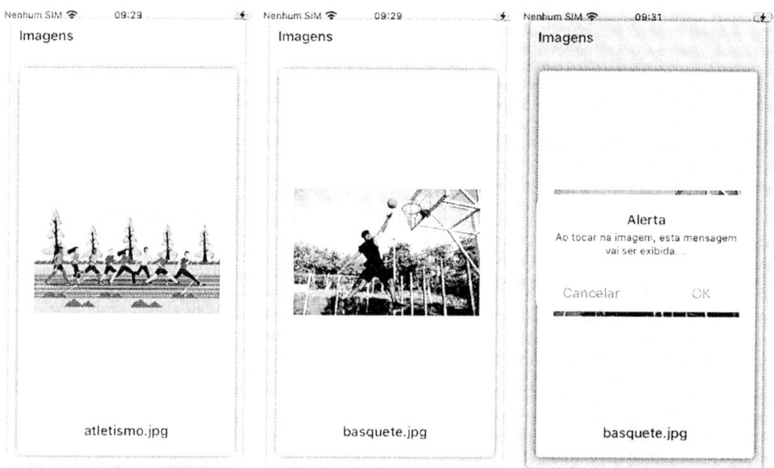

Figura 414

Vejam que vai aparecer a tela inicial, com a primeira imagem, para ver as outras, toque com o dedo no sentido vertical, para ver a mensagem, toque sobre a imagem, para sair, clique no botão **Cancelar**. Agora vamos compilar o nosso projeto no **UWP**, conforme vimos no **Capítulo 3 – Interface do Usuário do Xamarin.Forms – Páginas e Layouts do volume 01**, nos tópicos **Criando a Interface do Usuário com C# (C Sharp) – Code-behind** e **Compilando (Debugging) o Aplicativo UWP**. Este processo é muito rápido, pois estamos instalando o aplicativo direto no computador. Quando o aplicativo for instalado no computador, aparecerá a seguinte mensagem **Ready** com uma tarja laranja, no canto inferior esquerdo, conforme **figura 415**:

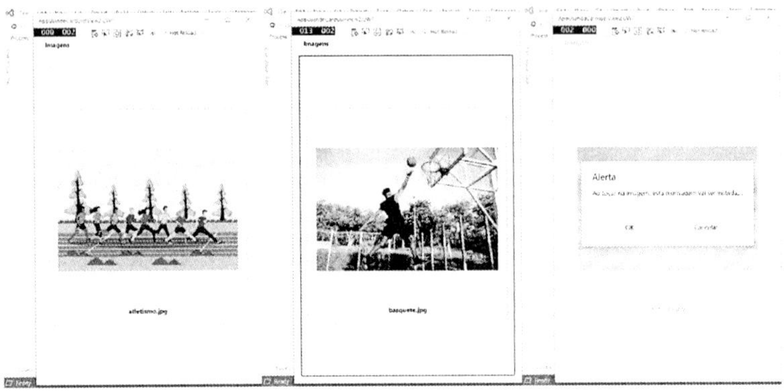

Figura 415

Vejam que vai aparecer a tela inicial, com a primeira imagem, para ver as outras, clique nas setinhas para cima e para baixo no sentido vertical, para ver a mensagem, clique sobre a imagem, para sair, clique no botão **Cancelar**. Vamos retornar à **IDE** do **Visual Studio**, vamos parar nossa compilação, conforme vimos nas **figuras 76** e **77**. Observem que a compilação é muita rápida, pois estamos instalando o aplicativo no **Windows**, no computador. Agora vamos fazer um **commit**, que nada mais é do que mandar nosso projeto para o **GitHub**, conforme vimos, nas **figuras 232** a **236**.

CollectionView

Este controle vai apresentar listas de dados usando especificações de layout diferentes, ou seja, ele vai fornecer uma alternativa mais flexível e de alto desempenho para o **ListView**. Este controle define as seguintes propriedades que definem os dados a serem exibidos e sua aparência:

- **ItemsSource, do tipo IEnumerable:** especifica a coleção de itens a serem exibidos e tem um valor padrão de null;
- **ItemTemplate, do tipo DataTemplate:** especifica o modelo a ser aplicado a cada item na coleção de itens a ser exibida.

Essas propriedades são acessadas por objetos **BindableProperty**, o que significa que o controle **CollectionView** pode ser estilizado e ser o destino de associações de dados. O controle **CollectionView** define uma propriedade **ItemsUpdatingScrollMode** que representa o comportamento de rolagem quando novos itens são adicionados a ele, ou seja, este controle dá suporte à virtualização de dados incremental à medida que o usuário faz a rolagem dos elementos deste controle. Este controle pode ser preenchido com dados usando a vinculação de dados para associar sua propriedade **ItemsSource** a uma coleção **IEnumerable**. Em **XAML**, isso é obtido com a extensão de marcação **Binding**. Por padrão, este controle vai exibir os itens em uma lista vertical. Se o controle **CollectionView** for necessário para atualizar à medida que os itens forem adicionados, removidos ou alterados na coleção subjacente, a coleção subjacente deverá ser uma coleção **IEnumerable** que enviará notificações de alteração de propriedade, como **ObservableCollection**. A aparência de cada item no controle **CollectionView** pode ser definida através da propriedade **CollectionView.ItemTemplate** com o item **DataTemplate**, sendo que os elementos especificados no **DataTemplate** definem a aparência de cada item na lista, a aparência dos itens pode ser escolhida em tempo de execução, com base no valor do item, definindo a propriedade **CollectionView.ItemTemplate** com um objeto **DataTemplateSelector**. Ao usar o controle **CollectionView**, nunca devemos definir o elemento raiz dos objetos **DataTemplate** como um **ViewCell**, porque isto vai resultar em uma exceção sendo gerada porque o controle **CollectionView** não tem nenhum conceito de células. O controle **CollectionView** dá suporte a menus de contexto para itens de dados por meio do objeto **SwipeView**, que revela o menu de contexto com um gesto de passar o dedo, é um controle de contêiner que encapsula em um item de conteúdo e fornece itens de menu de contexto para esse item de conteúdo, ou seja, os menus de contexto são implementados para um controle **CollectionView** criando um objeto **SwipeView** com a exibição raiz no objeto **DataTemplate** que define a aparência de cada item de dados no controle **CollectionView**. O objeto **SwipeView** dá suporte a quatro direções de toque diferentes, com a direção do dedo sendo definida pela coleção direcional **SwipeItems**, que vai definir quais objetos serão adicionados. Por padrão, uma operação de toque é executada quando um item é tocado pelo usuário, além disso, serão ocultados e o conteúdo do objeto **SwipeView** será exibido novamente. No entanto, esses comportamentos podem ser alterados. O controle **CollectionView**, ainda dá suporte à funcionalidade de **pull(puxar)**, que serve para atualizar por meio do objeto **RefreshView**, permitindo que os dados sejam exibidos para serem atualizados ao puxar a lista de itens, este objeto é um controle de contêiner que fornece a funcionalidade de **pull(puxar)** para atualizar para seu filho, desde que o filho ofereça suporte a conteúdo rolável, desta forma, utilizar o evento **pull(puxar)** para a atualização, devemos implementar um controle **CollectionView** definindo como o filho de um objeto **RefreshView**. Quando o usuário inicia uma atualização, o comando **ICommand** definido pela propriedade **Command** é executado, o que deve atualizar os itens que estão sendo exibidos, vai aparecer um círculo de progresso animado, enquanto a atualização é feita. O valor da propriedade **RefreshView.IsRefreshing** indica o estado atual do objeto **RefreshView**. Quando uma atualização for disparada pelo usuário, essa propriedade passará automaticamente para o **true**, e quando a atualização for concluída, você deverá redefinir a propriedade para **false**. Este controle ainda dá suporte à virtualização de dados incremental à medida que o usuário rola a tela, permitindo cenários como o carregamento assíncrono de uma página de dados de um serviço Web, além disso, o ponto no qual mais dados são carregados é configurável para que os usuários não vejam o espaço em branco, ou seja, interrompidos durante a rolagem. Este controle define as seguintes propriedades para controlar o carregamento incremental de dados:

- **RemainingItemsThreshold, do tipo int:** define o limite de itens ainda não visíveis na lista na qual o evento **RemainingItemsThresholdReached** será acionado;
- **RemainingItemsThresholdReachedCommand, do tipo ICommand:** que é executado quando o limite de itens do evento **RemainingItemsThreshold** é atingido;
- **RemainingItemsThresholdReachedCommandParameter, do tipo object:** que é o parâmetro passado para o evento **RemainingItemsThresholdReachedCommand**.

Esse evento pode ser tratado para carregar mais itens, ou seja, quando o evento **RemainingItemsThresholdReached** é acionado, o evento **RemainingItemsThresholdReachedCommand** é executado, permitindo que o carregamento de dados incremental ocorra em um controle **ViewModel**. O valor padrão da propriedade **RemainingItemsThreshold** é -1, que indica que o evento

RemainingItemsThresholdReached nunca será acionado. Quando o valor da propriedade for 0, este evento será acionado quando o item final no objeto **ItemsSource** for exibido. Para valores maiores que 0, este evento será acionado quando o objeto **ItemsSource** contiver esse número de itens ainda não rolados.

Criando e Compilando o Projeto

Criando um Controle CollectionView no Código XAML

Vamos criar um novo projeto, onde abordaremos todos os itens que comentamos, para entendermos estes conceitos, conforme vimos no tópico **O Ambiente de Desenvolvimento do Microsoft Visual Studio Community 2022,** no **capítulo 2** do **volume 01**, neste projeto não vamos utilizar a plataforma **UWP**, pois este controle não funciona nesta plataforma, portanto, não marque esta opção na criação do projeto, no item **Project name:**, digite **AppUsandoCollectionView**, aguarde e vejam que vai aparecer a nossa **IDE** ou área de desenvolvimento, conforme vimos na **figura 28**. Em seguida, clique com o botão esquerdo do mouse sobre o projeto **AppUsandoCollectionView**, e selecione o item de menu **Add**, selecione o item **New Item...**, ou pressione ao mesmo tempo as teclas **Ctrl+Shift+A**, conforme vimos na **figura 157**. Vai abrir a janela **Add New Item - AppUsandoCollectionView**, no menu do lado esquerdo, clique na setinha preta do item **Installed**, para expandi-lo, em seguida, clique na setinha preta do item **Visual C# Items**, e selecione o item **Xamarin.Forms**, no menu do lado direito, selecione o item **Content Page**, no item **Name:**, digite **CollectionViewPage**, conforme vimos na **figura 158**. Clique no botão **Add**, e vai abrir o arquivo **CollectionViewPage.xaml**, conforme vimos na **figura 159**. Repita o procedimento anterior e crie as páginas, que vamos chamar de **GridPage.xaml** e **CarouselPage.xaml**. Vejam que os arquivos estão abertos em abas, conforme vimos na **figura 170**. Para abrir qualquer um dos arquivos, basta clicar sobre o nome do mesmo, ou simplesmente clicar na aba com o nome do arquivo, conforme vimos na **figura 170**. Vamos abrir o arquivo **CollectionViewPage.xaml**, para isto escolha uma das formas para abri-lo, conforme vimos nas **figuras 169** e **170**, vamos alterar este código, para isto, pressione ao mesmo tempo as teclas **Ctrl+A** e vai selecionar todo o código, conforme vimos na **figura 160**. Pressione a tecla **Delete** do teclado, no local onde o cursor do mouse está piscando, na **linha 1**, digite o código abaixo:

```
<?xml version="1.0" encoding="utf-8" ?>
<ContentPage xmlns="http://xamarin.com/schemas/2014/forms"
             xmlns:x="http://schemas.microsoft.com/winfx/2009/
xaml"
             x:Class="AppUsandoCollectionView.
CollectionViewPage"
             BackgroundColor="Gainsboro">

    <Frame Margin="15" Padding="0"
VerticalOptions="StartAndExpand"
           BackgroundColor="AntiqueWhite" CornerRadius="5">
        <StackLayout>
            <CollectionView x:Name="ColViewAmigos"
ItemsSource="{Binding meusAmigos}"
                            Margin="10,0,0,0">
                <CollectionView.ItemTemplate>
                    <DataTemplate>
                        <StackLayout HeightRequest="50"
WidthRequest="200"
                                     Orientation="Horizontal"
Padding="0,5,0,5">
                            <Image Source="person"/>
                            <Label Text="{Binding}"
VerticalOptions="Center" FontAttributes="Bold"/>
                        </StackLayout>
                    </DataTemplate>
                </CollectionView.ItemTemplate>
            </CollectionView>
        </StackLayout>
    </Frame>
</ContentPage>
```

Salve seu projeto, conforme vimos nas **figuras 50** e **51**. Vamos entender este código, na **linha 5**, estamos definindo uma cor de fundo para o **App**. Na **linha 7**, estamos definindo um frame, uma moldura, que vai envolver cada item deste controle. Nas **linhas 10** a **21**, estamos definindo um objeto **CollectionView**, que chamamos de **ColViewAmigos**, e sua propriedade **ItemsSource** que chamamos de **meusAmigos**, para vincular os dados das imagens e da lista. Nas **linhas 12** a **20**, estamos definindo um **ItemTemplate** e um **DataTemplate**, onde estamos definindo o layout para cada item da lista junto com as imagens. Observem que na **linha 16**, temos a definição da imagem **person** do tipo **png**, baixe 4 imagens no seu computador, chamadas **person**, **carousel**, **grid** e **list** do tipo **png**, do seguinte site: **https://material.io/resources/icons/?style=baseline**. Para baixar, copiar, colar e editar as imagens, trabalhar com ícones, vejam os tópicos **Trabalhando com Imagens no Android**, **Trabalhando com Imagens no iOS**, e **Trabalhando com Imagens no UWP** do **capítulo 3**. Lembre-se que nas imagens, temos que adicionar uma propriedade chamada **Build Action**, para cada plataforma, conforme o seguinte:

- **Android:** os arquivos de imagens devem ser armazenados na pasta **drawable**, que fica dentro da pasta **Resources** do projeto **Android**, e todas as imagens devem ter um **Build Action** do tipo **AndroidResource**, conforme vimos na **figura 335**;
- **iOS:** os arquivos de imagens devem ser armazenados na pasta **Resources**, e todas as imagens devem ter um **Build Action** do tipo **BundleResource**, conforme vimos na **figura 336**;
- **UWP:** os arquivos de imagens devem ser armazenados na raiz do projeto, e todas as imagens devem ter um **BuildAction** do tipo **Content (Conteúdo)**, conforme vimos na **figura 337**.

Feitas estas alterações, salve seu projeto, conforme vimos nas **figuras 50** e **51**. Agora vamos abrir o arquivo **code-behind**, ou seja, o arquivo **CollectionViewPage.xaml.cs**, abra a janela **Solution Explorer**, pressione ao mesmo tempo as teclas **Ctrl+Alt+L**, e deve abrir a janela **Solution Explorer** conforme vimos na **figura 29**. Em seguida, abra o projeto **AppUsandoCollectionView**, para isto, clique na setinha que tem ao lado do projeto **AppUsandoCollectionView**, em seguida, clique na setinha que tem ao lado do arquivo **CollectionViewPage.xaml**, em seguida, clique com o botão do mouse sobre o arquivo **CollectionViewPage.xaml.cs**, selecione o item **View Code** ou pressione a tecla **F7,** conforme vimos na **figura 46**. Clicar duas vezes com o botão do mouse sobre o arquivo **CollectionViewPage.xaml.cs**, tem o mesmo efeito. Vai abrir a janela de código do arquivo **CollectionViewPage.xaml.cs**, conforme vimos na **figura 48**. Agora pressione ao mesmo tempo as teclas **Ctrl+A** e vai selecionar todo o código, conforme vimos na **figura 160**. Pressione a tecla **Delete** do teclado, no local onde o cursor do mouse está piscando, na **linha 1**, digite o código abaixo:

```
using System.Collections.Generic;
using Xamarin.Forms;
using Xamarin.Forms.Xaml;

namespace AppUsandoCollectionView

{
    [XamlCompilation(XamlCompilationOptions.Compile)]
    public partial class CollectionViewPage : ContentPage
    {
        public List<string> meusAmigos { get; set; }
        public CollectionViewPage()
        {
            InitializeComponent();

            meusAmigos = new List<string>
            {
                "Gorete","Ana Paula","José Carlos","Beatriz",
"Gerson","Graciene","Leticia","Ricardo","Valéria",
                "Fred","Alexandre Tramonte",
"Noguchi","Fabiano","Maurício","Neiva","José Orlando","Cláudio
Alcântra"

            };
            ColViewAmigos.BindingContext = this;
        }
    }
}
```

Salve seu projeto, conforme vimos nas **figuras 50** e **51**. Vamos entender este código, na **linha 10**, criamos uma variável do tipo **List** que chamamos de **meusAmigos**. Nas **linhas 15** a **19**, estamos atribuindo a nossa variável **meusAmigos**, a lista com os nomes. Na **linha 20**, estamos visualizando a imagem e os nomes que estão na lista, através do controle **Binding**. Repita o procedimento anterior e vamos abrir o arquivo **GridPage.xaml**, para isto, escolha uma das formas para abri-lo, conforme vimos nas **figuras 169** e **170**, vamos alterar este código, pressione ao mesmo tempo as teclas **Ctrl+A** e vai selecionar todo o código, conforme vimos na **figura 160**. Pressione a tecla **Delete** do teclado, no local onde o cursor do mouse está piscando, na **linha 1**, digite o código abaixo:

```
<?xml version="1.0" encoding="utf-8" ?>
<ContentPage xmlns="http://xamarin.com/schemas/2014/forms"
             xmlns:x="http://schemas.microsoft.com/winfx/2009/
xaml"
```

```
            x:Class="AppUsandoCollectionView.GridPage"
            BackgroundColor="Gainsboro">

    <Frame Margin="15" Padding="0"
VerticalOptions="StartAndExpand"
           BackgroundColor="AntiqueWhite" CornerRadius="5">
        <StackLayout>
            <CollectionView x:Name="ColViewAmigos"
ItemsSource="{Binding meusAmigos}"
                            VerticalOptions="Center"
HorizontalOptions="Center" Margin="5,0,5,0">
                <CollectionView.ItemsLayout>
                    <GridItemsLayout Orientation="Vertical"
Span="2"/>
                </CollectionView.ItemsLayout>
                <CollectionView.ItemTemplate>
                    <DataTemplate>
                        <Frame BorderColor="LightGray"
CornerRadius="2" HasShadow="False">
                            <Grid>
                                <Grid.ColumnDefinitions>
                                    <ColumnDefinition
Width="Auto"/>
                                    <ColumnDefinition
Width="100" />
                                </Grid.ColumnDefinitions>
                                <Grid.RowDefinitions>
                                    <RowDefinition
Height="Auto"/>
                                </Grid.RowDefinitions>
                                <Image Grid.Column="0"
Source="person" Aspect="AspectFit"/>
                                <StackLayout Grid.Column="1">
                                    <Label Text="{Binding}"
HorizontalOptions="EndAndExpand"

VerticalOptions="CenterAndExpand" FontAttributes="Bold"/>
                                </StackLayout>
                            </Grid>
                        </Frame>
                    </DataTemplate>
                </CollectionView.ItemTemplate>
            </CollectionView>
        </StackLayout>
    </Frame>
</ContentPage>
```

Salve seu projeto, conforme vimos nas **figuras 50** e **51**. Vamos entender este código, na **linha 5**, estamos definindo uma cor de fundo para o **App**. Na **linha 7**, estamos definindo um frame, uma moldura, que vai envolver cada item deste controle. Nas **linhas 10** a **35**, estamos definindo um objeto **CollectionView**, que chamamos de **ColViewAmigos**, e sua propriedade **ItemsSource** que chamamos de **meusAmigos**, para vincular os dados das imagens e da lista. Nas **linhas 12** a **20**, estamos definindo um **ItemTemplate** e um **DataTemplate**, onde estamos definindo um frame é o layout para cada item da lista junto com as imagens. Observem que na linha 16, temos a definição da imagem **person** do tipo **png**, proceda como visto no item anterior. Repita o procedimento anterior e vamos abrir o arquivo **code-behind**, ou seja, o arquivo **GridPage.xaml.cs** vai abrir a janela de código do arquivo **GridPage.xaml.cs**, conforme vimos na **figura 48**. Agora pressione ao mesmo tempo as teclas **Ctrl+A** e vai selecionar todo o código, conforme vimos na **figura 160**. Pressione a tecla **Delete** do teclado, no local onde o cursor do mouse está piscando, na **linha 1**, digite o código abaixo:

```
using System.Collections.Generic;
using Xamarin.Forms;
using Xamarin.Forms.Xaml;

namespace AppUsandoCollectionView
{
    [XamlCompilation(XamlCompilationOptions.Compile)]
    public partial class GridPage : ContentPage
    {
        public List<string> meusAmigos { get; set; }
        public GridPage()
        {
            InitializeComponent();

            meusAmigos = new List<string>
            {
                    "Gorete","Ana Paula","José Carlos","Beatriz",
"Gerson","Graciene","Leticia","Ricardo","Valéria",
                                    "Fred","Alexandre  Tramonte",
"Noguchi","Fabiano","Maurício","Neiva","José  Orlando","Cláudio
Alcântra"
            };
            ColViewAmigos.BindingContext = this;
```

```
            }
        }
}
```

Salve seu projeto, conforme vimos nas **figuras 50** e **51**. Vamos entender este código, na **linha 10**, criamos uma variável do tipo **List** que chamamos de **meusAmigos**. Nas **linhas 15** a **19**, estamos atribuindo a nossa variável **meusAmigos**, a lista com os nomes. Na **linha 20**, estamos visualizando a imagem e os nomes que estão na lista, através do controle **Binding**. Repita o procedimento anterior e vamos abrir o arquivo **CarouselPage.xaml**, para isto, escolha uma das formas para abri-lo, conforme vimos nas **figuras 169** e **170**, vamos alterar este código, pressione ao mesmo tempo as teclas **Ctrl+A** e vai selecionar todo o código, conforme vimos na **figura 160**. Pressione a tecla **Delete** do teclado, no local onde o cursor do mouse está piscando, na **linha 1**, digite o código abaixo:

```
<?xml version="1.0" encoding="utf-8" ?>
<ContentPage xmlns="http://xamarin.com/schemas/2014/forms"
             xmlns:x="http://schemas.microsoft.com/winfx/2009/
xaml"
             x:Class="AppUsandoCollectionView.CarouselPage"
             BackgroundColor="Gainsboro">

    <Frame Margin="15" Padding="0"
VerticalOptions="StartAndExpand"
           BackgroundColor="AntiqueWhite" CornerRadius="5">
        <StackLayout>
            <CarouselView x:Name="ColViewAmigos"
ItemsSource="{Binding meusAmigos}" HeightRequest="200"
                          HorizontalOptions="Center"
VerticalOptions="CenterAndExpand" Margin="10">
                <CarouselView.ItemTemplate>
                    <DataTemplate>
                        <Frame BorderColor="LightGray"
CornerRadius="3" HasShadow="False">
                            <Grid>
                                <Grid.ColumnDefinitions>
                                    <ColumnDefinition
Width="75"/>
                                    <ColumnDefinition Width="*"
/>
                                </Grid.ColumnDefinitions>
                                <Grid.RowDefinitions>
                                    <RowDefinition Height="75"/>
```

```
                                          <RowDefinition Height="*"/>
                                      </Grid.RowDefinitions>
                                      <Image Grid.Column="0" Grid.
Row="0" Source="person" VerticalOptions="Start"/>
                                      <StackLayout Grid.Column="1"
Grid.Row="1" HorizontalOptions="EndAndExpand"

VerticalOptions="EndAndExpand">
                                          <Label Text="{Binding}"
FontSize="24" HorizontalOptions="EndAndExpand"
FontAttributes="Bold"/>
                                          <Label Text="Endereço"
HorizontalOptions="EndAndExpand"/>
                                          <Label Text="Cidade,
Estado" HorizontalOptions="EndAndExpand"/>
                                      </StackLayout>
                                  </Grid>
                              </Frame>
                          </DataTemplate>
                      </CarouselView.ItemTemplate>
                  </CarouselView>
                  <StackLayout VerticalOptions="StartAndExpand">
                      <Label Text="Role o CarouselView ou use os
controles deslizantes !" HorizontalOptions="CenterAndExpand"/>
                      <Slider Minimum="0" Maximum="25"
ValueChanged="Slider_ValueChanged" MinimumTrackColor="#01579b"
                                  MaximumTrackColor="#01579b"
ThumbColor="#9575cd"/>
                  </StackLayout>
              </StackLayout>
          </Frame>
</ContentPage>
```

Salve seu projeto, conforme vimos nas **figuras 50** e **51**. Vamos entender este código, na **linha 5**, estamos definindo uma cor de fundo para o **App**. Na **linha 7**, estamos definindo um frame, uma moldura, que vai envolver cada item deste controle. Nas **linhas 10** a **35**, estamos definindo um objeto **CollectionView**, que chamamos de **ColViewAmigos**, e sua propriedade **ItemsSource** que chamamos de **meusAmigos**, para vincular os dados das imagens e da lista. Nas **linhas 13** a **33**, estamos definindo um **ItemTemplate** e um **DataTemplate**, onde estamos definindo um frame e o layout para cada item da lista junto com as imagens. Observem que na **linha 24**, temos a definição da imagem **person** do tipo **png**, proceda como visto no item anterior. Nas **linhas 36** a **41**, estamos definindo um objeto **Slider**, onde o usuário pode usar para deslizar os nomes pela tela do **App**. Repita o procedimento anterior e vamos abrir o arquivo **code-behind**, ou seja, o arquivo **CarouselPage.xaml.cs** vai abrir a janela de código do arquivo **CarouselPage.xaml.cs**, conforme vimos na **figura 48**. Agora pressione ao mesmo tempo as teclas **Ctrl+A** e vai selecionar todo o código, conforme vimos na **figura 160**. Pressione a tecla **Delete** do teclado, no local onde o cursor do mouse está piscando, na **linha 1**, digite o código abaixo:

```
using System;
using System.Collections.Generic;
using Xamarin.Forms;
using Xamarin.Forms.Xaml;

namespace AppUsandoCollectionView
{
    [XamlCompilation(XamlCompilationOptions.Compile)]
    public partial class CarouselPage : ContentPage
    {
        public List<string> meusAmigos { get; set; }
        public CarouselPage()
        {
            InitializeComponent();

            meusAmigos = new List<string>
            {
                  "Gorete","Ana Paula","José Carlos","Beatriz",
"Gerson","Graciene","Leticia","Ricardo","Valéria",
                 "Fred","Alexandre Tramonte",
"Noguchi","Fabiano","Maurício","Neiva","José Orlando","Cláudio
Alcântra"};
            ColViewAmigos.BindingContext = this;
        }
        void Slider_ValueChanged(object sender,
ValueChangedEventArgs e)
        {
            ColViewAmigos.ScrollTo((int)Math.Floor(e.
NewValue));
        }
    }
}
```

Salve seu projeto, conforme vimos nas **figuras 50** e **51**. Vamos entender este código, na **linha 11**, criamos uma variável do tipo **List** que chamamos de **meusAmigos**. Nas **linhas 16** a **20**, estamos atribuindo a nossa variável **meusAmigos**, a lista com os nomes. Na **linha 21**, estamos visualizando a imagem e os nomes que estão na lista, através do controle **Binding**. Nas **linhas 23** a **26**, estamos definindo o manipulador de eventos do controle **Slider_ValueChanged**, que criamos no código **XAML** na **linha 38**, que vai fazer com que o usuário possa rolar a lista pressionando este objeto. Observem que todo projeto **Xamarin.Forms** que criamos, automaticamente já vem com uma página de visualização ou **View** vinculada, que é o arquivo **MainPage.xaml**, vamos abri-lo, para isto, abra a janela **Solution Explorer**, pressione ao mesmo tempo as teclas **Ctrl+Alt+L**, e deve abrir a janela **Solution Explorer** conforme vimos na **figura 29**. Em seguida, abra o projeto **AppUsandoCollectionView**, para isto, clique na setinha que tem ao lado do projeto **AppUsandoCollectionView**, em seguida, clique duas vezes com o botão esquerdo do mouse sobre o arquivo **MainPage.xaml**, e vai abrir o mesmo, agora pressione ao mesmo tempo as teclas **Ctrl+A** e vai selecionar todo o código, conforme vimos na **figura 160**. Pressione a tecla **Delete** do teclado, no local onde o cursor do mouse está piscando, na **linha 1**, digite o código abaixo:

```
<?xml version="1.0" encoding="utf-8" ?>
<Shell xmlns="http://xamarin.com/schemas/2014/forms"
            xmlns:x="http://schemas.microsoft.com/winfx/2009/
xaml"
            xmlns:AppUsandoCollectionView="clr-namespace:AppU
sandoCollectionView"
            x:Class="AppUsandoCollectionView.MainPage"
            BackgroundColor="BlanchedAlmond">

    <ShellItem>
        <ShellSection Title="Básico" Icon="list">
            <ShellContent>
                <AppUsandoCollectionView:CollectionViewPage/>
            </ShellContent>
        </ShellSection>
        <ShellSection Title="Grid" Icon="grid">
            <ShellContent>
                <AppUsandoCollectionView:GridPage/>
            </ShellContent>
        </ShellSection>
        <ShellSection Title="Carousel" Route="carousel"
Icon="carousel">
            <ShellContent>
                <AppUsandoCollectionView:CarouselPage/>
            </ShellContent>
        </ShellSection>
```

```
    </ShellItem>
</Shell>
```

Salve seu projeto, conforme vimos nas **figuras 50** e **51**. Vamos entender este código, na **linha 2**, estamos definindo um elemento do tipo **Shell**, este recurso define opções de navegação. Na **linha 6**, estamos definindo uma cor de fundo para o **App**. Nas **linhas 9** a **13**, estamos definindo o ícone e a chamada à página **CollectionViewPage**. Nas **linhas 14** a **18**, estamos definindo o ícone e a chamada à página **GridPage**. Nas **linhas 19** a **23**, estamos definindo o ícone e a chamada à página **CarouselPage**. Observem que nas **linhas 9**, **14** e **19**, temos a definição das imagens do tipo **png**, proceda como vimos no item anterior. Feitas estas alterações, salve seu projeto, conforme vimos nas **figuras 50** e **51**. Agora vamos abrir o arquivo **code-behind**, ou seja, o arquivo **MainPage.xaml.cs**, abra a janela **Solution Explorer**, pressione ao mesmo tempo as teclas **Ctrl+Alt+L**, e deve abrir a janela **Solution Explorer** conforme vimos na **figura 29**. Em seguida, abra o projeto **AppUsandoCollectionView**, para isto, clique na setinha que tem ao lado do projeto **AppUsandoCollectionView**, em seguida, clique na setinha que tem ao lado do arquivo **MainPage.xaml**, em seguida, clique com o botão do mouse sobre o arquivo **MainPage.xaml.cs**, selecione o item **View Code** ou pressione a tecla **F7,** conforme vimos na **figura 46**. Clicar duas vezes com o botão do mouse sobre o arquivo **MainPage.xaml.cs**, tem o mesmo efeito. Vai abrir a janela de código do arquivo **MainPage.xaml.cs**, conforme vimos na **figura 48**. Agora pressione ao mesmo tempo as teclas **Ctrl+A** e vai selecionar todo o código, conforme vimos na **figura 160**. Pressione a tecla **Delete** do teclado, no local onde o cursor do mouse está piscando, na **linha 1**, digite o código abaixo:

```
using Xamarin.Forms;

namespace AppUsandoCollectionView
{
    public partial class MainPage : Shell
    {
        public MainPage()
        {
            InitializeComponent();
        }
    }
}
```

Salve seu projeto, conforme vimos nas **figuras 50** e **51**. Vamos entender este código, na **linha 5**, estamos fazendo com que a página **MainPage** faça herança de **Shell**. Agora podemos compilar nosso **App** no **Android**, para isto, repita o procedimento que vimos no **Capítulo 3 – Interface do Usuário do Xamarin.Forms – Páginas e Layouts do volume 01**, os seguintes tópicos: **Criando a Interface do Usuário com C# (C Sharp) – Code-behind**, **Compilando (Debugging) o Aplicativo Android** e **Instalando o Emulador do Android**. Para usar um smartphone **Android**, vejam no **Capítulo 3 – Interface do Usuário do Xamarin.Forms – Páginas e Layouts do volume 01**, o seguinte tópico: **Configurando o Smartphone para Modo Desenvolvedor**, agora o ícone do aplicativo vai aparecer no smartphone, conforme **figura 416**:

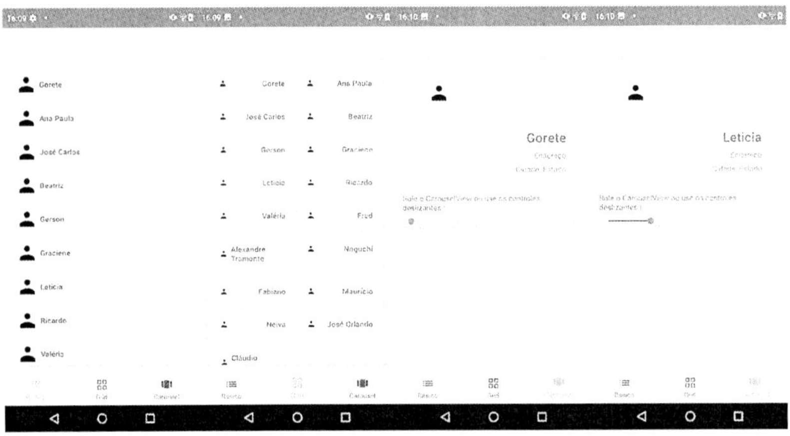

Figura 416

Vejam que vai aparecer a tela inicial com a lista básica, para visualizar os outros itens, role com o dedo na vertical. Clique no ícone **Grid**, e vejam que os itens estão agrupados em uma grade, para visualizar os outros itens, role com o dedo na vertical. Clique no ícone **Carousel**, e vejam que os itens estão em uma lista horizontal, para visualizar os outros itens, role com o dedo na horizontal ou pressione o dedo no controle deslizante. Agora podemos compilar nosso **App** no **iOS**, para usar um simulador da **Apple**, repita o procedimento que vimos no **Capítulo 3 – Interface do Usuário do Xamarin.Forms – Páginas e Layouts do volume 01**, os seguintes tópicos: **Criando a**

Interface do Usuário com C# (C Sharp) – Code-behind, Compilando (Debugging) o Aplicativo iOS. Antes de prosseguir, devemos desinstalar o aplicativo do **iPhone**, conforme vimos no **Anexo I**, do **volume 01 – Instalando o Ambiente de Desenvolvimento do Microsoft Visual Studio Community 2022 no MAC**, nos tópicos: **Clonando Repositórios do GitHub** e **Desinstalar um Aplicativo do iPhone**. Para usar um smartphone **iPhone**, repita o procedimento que vimos no **Capítulo 3 – Interface do Usuário do Xamarin.Forms – Páginas e Layouts do volume 01**, os seguintes tópicos: **Criando a Interface do Usuário com XAML – Zammel**, **Páginas do Xamarin.Forms – (Xamarin.Forms Pages)**, **Páginas do Xamarin.Forms – (Xamarin. Forms Pages)** e **MasterDetailPage**. E no **Anexo I**, do **volume 01 – Instalando o Ambiente de Desenvolvimento do Microsoft Visual Studio Community 2022 no MAC**, os seguintes tópicos: **Provisionamento Gratuito para Aplicativos Xamarin.iOS**, **Testes em Dispositivos com Provisionamento Gratuito** e **Criando Uma Identidade de Assinatura e Um Perfil de Provisionamento Usando o Xcode**, em seguida, vejam o **App** instalado na tela do seu **iPhone**, conforme **figura 417**:

Figura 417

Vejam que vai aparecer a tela inicial com a lista básica, para visualizar os outros itens, role com o dedo na vertical. Clique no ícone **Grid**, e vejam que os itens estão agrupados em uma grade, e no iOS o grid tem uma aparência diferente, para visualizar os outros itens role com o dedo na vertical. Clique no ícone **Carousel**, e vejam que os itens estão em uma lista horizontal, para visualizar os outros itens, role com o dedo na horizontal ou pressione o dedo no controle deslizante. Como dissemos anteriormente, este controle não funciona na plataforma **UWP**. Agora vamos fazer um **commit**, que nada mais é do que mandar nosso projeto para o **GitHub**, conforme vimos nas **figuras 232** a **236**.

TableView

Este controle vai exibir listas roláveis de dados ou opções em que há linhas que não compartilham o mesmo modelo, este controle não utiliza o elemento **ItemsSource**, portanto, os itens devem ser adicionados manualmente como filhos. Devemos utilizar este controle quando:

- Apresentar uma lista de configurações;
- Coletar dados em um formulário; ou
- Mostrar os dados que são apresentados de forma diferente de linha para linha (por exemplo, números, percentuais e imagens).

Este controle lida com a rolagem e o layout de linhas em seções atrativas, uma necessidade comum para os cenários acima, ainda usa a exibição equivalente subjacente de cada plataforma quando disponível, criando uma aparência nativa para cada plataforma. Os elementos em um controle **TableView** são organizados em seções, através do elemento **TableRoot**, que é o pai de uma ou mais instâncias **TableSection**, que consiste em um cabeçalho e uma ou mais instâncias **ViewCell**. Este controle utiliza a propriedade **Intent**, que pode ser definida como qualquer um dos membros da enumeração **TableIntent**, conforme a seguir:

- **Data:** para uso ao exibir entradas de dados. Observem que o controle **ListView** pode ser uma opção melhor para rolar listas de dados;
- **Form:** para uso quando o controle **TableView** está agindo como um formulário;
- **Menu:** para uso ao apresentar um menu de seleções;
- **Settings:** para uso ao exibir uma lista de definições de configuração.

O valor **TableIntent** escolhido pode afetar o modo como o controle **TableView** aparece em cada plataforma. Mesmo que não haja diferenças claras, é uma prática recomendada selecionar o **TableIntent** que mais se aproximará de como você pretende usar a tabela. Além disso, a cor do texto exibido para cada **TableSection** pode ser alterada definindo a propriedade **TextColor**. O **Xamarin. Forms** fornece células internas para coletar e exibir informações. Embora os controles **ListView** e **TableView** possam utilizar estas células, os elementos **SwitchCell** e **EntryCell** são as mais relevantes para uso com o controle **TableView**. O elemento **SwitchCell** é utilizado para apresentar e capturar um Estado, **Ligado/Desligado**, ou seja, **Verdadeiro(true)/Falso(false)**. Este elemento define as seguintes propriedades:

- **Text:** texto a ser exibido ao lado da opção;
- **On:** se a opção é exibida como ativada ou desativada:
- **OnColor:** muda a cor do controle quando ele estiver na posição ligado.

Todas essas propriedades são vinculáveis. O elemento **SwitchCell** também utiliza o evento **OnChanged**, permitindo que o usuário responda às alterações no estado da célula. O elemento **EntryCell** será útilizado quando precisarmos exibir dados de texto que o usuário pode editar. Este elemento define as seguintes propriedades:

- **Keyboard:** mostra o teclado a ser exibido durante a edição. Há opções para itens como valores numéricos, e-mail, números de telefone, etc.;
- **Label:** o texto do rótulo a ser exibido à esquerda do campo de entrada de texto;
- **LabelColor:** A cor do texto do rótulo;
- **Placeholder:** Texto a ser exibido no campo de entrada quando ele é nulo ou vazio. Esse texto desaparece quando a entrada de texto começa;
- **Text:** o texto no campo de entrada;
- **HorizontalTextAlignment:** alinhamento horizontal do texto. Os valores são: centralizado, esquerdo ou alinhado à direita;
- **VerticalTextAlignment:** alinhamento vertical do texto. Os valores são **Start**, **Center** ou **End**.

O elemento **EntryCell** utiliza o evento **Completed**, que é disparado quando o usuário pressiona o botão **Done(Feito),** no teclado, ao editar o texto. Quando as células internas não são suficientes, as células personalizadas podem ser usadas para apresentar e capturar dados da maneira que faz sentido para o aplicativo, por exemplo, talvez queiramos apresentar um controle deslizante para permitir que um usuário escolha a opacidade de uma imagem. Todas as células personalizadas devem derivar do elemento **ViewCell**, que é a mesma classe base que todos os tipos de células internas usam. Ao contrário do elemento **ListView**, o elemento **TableView** não exige que as células personalizadas (ou que nenhuma) sejam definidas em um objeto **ItemTemplate**.

A classe **TableView** tem duas propriedades que podem ser usadas para alterar a altura da linha das células:

- **RowHeight:** define a altura de cada linha como um **int**:
- **HasUnevenRows:** as linhas têm alturas variáveis se definidas como **true**, devemos observar que ao definir essa propriedade como **true**, as alturas de linha serão automaticamente calculadas e aplicadas pelo **Xamarin.Forms**.

Quando a altura do conteúdo em uma célula, em um controle **TableView,** é alterada, a altura da linha é atualizada implicitamente no **Android** e na **plataforma universal do Windows - UWP**. No entanto, no **iOS**, ele deve ser forçado a atualizar definindo a propriedade **HasUnevenRows** como **true** e chamando o método **Cell.ForceUpdateSize**.

Criando e Compilando o Projeto

Criando um Controle TableView no Código XAML

Vamos criar um novo projeto, onde abordaremos todos os itens que comentamos, para entendermos estes conceitos, conforme vimos no tópico **O Ambiente de Desenvolvimento do Microsoft Visual Studio Community 2022,** no **capítulo 2** do **volume 01**, no item **Project name:**, digite **AppUsandoTableView**, aguarde e vejam que vai aparecer a nossa **IDE** ou área de desenvolvimento, conforme vimos na **figura 28**. Observem que todo projeto **Xamarin.Forms** que criamos, automaticamente já vem com uma página de visualização ou **View**, vinculada, que é o arquivo **MainPage.xaml**, vamos abri-lo, para isto, abra a janela **Solution Explorer**, pressione ao mesmo tempo as teclas **Ctrl+Alt+L**, e deve abrir a janela **Solution Explorer** conforme vimos na **figura 29**. Em seguida, abra o projeto **AppUsandoTableView**, para isto, clique na setinha que tem ao lado do projeto **AppUsandoTableView**, em seguida, clique duas vezes com o botão esquerdo do mouse sobre o arquivo **MainPage.xaml**, e vai abrir o mesmo, agora pressione ao mesmo tempo as teclas **Ctrl+A** e vai selecionar todo o código, conforme vimos na **figura 160**. Pressione a tecla **Delete** do teclado, no local onde o cursor do mouse está piscando, na **linha 1**, digite o código abaixo:

```
<?xml version="1.0" encoding="utf-8" ?>
<ContentPage xmlns="http://xamarin.com/schemas/2014/forms"
             xmlns:x="http://schemas.microsoft.com/winfx/2009/
xaml"
             x:Class="AppUsandoTableView.MainPage"
             BackgroundColor="AntiqueWhite"
             Title="Usando TableView">

    <StackLayout Spacing="5" Margin="{OnPlatform iOS=30,
Android=25, UWP=30}">
        <Label Text="TableView para um formulário"
               FontSize="20"
               FontAttributes="Bold"
               HorizontalOptions="Center" />
        <TableView Intent="Form"
                   Margin="10, 0">
            <TableRoot Title="Título do TableView">
                <TableSection Title="Seção da Tabela">
                    <TextCell Text="Texto de célula"
Detail="Texto de Detalhe" />
                    <ImageCell Text = "Imagem da célula"
                               Detail = "Texto de Detalhe">
                        <ImageCell.ImageSource>
                            <OnPlatform
x:TypeArguments="ImageSource">
                                <On Platform="iOS" Value="lamp.
png" />
                                <On Platform="Android"
Value="lamp.png" />
                                <On Platform="UWP"
Value="Assets/lamp.png" />
                            </OnPlatform>
                        </ImageCell.ImageSource>
                    </ImageCell>
```

```
                    <SwitchCell Text="Celula com Switch"
OnColor="Orange"/>
                    <EntryCell Label="Célula com Entry"
                              Placeholder="Digite o e-mail
aqui"
                              Keyboard="Email"
                              LabelColor="Brown" />
                    <ViewCell x:Name="_viewCell"
Tapped="OnViewCellTapped">
                        <Grid Margin="15,0">
                            <Grid.RowDefinitions>
                                <RowDefinition Height="Auto" />
                                <RowDefinition Height="Auto" />
                            </Grid.RowDefinitions>
                            <Label Text="Toque nesta célula."
/>
                            <Label x:Name="_target"
                               Grid.Row="1"
                               Text="A célula mudou de
tamanho."
                               IsVisible="false" />
                        </Grid>
                    </ViewCell>
                </TableSection>
            </TableRoot>
        </TableView>
    </StackLayout>
</ContentPage>
```

Salve seu projeto, conforme vimos nas **figuras 50** e **51**. Vamos entender este código, na **linha 5**, estamos definindo uma cor de fundo para nosso **App**. Na **linha 8**, estamos definindo a margem em cada plataforma. Na **linha 9**, estamos definindo um objeto **Label**, que vai exibir um texto. Na **linha 14**, estamos definindo um objeto **TableView**, do tipo formulário, conforme definimos no objeto **Intent="Form"**. Na **linha 15**, estamos definindo um objeto raiz chamado **TableRoot**, que é o pai de uma ou mais instâncias **TableSection**. Na **linha 17**, estamos definindo o **TableSection**, com suas propriedades. Na **linha 17**, estamos definindo um objeto **TextCell**, para exibir um texto na célula e suas propriedades. Nas **linhas 18** a **27**, estamos definindo um objeto **ImageCell**, para exibir uma imagem na célula e suas propriedades. Na **linha 28**, estamos definindo um objeto **SwitchCell**, que cria um botão liga/desliga e suas propriedades. Nas **linhas 29** a **32**, estamos definindo um objeto **EntryCell**, que cria um campo de entrada de texto e suas propriedades. Nas **linhas 33** a **45**, estamos definindo um objeto **ViewCell**, que define células personalizadas, estamos definindo o evento **Tapped** como um manipulador de eventos chamado **OnViewCellTapped** que está localizado no arquivo **code-behind**, ou seja, o arquivo **MainPage.xaml.cs**. Observem que na **linha 21**, temos a definição da imagem do tipo **png**, baixe esta imagem no seu computador, e faça conforme vimos no tópico anterior. Feitas estas alterações, salve seu projeto, conforme vimos nas **figuras 50** e **51**. Agora vamos abrir o arquivo **code-behind**, ou seja, o arquivo **MainPage.xaml.cs**, abra a janela **Solution Explorer**, pressione ao mesmo tempo as teclas **Ctrl+Alt+L**, e deve abrir a janela **Solution Explorer** conforme vimos na **figura 29**. Em seguida, abra o projeto **AppUsandoTableView**, para isto, clique na setinha que tem ao lado do projeto **AppUsandoTableView**, em seguida, clique na setinha que tem ao lado do arquivo **MainPage.xaml**, em seguida, clique com o botão do mouse sobre o arquivo **MainPage.xaml.cs**, selecione o item **View Code** ou pressione a tecla **F7,** conforme vimos na **figura 46**. Clicar duas vezes com o botão do mouse sobre o arquivo **MainPage.xaml.cs**, tem o mesmo efeito. Vai abrir a janela de código do arquivo **MainPage.xaml.cs**, conforme vimos na **figura 48**. Agora pressione ao mesmo tempo as teclas **Ctrl+A** e vai selecionar todo o código, conforme vimos na **figura 160**. Pressione a tecla **Delete** do teclado, no local onde o cursor do mouse está piscando, na **linha 1**, digite o código abaixo:

```
using System;
using Xamarin.Forms;

namespace AppUsandoTableView
{
    public partial class MainPage : ContentPage
    {
        public MainPage()
        {
            InitializeComponent();
        }

        void OnViewCellTapped(object sender, EventArgs e)
        {
            _target.IsVisible = !_target.IsVisible;
            _viewCell.ForceUpdateSize();
        }
    }
}
```

Salve seu projeto, conforme vimos nas **figuras 50** e **51**. Vamos entender este código, nas **linhas 13** a **18**, estamos definindo o manipulador de eventos do controle **OnViewCellTapped**, que criamos no código **XAML** na **linha 33**, que vai exibir um label que está oculto ao tocar no label que está sendo exibido. Agora podemos compilar nosso **App** no **Android**, para isto repita o procedimento que vimos no **Capítulo 3 – Interface do Usuário do Xamarin.Forms – Páginas e Layouts do volume 01**, os seguintes tópicos: **Criando a Interface do Usuário com C# (C Sharp) – Code-behind**, **Compilando (Debugging) o Aplicativo Android** e **Instalando o Emulador do Android**. Para usar um smartphone **Android**, vejam no **Capítulo 3 – Interface do Usuário do Xamarin.Forms – Páginas e Layouts do volume 01**, o seguinte tópico: **Configurando o Smartphone para Modo Desenvolvedor**, agora o ícone do aplicativo vai aparecer no smartphone, conforme **figura 418**:

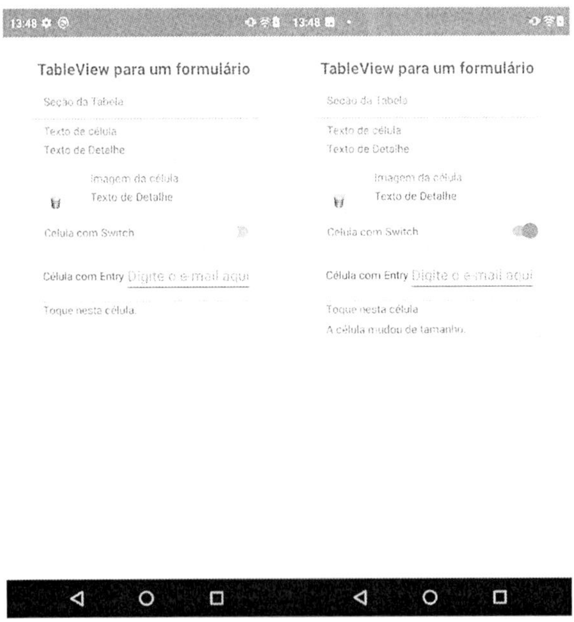

Figura 418

Vejam que vai aparecer a tela inicial, passe o dedo no **Switch**, digite o e-mail no campo **Entry**, e toque com o dedo sobre a célula **Toque nesta célula**. Agora podemos compilar nosso **App** no **iOS**, para usar um simulador da **Apple**, repita o procedimento que vimos no **Capítulo 3 – Interface do Usuário do Xamarin.Forms – Páginas e Layouts do volume 01**, os seguintes tópicos: **Criando a Interface do Usuário com C# (C Sharp) – Code-behind**, **Compilando (Debugging) o Aplicativo iOS**. Antes de prosseguir, devemos desinstalar o aplicativo do **iPhone**, conforme vimos no **Anexo I**, do **volume 01 – Instalando o Ambiente de Desenvolvimento do Microsoft Visual Studio Community 2022 no MAC**, nos tópicos: **Clonando Repositórios do GitHub** e **Desinstalar um Aplicativo do iPhone**. Para usar um smartphone **iPhone**, repita o procedimento que vimos no **Capítulo 3 – Interface do Usuário do Xamarin.Forms – Páginas e Layouts do volume 01**, os seguintes tópicos: **Criando a Interface do Usuário com XAML – Zammel**, **Páginas do Xamarin.Forms – (Xamarin.Forms Pages)**, **Páginas do Xamarin.Forms – (Xamarin.Forms Pages)** e **MasterDetailPage**. E no **Anexo I**, do **volume 01 – Instalando o Ambiente de Desenvolvimento do Microsoft Visual Studio Community 2022 no MAC**, os seguintes tópicos: **Provisionamento Gratuito para Aplicativos Xamarin.iOS**, **Testes em Dispositivos com Provisionamento Gratuito** e **Criando Uma Identidade de Assinatura e Um Perfil de Provisionamento Usando o Xcode**, em seguida, vejam o **App** instalado na tela do seu **iPhone**, conforme **figura 419**:

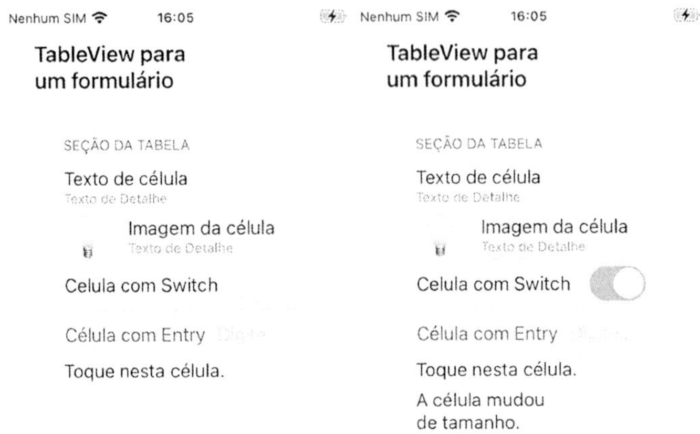

Figura 419

Vejam que vai aparecer a tela inicial, passe o dedo no **Switch**, digite o e-mail no campo **Entry**, e toque com o dedo sobre a célula **Toque nesta célula**. Agora vamos compilar o nosso projeto no **UWP**, conforme vimos no **Capítulo 3 – Interface do Usuário do Xamarin. Forms – Páginas e Layouts do volume 01**, nos tópicos **Criando a Interface do Usuário com C# (C Sharp) – Code-behind** e **Compilando (Debugging) o Aplicativo UWP**. Este processo é muito rápido, pois estamos instalando o aplicativo direto no computador. Quando o aplicativo for instalado no computador, aparecerá a seguinte mensagem **Ready** com uma tarja laranja, no canto inferior esquerdo, conforme **figura 420**:

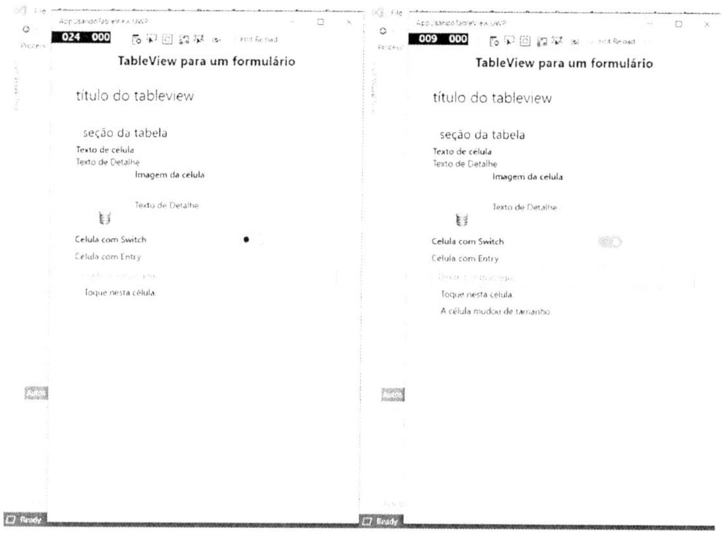

Figura 420

Vejam que vai aparecer a tela inicial, com a primeira imagem, para ver as outras, clique nas setinhas para cima e para baixo no sentido vertical, para ver a mensagem, clique sobre a imagem, para sair, clique no botão **Cancelar**. Vamos retornar à **IDE** do **Visual Studio**, vamos parar nossa compilação, conforme vimos nas **figuras 76** e **77**. Observem que a compilação é muita rápida, pois estamos instalando o aplicativo no **Windows**, no computador. Agora vamos fazer um **commit**, que nada mais é do que mandar nosso projeto para o **GitHub**, conforme vimos, nas **figuras 232** a **236**.

Chegamos ao Fim

Espero que este livro possa ajudá-los a conhecer um pouco sobre desenvolvimento de aplicativos móveis multiplataforma, também conhecido como **cross-platform** com **Xamarin.Forms** e a **IDE Visual Studio 2022 Community**, para que possam estar aptos a lidar com este mercado cada vez mais crescente, no que diz respeito ao desenvolvimento de aplicativos móveis multiplataforma. Quero salientar que o aprendizado não se resume apenas ao conteúdo deste livro, e sim, na busca constante por novos conhecimentos.

ANOTAÇÕES

Impressão e acabamento
Gráfica da Editora Ciência Moderna Ltda.
Tel: (21) 2201-6662